L 117748
Lr 136677
AF877458

# Introduction à l'analyse macroéconomique

Pierre-Alain Muet

BIBLIOTHEQUE UNIVERSITAIRE
LA ROCHELLE

RETIRÉ DES COLLECTIONS
BU LA ROCHELLE

LES ÉDITIONS DE L'ÉCOLE POLYTECHNIQUE

3 1 MARS 2005

DANGER

LE PHOTOCOPILLAGE
TUE LE LIVRE

Ce logo a pour objet d'alerter le lecteur sur la menace que représente pour l'avenir de l'écrit, tout particulièrement dans le domaine universitaire, le développement massif du « photocopillage ».
Cette pratique qui s'est généralisée, notamment dans les établissements d'enseignement, provoque une baisse brutale des achats de livres, au point que la possibilité même pour les auteurs de créer des œuvres nouvelles et de les faire éditer correctement est aujourd'hui menacée. Nous rappelons donc que la production et la vente sans autorisation, ainsi que le recel, sont passibles de poursuites.
Les demandes d'autorisation de photocopier doivent être adressées à l'éditeur ou au Centre français d'exploitation du droit de copie :
20, rue des Grands-Augustins , 75006 Paris. Tél. : 01 44 07 47 70.

© Éditions de l'École polytechnique - Juin 2004
Direction des Études - 91128 Palaiseau Cedex

# Table des matières

# Introduction

*Sans doute, au premier abord, les théories nous semblent fragiles,*
*et l'histoire de la science nous prouve qu'elles sont éphémères :*
*elles ne meurent pas tout entières pourtant et, de chacune d'elles,*
*il reste quelque chose. C'est ce quelque chose qu'il faut chercher à démêler,*
*parce que c'est là, et là seulement, qu'est la véritable réalité.*

**Henri Poincaré, La Science et l'Hypothèse.**

La macroéconomie regroupe l'ensemble des analyses qui portent sur le fonctionnement d'une économie globale. Croissance, inflation, chômage, échanges extérieurs, phénomènes monétaires et financiers, rôle des politiques économiques... ; tels sont les principaux domaines de la théorie macroéconomique. La macroéconomie se caractérise d'une part par son caractère global, d'autre part par le fait qu'elle se concentre sur les interdépendances qui lient les décisions des différents agents.

La traduction quantitative des concepts de l'analyse macroéconomique est la comptabilité nationale qui s'est développée, notamment dans les pays industrialisés, depuis la fin de la Seconde guerre mondiale. Ces comptes nationaux, qui portent soit sur des données annuelles, soit sur des données trimestrielles, décrivent l'ensemble des productions et des échanges réalisés à l'échelle d'une nation. Nous présenterons ces principaux concepts dans le chapitre 1.

L'interdépendance et la complexité des phénomènes économiques limitent considérablement les enseignements que l'on peut tirer de la simple lecture des observations passées. L'économie ne connaît pas en effet d'interactions fortes. Chaque grandeur macroéconomique résulte d'un grand nombre d'interdépendances qui peuvent conduire à des évolutions très contrastées. D'où la nécessité d'une modélisation complète du comportement des agents et de leurs interactions pour analyser les phénomènes macroéconomiques. Souvent d'ailleurs, le sens des relations en cause ne peut être précisé sans recourir à une valeur plausible des paramètres. Or, pour évaluer les paramètres de ses modèles, l'économiste ne peut expérimenter ; il doit recourir à l'estimation économétrique sur des observations passées. Il n'est donc pas étonnant que ces observations limitées soient parfois compatibles avec des théories contradictoires. Dans le cadre de ces cinq chapitres d'introduction à la théorie macroéconomique, nous allons illustrer les méthodes de l'analyse macroéconomique en les appliquant à l'étude du chômage, de la croissance et du rôle des politiques économiques.

La macroéconomie est née dans les années trente, de la nécessité d'expliquer la possibilité de situations de chômage involontaire et d'insuffisance de la demande au regard des capacités de production disponibles. Cette controverse sur la persistance des déséquilibres est non seulement l'une des plus anciennes de la théorie économique, mais aussi celle qui structure encore les débats contemporains sur la nature du chômage et sur l'efficacité des politiques économiques L'importance de ce débat pour la compréhension de la théorie contemporaine explique la place qui lui est accordée dans ce cours d'introduction.

Le premier chapitre analyse les interdépendances d'une économie monétaire et la réalisation des échanges lorsque les marchés sont concurrentiels. La flexibilité des prix et des salaires permet alors d'équilibrer à la fois l'offre et la demande de travail et l'offre et la demande de biens. En d'autres termes, il y a plein emploi et pleine utilisation des capacités de production des entreprises. Dans le cadre de la concurrence parfaite, le mécanisme des prix coordonne si bien les décisions individuelles, que chaque agent poursuivant son intérêt propre contribue à la réalisation d'une situation optimale pour la collectivité. La théorie microéconomique montre aussi les limites du paradigme. En présence d'externalités, les prix ne signalent plus la rareté relative des biens car ils ne prennent pas en compte les coûts sociaux (environnementaux par exemple) entraînés par ces externalités. La structure des marchés peut surtout s'écarter fortement de la concurrence parfaite (monopole, oligopole). Enfin, dans la réalité, il n'existe pas (ou peu) de marchés où les transactions se réalisent une fois atteint le prix d'équilibre. De ce fait les transactions se réalisent fréquemment à des prix qui diffèrent du prix d'équilibre.

Cette rigidité des prix et des salaires entraîne l'apparition de situations où les offres et demandes potentielles des agents ne coïncident pas. En particulier, comme le montre le chapitre 2, l'économie peut connaître des situations de chômage dues, soit à une demande de biens trop faible (chômage keynésien), soit à un salaire réel trop élevé (chômage classique). Une politique économique adéquate peut alors remédier à de telles situations (relance de la demande dans le premier cas, politique d'allégement du coût salarial dans le second) et éliminer le chômage.

Le chapitre 3 élargit l'analyse du rôle des politiques économiques en étudiant le dilemme inflation-chômage, puis l'efficacité relative des politiques budgétaires et monétaires dans le cadre d'une économie fermée. Une politique budgétaire exerce un effet direct sur la demande par la hausse des dépenses publiques, ou indirectement par la hausse du revenu des ménages et de la consommation (baisse des impôts). Une politique monétaire stimule indirectement la demande par la baisse des taux d'intérêt et la hausse de l'investissement. Dans une situation de sous-emploi, la hausse de la demande augmente la production et l'emploi et également les prix lorsque ceux-ci sont flexibles à la hausse. En revanche, lorsque l'économie est au plein-emploi, leur seul effet est une hausse des prix.

La conclusion des chapitres précédents est que si le système de prix est insuffisamment flexible, la politique économique peut, en économie fermée, remédier à ces imperfections, notamment pour maintenir le plein emploi. Cette situation a été à peu près celle observée jusqu'à l'éclatement du système de Bretton Woods au début des années soixante dix. Depuis cette date, les économies, notamment européennes, ont connu de graves déséquilibres.

Les graphiques 1 et 2 montrent en effet qu'à la suite des chocs pétroliers de 1973 et 1979, les économies européennes ont connu une forte accélération de l'inflation et une montée quasi continue du chômage. Dans les années quatre-vingt, la désinflation qui s'est développée dans tous les pays a permis de revenir à de faibles taux d'inflation (graphique 1), mais le chômage a continué à augmenter jusqu'au milieu des années 90 (graphique 2).

GRAPHIQUE 1 : L'inflation.

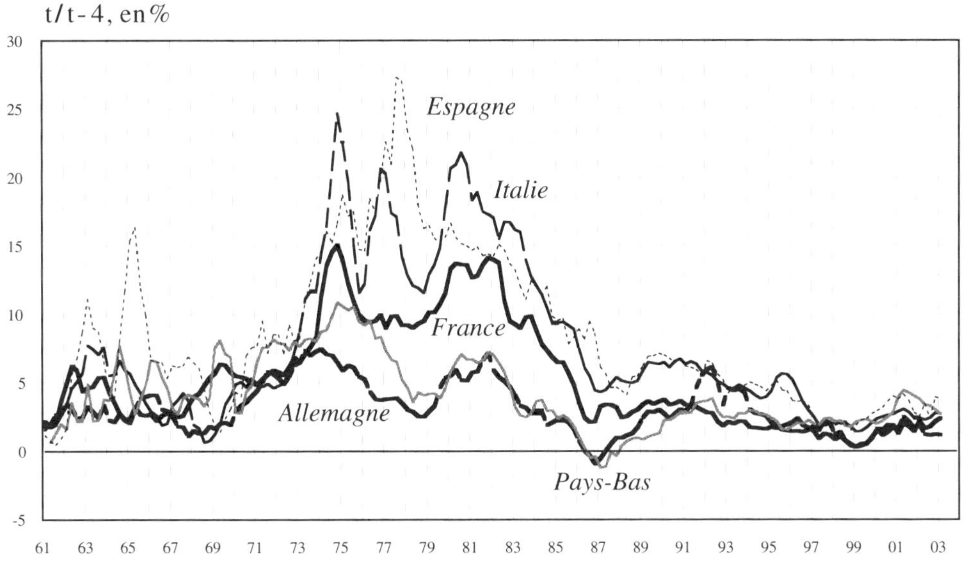


*Source* : OCDE, définitions courantes.

GRAPHIQUE 2 : Les taux de chômage.

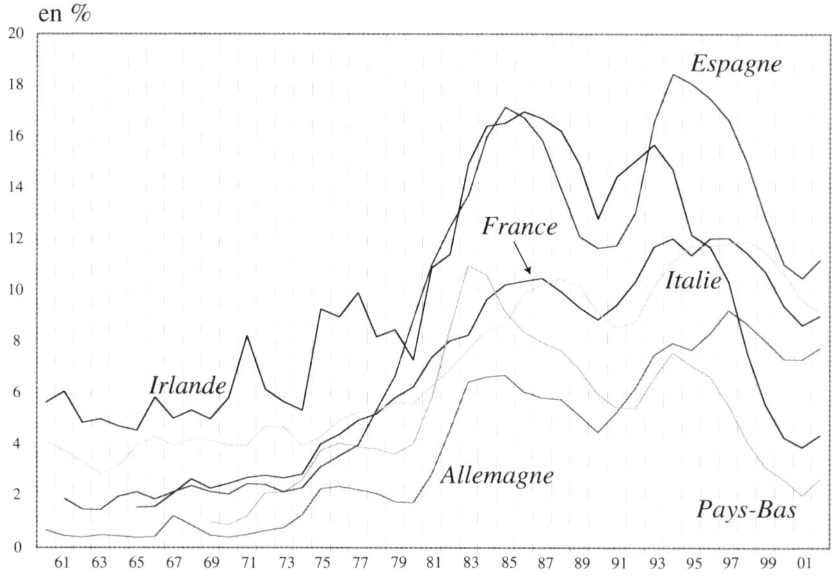


*Source* : OCDE, définitions courantes.

Pourquoi des politiques économiques qui semblaient efficaces sur la croissance et l'emploi dans les années 50-60 ont elles été impuissantes dans les années 80-90 ? Quel impact a eu la mondialisation ? l'union monétaire change-t-elle la donne en Europe ?

Le chapitre 4 montre que lorsque les économies nationales sont fortement interdépendantes, le fait que les décisions de politique économique soient prises de façon indépendantes (non coordonnées) peuvent conduire à des situations qui nuisent fortement à leur efficacité (équilibres non coopératifs). Ce chapitre compare également l'efficacité des politiques économiques en changes fixes et flexibles. Il met notamment en évidence la propriété connue sous le nom de « triangle d'impossibilité de Mundell » qui exprime que l'on ne peut avoir simultanément des changes fixes, des mouvements de capitaux totalement libérés, et des politiques monétaires indépendantes. En changes fixes, les politiques monétaires se transmettent en effet de la même façon aux différentes économies, lorsque les mouvements de capitaux sont totalement libérés. Une union monétaire est donc la réponse efficace à cette situation.

Ce cours d'introduction à la macroéconomie vise aussi à expliquer les difficultés qu'ont connus les pays européens depuis l'éclatement du système de Bretton Woods. Ce système de changes fixes pouvant être modifiés dans un cadre négocié était parfaitement adapté à la situation économique de l'époque : des mouvements de capitaux peu importants et très largement contrôlés. La disparition du système de Bretton Woods a engendré une longue période de difficultés, notamment dans des économies devenues fortement interdépendantes comme les économies européennes. Ce n'est qu'avec l'union monétaire que les politiques économiques ont pu retrouver une efficacité qu'elles avaient progressivement perdues avec l'intégration économique européenne et la mondialisation des mouvements de capitaux.

Les 4 premiers chapitres concernent la politique économique à court terme ; le dernier est consacré au contraire aux théories de la croissance et du développement à long terme. La politique économique a-t-elle un impact transitoire ou durable sur la croissance économique ? Quel est le rôle de l'accumulation du capital et des connaissances dans le développement économique ? Les économies ont-elles tendance à converger à long terme ? Telles sont quelques unes des questions qu'aborde le chapitre 5. Ce chapitre dresse un panorama des théories de la croissance depuis les interrogations d'Harrod et Domar sur les possibilités d'une croissance auto-entretenue dans les années quarante, jusqu'aux théories contemporaines de la « croissance endogène ».

# Chapitre 1

# Les interdépendances d'une économie monétaire

## Introduction

Avant d'analyser le fonctionnement d'une économie, il nous faut d'abord définir plus précisément les concepts qui caractérisent une économie globale : production, consommation, épargne, investissement, capital, échanges extérieurs... C'est l'objet de la première section du chapitre.

Dans une économie monétaire, les échanges se réalisent par l'intermédiaire de la monnaie : chaque bien est échangé, non pas directement contre un autre bien, mais contre une certaine quantité de monnaie. Un agent qui vend (ou offre) un bien, reçoit (ou demande) en contrepartie une certaine quantité de monnaie. Un agent qui achète (ou demande) un bien doit fournir (ou offrir) de la monnaie en contrepartie. En d'autre termes, les offres et les demandes de monnaie individuelles sont les contreparties des échanges qui se réalisent dans l'économie. La section 2 du chapitre étudie la description des échanges d'une économie monétaire et les différents « marchés » qui correspondent à ces échanges.

Dans une économie qui fonctionne selon les mécanismes de la concurrence parfaite, l'ajustement des offres et des demandes des différents agents résulte de la flexibilité des prix. La section 3 du chapitre examine la réalisation d'un tel équilibre de marché dans une économie d'échange où interviennent trois agents : les Entreprises, les Ménages et l'État et où deux biens sont échangés par l'intermédiaire de la monnaie : les « biens » et le travail. Les biens sont produits (c'est-à-dire offerts) par les Entreprises et demandés à la fois par les Ménages (dépenses de consommation), les Entreprises (dépenses d'investissement) et l'État (dépenses publiques). Le marché du travail confronte l'offre de travail des Ménages et la demande de travail des Entreprises. Dans une telle économie, où le prix des biens et celui du travail (le salaire) sont flexibles, il n'y a ni chômage, ni « surproduction » de biens. Nous verrons précisément dans le chapitre suivant que le non ajustement des prix et des salaires peut conduire en revanche à de telles situations.

# 1 La production et les échanges

## 1.1 La mesure de la production : le Produit Intérieur Brut (PIB)

Comment mesurer la production globale d'une économie ? Puisque cette production est constituée de biens hétérogènes, elle ne peut être mesurée qu'en unités monétaires, ce qui suppose de définir de façon spécifique la notion de quantité. Dans l'ensemble de ce cours, lorsque nous parlerons de production, il s'agira toujours implicitement du Produit Intérieur Brut que nous allons définir plus loin.

### *a) Prix et quantité (volume)*

Dans le cas d'un bien élémentaire, la quantité produite et son prix peuvent être définis sans difficulté et leur évolution suivie au cours du temps. La valeur monétaire est le produit de la quantité par le prix unitaire :

$$\textit{Valeur monétaire } (p_t\, Q_t) = \textit{Quantité } (Q_t) \times \textit{prix } (p_t)$$

Notons $\overset{\circ}{Q}_t = \dfrac{1}{Q_t}\dfrac{dQ_t}{dt}$ le taux de croissance des quantités et $\overset{\circ}{p}_t = \dfrac{1}{p_t}\dfrac{dp_t}{dt}$ le taux de croissance du prix (ou taux d'inflation), le taux de croissance de la production en valeur est la somme de ces deux taux $\overset{\circ}{(p_tQ_t)} = \overset{\circ}{Q}_t + \overset{\circ}{p}_t$.

$$\text{Croissance en valeur } \overset{\circ}{(pQ)} = \text{Croissance en quantité } \overset{\circ}{Q} + \text{Inflation } \overset{\circ}{p}$$

Comment, dans le cas d'un ensemble de biens, différencier, dans l'évolution de la production en valeur monétaire, celle qui résulte de l'évolution des quantités et celle qui résulte de l'évolution des prix ? La méthode retenue consiste à pondérer les quantités et les prix élémentaires par leur poids dans la valeur globale. Notons en effet $Q_t^i$ la quantité de biens $i$ produite dans l'année $t$ et $p_t^i$ son prix. La valeur (monétaire) globale du PIB est la somme des valeurs monétaires :

$$\textit{Valeur monétaire globale : } V = \sum_i p_t^i\, Q_t^i$$

En différenciant cette expression, on obtient la relation suivante pour la croissance en valeur :

$$\textit{Taux de croissance en valeur} : \overset{\circ}{V} = \sum_i \alpha_t^i \overset{\circ}{Q}{}_t^i + \sum_i \alpha_t^i \overset{\circ}{p}{}_t^i \text{ avec } \alpha_t^i = \frac{p_t^i Q_t^i}{\sum_i p_t^i Q_t^i}$$

En définissant le taux de croissance en volume et le taux d'inflation comme les moyennes pondérées des taux de croissance et d'inflation élémentaires :

$$\overset{\circ}{Q} = \sum_i \alpha_t^i \overset{\circ}{Q}{}_t^i \text{ et } \overset{\circ}{p} = \sum_i \alpha_t^i \overset{\circ}{p}{}_t^i$$

on retrouve la décomposition précédente de la croissance en volume et prix :

$$\textit{Croissance en valeur } \overset{\circ}{V} = \textit{Croissance en volume } \overset{\circ}{Q} + \textit{ Inflation } \overset{\circ}{p}$$

Le graphique 1 présente cette décomposition en volume et prix de la croissance du PIB en valeur pour la France. Dans les années soixante, la croissance en volume fluctuait autour de 5% et l'inflation était pratiquement du même ordre de grandeur. Avec les chocs pétroliers de 1973 et 1979, l'inflation a dépassé 10% alors que la croissance en volume ralentissait. Depuis la fin des années 1980 l'inflation est proche de 2% et la croissance en volume comprise entre 2 et 3% en moyenne.

GRAPHIQUE 1 : Décomposition de la croissance du PIB : valeur, volume et prix (inflation).

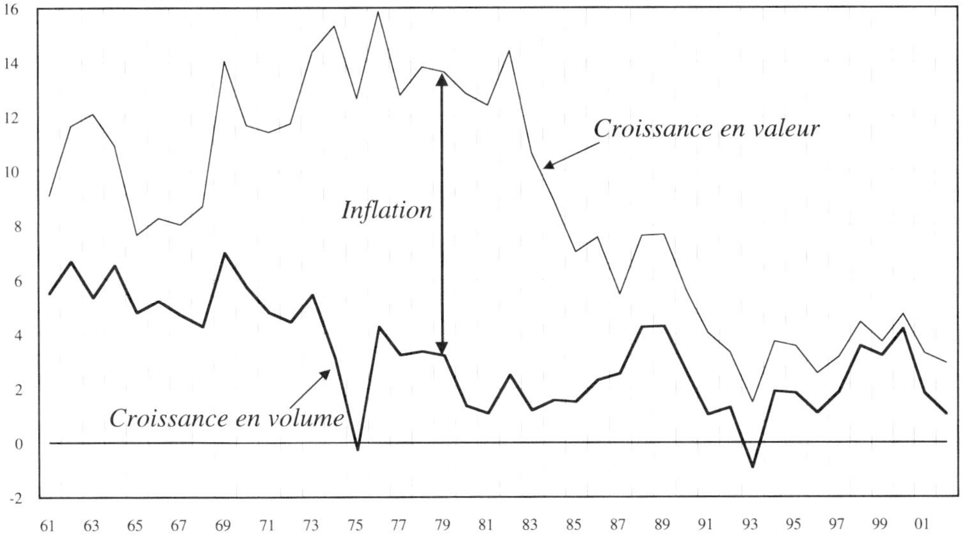


Dans la suite de ce cours, nous assimilerons le PIB a un bien élémentaire en notant $Q$ le volume (ou quantité), $p$ le prix du PIB et $(p\,Q)$ le PIB en valeur.

### *b) La valeur ajoutée et le Produit Intérieur Brut*

Pour mesurer la production globale d'une économie, il faut également éliminer les biens qui servent à la production des autres biens (consommations intermédiaires). Lorsque nous considérerons la production nationale dans ce cours, ce sera toujours le *Produit Intérieur Brut* (PIB) c'est-à-dire la production totale diminuée des consommations intermédiaires (appelée encore valeur ajoutée). En 2002, le PIB en France s'élevait à 1 520 milliards d'euros.

On distingue en outre le PIB marchand qui mesure la production effectivement vendue sur les marchés et le PIB non marchand qui est la valeur attribuée à la production de services des administrations (généralement mesurée par les coûts de production).

### *c) La produ économiques*

La croissance économique est un phénomène récent à l'échelle historique. Entre le XVe et le début du XIXe siècle, la croissance du PIB par habitant ne dépassait guère 0,2% par an dans les pays actuellement industrialisés. Elle a commencé à s'accélérer avec la révolution industrielle apparue en Angleterre à la fin du XVIIIe siècle. De 1820 jusqu'à 1870, seuls le Royaume-Uni et les États-Unis connaissaient une croissance du PIB par habitant supérieure à 1% par an (voir tableau 1). À partir de 1870, la croissance économique s'est généralisée à l'ensemble des pays aujourd'hui industrialisés (Europe, Japon, États-Unis) à des rythmes qui ne dépassaient pas toutefois 1,5% par an en moyenne jusqu'à la seconde guerre mondiale. Dans les trente années qui suivirent la seconde guerre mondiale, les pays d'Europe continentale et plus encore le Japon connurent une croissance exceptionnellement forte (on a parlé des trente glorieuses pour qualifier cette période) : entre 4 et 5% en Europe, 8% au Japon. Au cours de cette période, les pays d'Europe continentale (Italie, France, Allemagne) et le Japon ont non seulement comblé leur retard de croissance dû à la crise des années trente et à la guerre (voir le graphique 2 présentant la croissance du PIB français), mais ils se sont également fortement rapprochés du niveau de développement américain.

TAB. 1 : Croissance annuelle du PIB / habitant (en %).

| | 1820-1870 | 1870-1913 | 1913-1950 | 1950-1973 | 1973-1989 |
|---|---|---|---|---|---|
| États-Unis | 1,5 | 1,8 | 1,6 | 2,2 | 1,6 |
| France | 0,8 | 1,3 | 1,1 | 4,0 | 1,8 |
| Allemagne | 0,7 | 1,6 | 0,7 | 4,9 | 2,1 |
| Royaume-Uni | 1,2 | 1,0 | 0,8 | 2,5 | 1,8 |
| Italie | 0,4 | 1,3 | 0,8 | 5,0 | 2,6 |
| Japon | 0,1 | 1,4 | 0,9 | 8,0 | 3,1 |

*Source* : Maddison (1991)

GRAPHIQUE 2 : Évolution du PIB français depuis 1820.

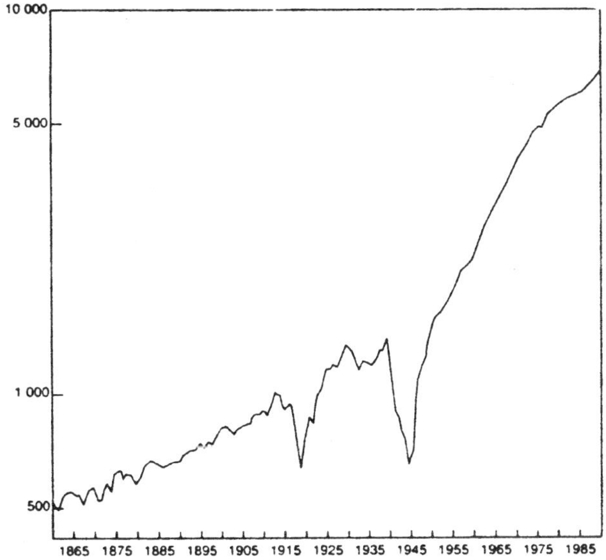


*Source* : Maddison (1991).

La croissance économique n'est pas un phénomène continu. Si elle a été relativement régulière en France au cours des trente années de croissance forte de l'après-guerre, elle a toujours présenté un caractère cyclique aux États-Unis. Depuis le ralentissement de la croissance qui suivit chacun des chocs pétrolier, la croissance française, comme celle des autres pays européens, est non seulement devenue plus faible, mais elle présente un caractère cyclique assez fortement marqué.

Depuis de nombreuses années, le cycle économique en France est en effet très fortement lié au cycle européen comme le montre le graphique 3 qui présente la croissance française et celle de l'Europe des quinze en glissement annuel à partir de données trimestrielles. Le glissement annuel est la croissance moyenne sur quatre trimestres consécutifs (c'est la variation relative du PIB du trimestre en cours ($t$) par rapport au même trimestre de l'année précédente ($t-4$)).

Le graphique 3 fait nettement apparaître quatre périodes de croissance négative – récessions – qui n'apparaissent pas toujours aussi nettement sur les taux de croissance en moyenne annuelle : les 2 chocs pétroliers de 1974-1975 et 1979-1980, la récession de 1993 qui a été très marquée en France comme en Europe, et l'année 2003 où la croissance en rythme annuel a été négative du milieu de l'année 2002 au milieu de l'année 2003, alors qu'elle restait légèrement positive en Europe.

GRAPHIQUE 3 : Croissance du PIB en France et en Europe (Données trimestrielles, Glissement annuel $t/(t-4)$).

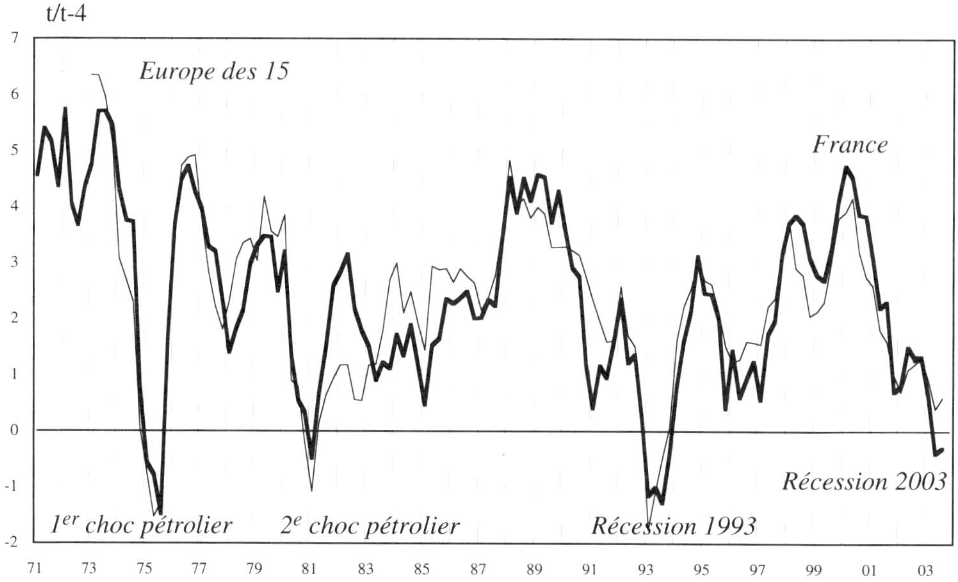


Le fait que le cycle économique soit identique en France et en Europe ne signifie pas pour autant que la croissance soit la même. C'est ainsi que de 1993 à 1997, la croissance française a été inférieure de 0,6 point en moyenne chaque année à la croissance européenne, alors qu'elle a été supérieure de 0,6 point chaque année de 1997 à 2002. Cela donne des rythmes de croissance très différents. Alors que sur les deux périodes la croissance européenne est restée un peu supérieure à 2%, la croissance française est passée de 1,5% en moyenne à 3%.

GRAPHIQUE 4 : Croissance moyenne au cours de différentes périodes.

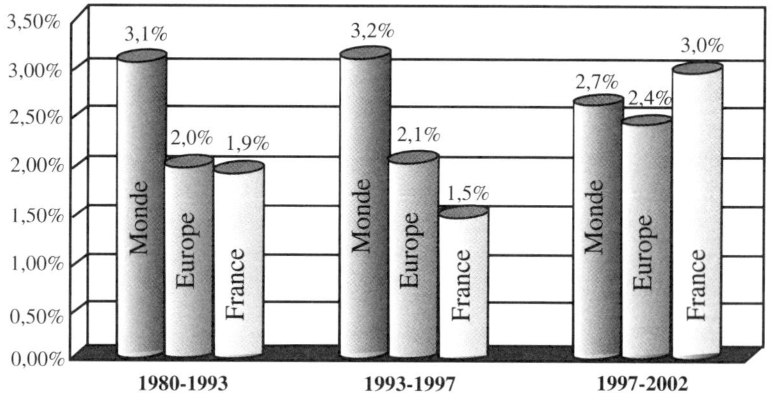

## 1.2 Travail, capital et investissement

Pour analyser la croissance économique, il faut la relier aux facteurs qui déterminent la production : travail et capital.

### *a) Facteurs de production : le travail*

La quantité de travail globale d'une économie est mesurée soit par l'emploi total, soit par le nombre total d'heures travaillées dans l'année (produit de la durée annuelle du travail par l'emploi). Depuis le siècle dernier, l'emploi a presque triplé en Allemagne et au Japon en raison notamment de la croissance démographique, et a été multiplié par 8 aux États-Unis du fait de la très forte immigration (tableau 2). L'emploi n'a au contraire que faiblement augmenté en France, par suite de la quasi stagnation démographique de la première moitié du XX$^{e}$ siècle.

Le tableau 2 montre que la durée annuelle du travail a connu en revanche une forte diminution depuis le siècle dernier. Cette réduction résulte à la fois du développement des congés annuels et de la réduction de la durée hebdomadaire du travail. On voit que la durée annuelle du travail a presque été divisée par deux dans la plupart des grands pays industrialisés, passant par exemple de 2 900 heures environ en 1870 à 1 500 ou 1 600 heures en Europe à la fin des années quatre-vingt.

TAB. 2 : Population totale, emploi et durée annuelle du travail en longue période.

| | Japon | Allemagne | France | États-Unis | Italie |
|---|---|---|---|---|---|
| Population totale (millions) | | | | | |
| 1870 | 34,4 | 24,9 | 38,4 | 40,0 | 27,9 |
| 1989 | 123,1 | 70,0 | 56,2 | 248,7 | 57,5 |
| Emploi (millions) | | | | | |
| 1870 | 18,7 | 10,3 | 17,8 | 14,7 | 15,4 |
| 1989 | 61,3 | 27,6 | 22,2 | 119,0 | 25,1 |
| Durée annuelle du travail | | | | | |
| 1870 | 2 945 | 2 941 | 2 941 | 2 964 | 2 886 |
| 1987 | 2 020 | 1 620 | 1 543 | 1 607 | 1 528 |

*Source* : Maddison (1991). Frontières de 1989 (Allemagne de l'Ouest notamment).

### *b) Le capital et l'investissement : stocks et flux*

Le capital est constitué de l'ensemble des équipements et des bâtiments nécessaires à la production. Son évaluation est encore plus délicate que celle du PIB, puisqu'il faut agréger des biens qui ont été produits à des dates très différentes.

La production est en effet un *flux* : il s'agit de l'ensemble des biens produits au cours de la période considérée (l'année ou le trimestre). Le capital fixe est en revanche un *stock* de biens d'équipements et de bâtiments existant à une date donnée. Le flux correspondant au capital est l'investissement c'est-à-dire la quantité de biens de production produite au cours de la période. Pour faire apparaître l'accumulation du capital, nous pouvons décomposer la production de la période en *Consommation et Investissement* :

$$\underset{\text{Production}}{Q_t} = \underset{\text{Consommation}}{C_t} + \underset{\text{Investissement}}{I_t} .$$

L'investissement *brut* (ou *formation brute de capital fixe* de la comptabilité nationale) est l'ensemble des équipements et des bâtiments produits au cours de la période considérée. Pour obtenir l'augmentation du capital (*ou investissement net*) au cours de la période, il faut donc déduire le remplacement (ou amortissement) du capital pour des raisons physiques (dépréciation) ou économiques (obsolescence). Si $K_t$ désigne le capital en début de période $t$ et si l'on suppose qu'une fraction $\delta$ du capital est remplacée au cours de la période, la relation entre le capital et l'investissement brut s'écrit (en temps discret) :

$$I_t = (K_{t+1} - K_t) + \delta\, K_t \qquad \textit{Investissement brut}$$

C'est parce que l'investissement comprend, dans la comptabilité nationale, le remplacement du capital que le Produit Intérieur est dit Brut (PIB). Dans les modèle de croissance que nous examinerons dans le chapitre 5, $I_t$ désignera l'investissement net du remplacement, égal à l'accroissement du stock de capital :

$$I_t = (K_{t+1} - K_t) \qquad \textit{Investissement net}$$

En temps continu, l'investissement net est la dérivée par rapport au temps du stock de capital :

$$I_t = \frac{dK_t}{dt} \qquad \textit{Investissement net en temps continu} .$$

Le tableau 3 montre que le capital augmente, en longue période à peu près au même rythme que la production (légèrement plus rapidement). Le stock de capital représente aujourd'hui entre deux fois et demi et trois fois la production annuelle (ce rapport est appelé coefficient de capital).

En revanche, la croissance du PIB est bien plus forte que celle de la quantité de travail. On peut en avoir une idée approximative en examinant le taux de croissance du PIB par habitant présenté dans le tableau 1. Plus précisément en divisant le PIB à prix constant (évalué en dollar de 1985) par la quantité annuelle de travail, on obtient

TAB. 3 : Rapport du capital au PIB annuel (coefficient de capital).

| | 1890 | 1913 | 1950 | 1973 | 1987 |
|---|---|---|---|---|---|
| États-Unis | 2,1 | 2,9 | 2,3 | 2,1 | 2,3 |
| France | nd | 1,6 | 1,7 | 1,8 | 2,4 |
| Allemagne | 2,3 | 2,2 | 2,1 | 2,4 | 3,0 |
| Japon | 0,9 | 1,0 | 1,8 | 1,7 | 2,8 |

*Source* : Maddison (1991)

la productivité du travail présentée dans le tableau 4. En France, par exemple, le progrès technique permet aujourd'hui de produire environ 20 fois plus de biens en une heure de travail qu'en 1870. Ce tableau fait en outre apparaître la convergence qui s'est opérée entre les niveaux de développement au sein des pays industrialisés.

TAB. 4 : Production par heure travaillée (productivité moyenne du travail).

*En $ de 1985 par heure travaillée*

| | 1870 | 1913 | 1950 | 1973 | 1987 |
|---|---|---|---|---|---|
| États-Unis | 2,1 | 4,7 | 11,4 | 19,9 | 23,0 |
| France | 1,1 | 2,3 | 4,6 | 14,0 | 21,6 |
| Allemagne | 1,0 | 2,3 | 3,4 | 12,8 | 18,3 |
| Japon | 0,4 | 0,9 | 1,7 | 9,1 | 14,0 |

*Source* : Maddison (1991).

### *c) La fonction de production*

On résume la relation technique entre la production et les facteurs de production (travail et capital) par la fonction de production. Cette fonction de production exprime la production maximale réalisable avec le stock de capital $K_t$ et la quantité de travail $N_t$. Si, à la date $t$ il n'existe qu'une seule combinaison possible de travail et de capital pour produire de façon efficace (c'est-à-dire sans excès de capital ou de travail) la quantité $Q_t$, la fonction de production sera dite « à facteurs complémentaires ». La production maximale réalisable avec $K_t$ et $N_t$ sera alors de la forme :

$$Q_t = \min \{a_t K_t , b_t N_t\} .$$

Si, au contraire, il existe une infinité de combinaisons de capital et de travail qui permettent de réaliser de façon efficace la production $Q_t$, la fonction de production sera dite à facteurs substituables :

$$Q_t = F\ (a_t\, K_t\, ,\ b_t\, N_t)$$

où $F$ est une fonction continue et croissante, que nous supposerons de classe $C^2$.

Il est assez naturel de supposer que la fonction $F$ est homogène et de degré 1, c'est-à-dire qu'en doublant par exemple les quantités de travail et de capital, on double également le montant de la production maximale réalisable. Cette hypothèse traduit des *rendements d'échelle constants.*

En revanche, lorsqu'on augmente un seul facteur de production, par exemple la quantité de travail, en conservant l'autre facteur constant, l'augmentation correspondante de la production est, en général, moins que proportionnelle à l'augmentation de la quantité de travail.

C'est cette notion de rendements marginaux décroissants que traduit la concavité de la fonction $F$. Par exemple, pour un stock de capital donné $\overline{K}$, il faut des quantités de plus en plus grande de travail pour accroître la production. En d'autres termes, la productivité marginale des facteurs de production (par exemple la productivité marginale du travail $F'_N(N)$) est une fonction décroissante de $N$, comme le montre le graphique suivant qui représente la fonction $Q = f(N) = F(\overline{K}, N)$.

FIG. 1: Rendements décroissants : relation entre la production et l'emploi lorsque le stock de capital $\overline{K}$ est donné.

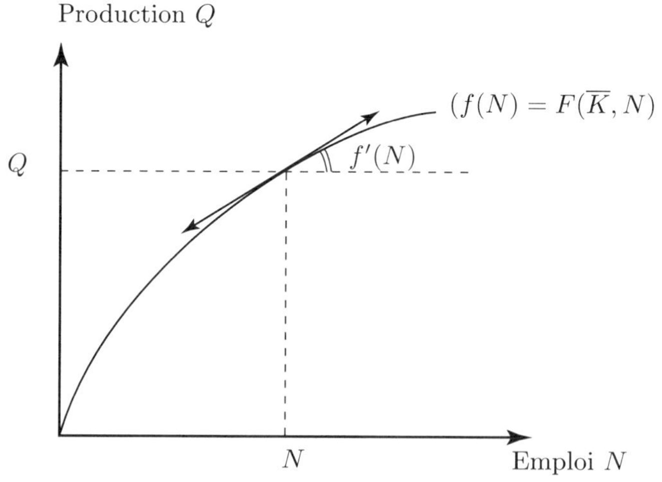


Nous avons vu précédemment que la production augmentait en longue période plus vite que la quantité de travail et à peu près au même rythme que la quantité de capital. Pour représenter ce phénomène tout en conservant l'hypothèse de rendements d'échelle constants, il faut supposer que l'efficacité des facteurs de production – et notamment celle du travail $a_t$ – augmente au cours du temps.

### *d) Croissance, équilibre de court terme, fluctuations économiques*

L'investissement joue un rôle central dans la théorie économique car c'est à la fois une composante de la demande et le principal facteur d'augmentation de l'offre, comme le montre la figure 2.

FIG. 2 : L'accumulation du capital.

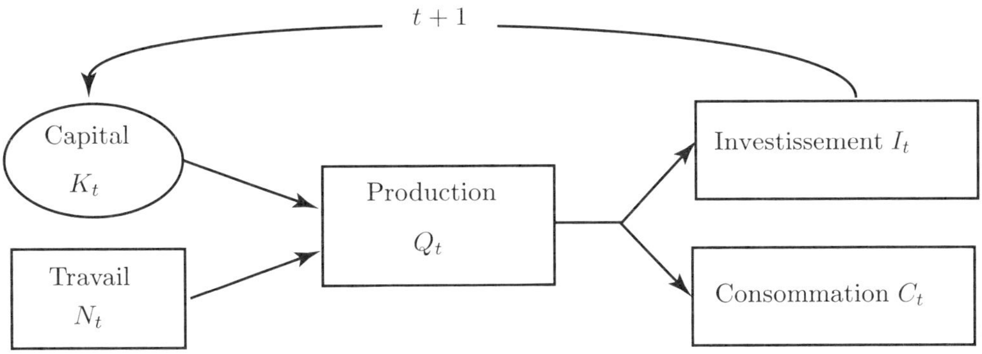


*Les théories de la croissance à long terme* s'intéressent surtout au processus de reproduction du capital. Très souvent, elles se concentrent sur les régimes de croissance à taux constant des différentes grandeurs.

À l'opposé, les *théories de la courte période* (ou du court terme) considèrent une période suffisamment brève pour que le stock de capital utilisé au cours de la période soit indépendant des flux de la période. En temps discret, la courte période est donc l'unité de temps telle que la fonction de production macroéconomique relie les flux de la période (production réalisée $Q_t$ et quantité de travail utilisée $N_t$) au stock de capital disponible en début de période ($K_t$) :

$$Q_t = F\left(a_t\, K_t\,,\, b_t\, N_t\right)\,.$$

Puisque par hypothèse, l'investissement de la période $I_t$ accroît le capital disponible en début de période suivante ($K_{t+1} = I_t + (1-\delta)K_t$), le stock de capital est indépendant de la situation économique de la période. *La fonction de production à court terme* se résume donc à une relation entre la production et le travail : $Q_t = f(N_t)$ représentée dans la figure 1. En pratique, compte tenu des délais de mise en place des équipements, cette hypothèse peut être approximativement retenue pour une période de l'ordre de l'année.

Enfin, les *théories des cycles économiques* (ou fluctuations à moyen terme) analysent les évolutions dynamiques intermédiaires entre les régimes de croissance à long terme et l'équilibre de courte période. Là encore, l'accumulation du capital et ses conséquences sur l'offre et la demande de biens jouent un rôle central dans cette dynamique.

## 1.3 Revenu National, Épargne et Investissement (économie fermée)

### *a) Les contreparties de la production : le revenu national*

Dans une économie fermée, l'équilibre de l'offre et de la demande est l'égalité de la production et de la somme de la demande de consommation des Ménages et de la demande d'investissement des Entreprises. Nous pouvons exprimer cette relation comme précédemment en volume :

$$\underset{\text{PIB}}{Q} = \underset{\text{Consommation}}{C} + \underset{\text{Investissement}}{I}$$

ou en valeur en multipliant les deux membres par le prix des biens $p$.

Pour réaliser la production, les entreprises vont utiliser du travail et du capital et par conséquent verser des salaires aux travailleurs et des profits aux détenteurs du capital. Elles vont par ailleurs conserver une partie de leurs profits pour financer leurs investissements (autofinancement ou encore épargne des entreprises). La contrepartie de la production est donc l'ensemble des revenus reçus par les Ménages ou conservés par les Entreprises, c'est-à-dire la somme des salaires et des profits :

$$\underset{\text{PIB}}{pQ} = \underbrace{\underset{\text{Salaires}}{wN} + \underset{\text{Profits}}{\Pi}}_{\text{Revenu National}}$$

où $N$ désigne la quantité de travail, $w$ le taux de salaire ($wN$ est la masse salariale) et $\Pi$ les profits.

### *b) Épargne et Investissement*

Les agents vont utiliser leur revenus pour réaliser des dépenses de consommation ou des dépenses d'investissement ou encore pour épargner. Par définition, l'épargne est la fraction du revenu qui n'est pas consommée. Pour alléger les notations, nous exprimerons les grandeurs en termes réels en notant $E$ l'épargne réelle. Le revenu réel est donc égal au volume du PIB $Q$ et l'épargne réelle à $E = Q - C$. On en déduit que, lorsque l'offre est égale à la demande de biens, l'épargne totale est nécessairement égale à l'investissement total :

$$\underset{\text{Offre = Demande}}{Q = C + I} \iff \underset{\text{Épargne = Investissement}}{E = I} \quad .$$

FIG. 3 : PIB, Revenu National, Épargne et Investissement.

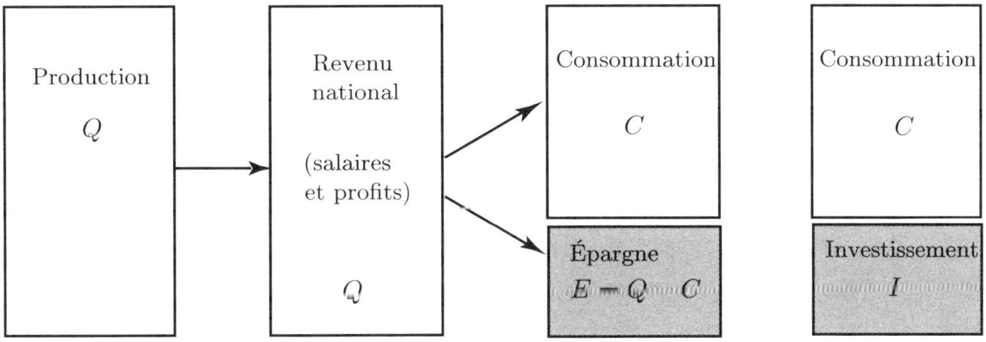


### *c) Intermédiaires financiers*

La « transformation » de l'épargne en investissement résulte principalement de trois mécanismes résumés dans la figure 4 :

- L'autofinancement, c'est-à-dire le financement direct d'une partie de l'investissement par l'épargne des entreprises. La comptabilité nationale montre qu'en moyenne l'autofinancement représente 70 à 80% de l'investissement des entreprises (ce taux d'autofinancement a été en revanche supérieur à 90% au cours de la seconde moitié des années 90).
- Les marchés financiers sur lesquels les entreprises se financent par l'émission d'actions et d'obligations. Les placements financiers des Ménages, c'est-à-dire les achats d'actions et d'obligations par les Ménages constituent ce que l'on appelle l'épargne financière des Ménages.
- Le mode de financement le plus indirect est l'intermédiation financière. En accordant des crédits sur la base des dépôts monétaires qu'elles reçoivent, les banques contribuent au financement de l'investissement, en transformant l'épargne monétaire des Ménages, c'est-à-dire l'augmentation de leur encaisse monétaire, en crédits aux Entreprises.

Lorsque le financement de l'économie se fait principalement par l'émission d'actions et d'obligations de la part des entreprises on dit que l'on a une *économie de marchés financiers*. Lorsque le crédit bancaire est au contraire la source principale du financement des entreprises, on parle d'économie d'endettement.

FIG. 4: Le financement de l'investissement : marchés financiers et intermédiaires financiers.

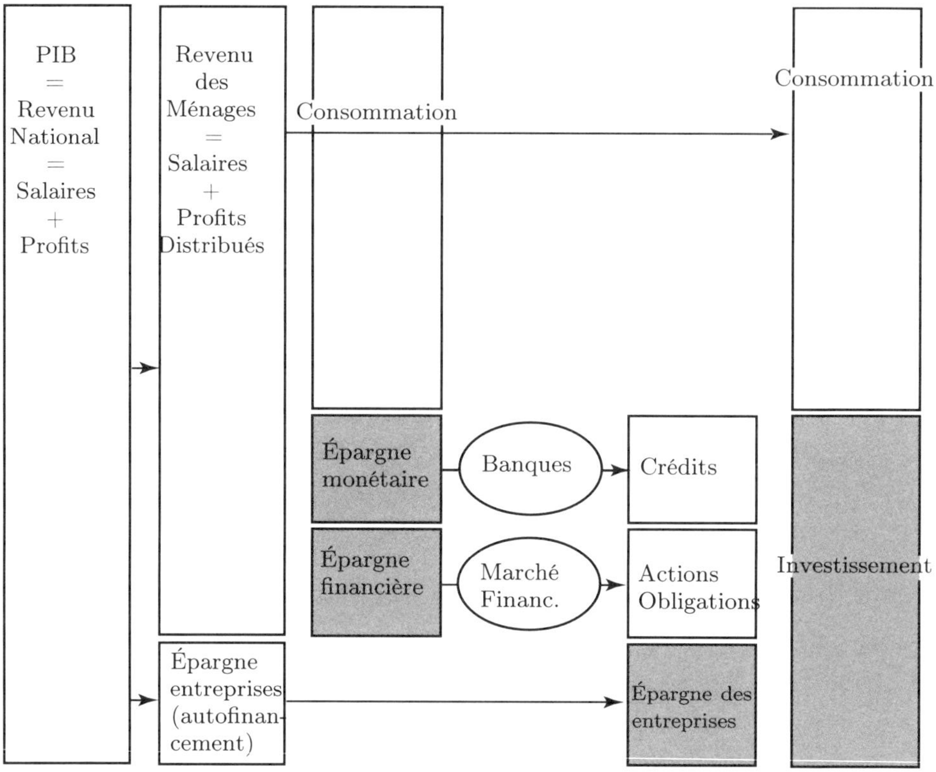


### *d) État et budget*

Pour étudier l'effet des politiques économiques, nous serons amené à distinguer les dépenses privées et les dépenses publiques. Ces dépenses publiques concernent à la fois des biens de consommation et des biens d'investissement (bâtiments publics, infrastructures...). Afin de simplifier l'analyse nous assimilerons l'ensemble des dépenses publiques à des dépenses de consommation notées $G$, et nous supposerons que seul le secteur privé produit ($Q$ est le PIB marchand de la comptabilité nationale). Pour financer ses dépenses, l'état prélève des impôts que nous noterons $T$ en termes réels ($pT$ en termes nominaux).

En distinguant les dépenses publiques, l'équilibre de l'offre et de la demande de biens et services s'écrit :

(1) $$Q = C + I + G$$

Le revenu national total ($Q$) se décompose en revenu privé net des impôts prélevés par l'État ($Q - T$) et en revenu de l'État (impôts $T$). Puisque nous supposons que l'État n'a pas de dépense d'investissement, le solde budgétaire, lorsqu'il est excédentaire, est égal à l'épargne de l'État ($T - G$) et l'équilibre de l'épargne totale ($Q - C - G$) et de l'investissement s'écrit :

$$(2) \qquad \underset{\text{Épargne privée}}{(Q - T - C)} \quad + \quad \underset{\text{Épar. Publ. (exc. Budgétaire)}}{(T - G)} \quad = \quad \underset{\text{Investissement}}{I}$$

On peut également l'écrire sous la forme suivante :

$$(2\text{bis}) \qquad \underset{\text{Épargne privée}}{(Q - T - C)} \quad = \quad \underset{\text{Investissement}}{I} \quad + \quad \underset{\text{Déficit budgétaire}}{(G - T)}$$

La relation (2bis) montre que l'épargne privée (et notamment l'épargne des Ménages) sert à financer l'investissement des entreprises et le déficit public.

### *e) Déficit et dette publique*

GRAPHIQUE 5 : Solde des finances publiques.

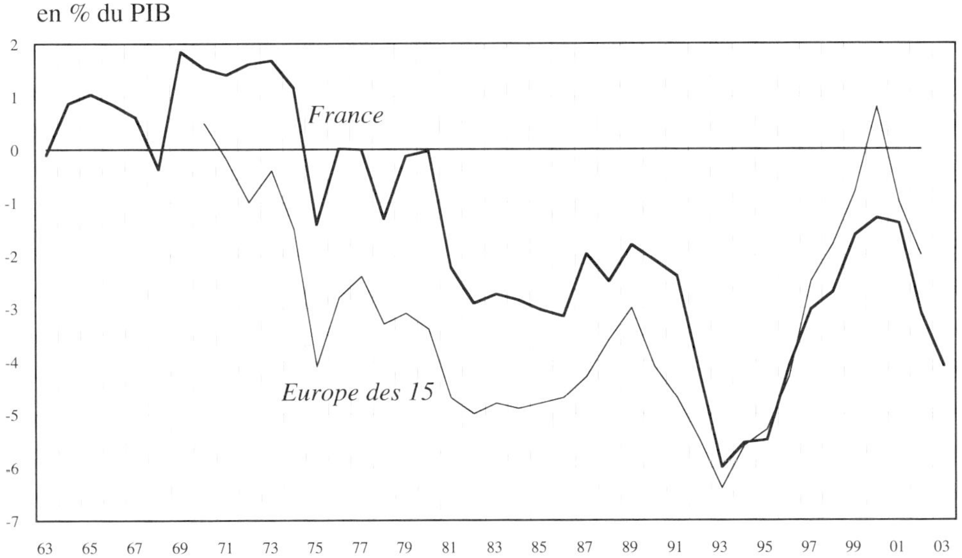


Le graphique 5 montre que le solde des finances publiques était équilibré en Europe dans les années soixante et légèrement excédentaire en France. Depuis le premier choc pétrolier, le solde est devenu déficitaire en ne dépassant toutefois que de façon exceptionnelle en France les 3% du PIB, du moins jusqu'à la récession de 1993. En revanche dans certains pays européens (Italie, Belgique...) le déficit des finances publiques s'est fortement creusé à partir du premier choc pétrolier de sorte qu'en moyenne il était de l'ordre de 5% en Europe au cours des années quatre-vingt. La période de convergence vers l'union monétaire a été marquée en Europe par une très forte réduction du déficit (de 6 points de PIB en 1993 à un léger excédent en 2000)

Le creusement des déficits et le ralentissement de la croissance du PIB nominal sont à l'origine de la très forte montée de l'endettement (en % du PIB) dans les années quatre-vingt. Le ratio Dette/PIB est en effet passé, comme le montre le *graphique 6*, de 30% du PIB dans les années soixante-dix à 60% en France et plus de 70% en Europe à la fin des années quatre-vingt dix.

Graphique 6 : Dette publique en % du PIB (France et Europe des 15).

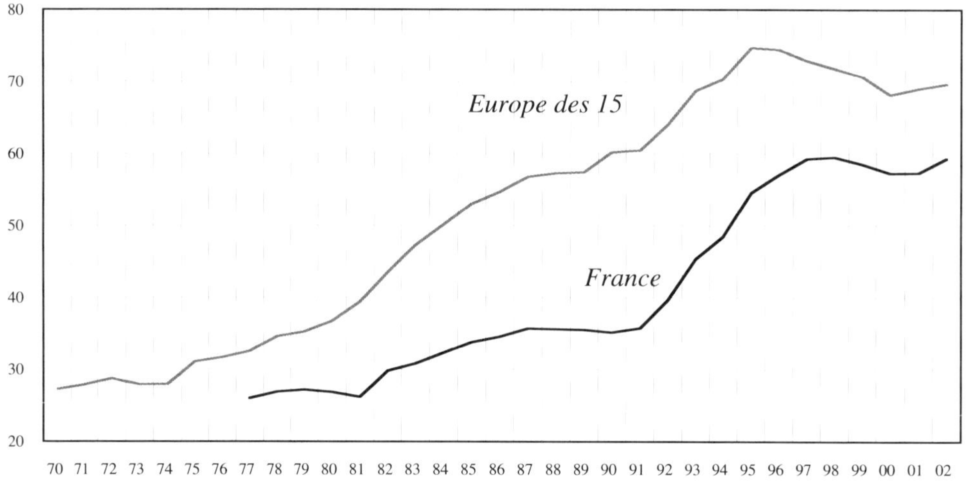


Notons $B_t$ le stock de dette et $D_t$ le déficit annuel en euros. Ce dernier est égal à la variation de la dette, soit en temps continu :

$$D_t = \frac{dB_t}{dt} .$$

L'évolution du ratio Dette/PIB (ratio d'endettement noté $b_t = B_t/p_t\,Q_t$) dépend de la croissance de la dette (c'est-à-dire du déficit) et de la croissance du PIB en valeur. Même si le déficit est important, une forte croissance du PIB en valeur peut éviter que le ratio d'endettement augmente. On peut en effet exprimer la variation du ratio d'endettement en fonction du déficit rapporté au PIB ($dt = D_t/p_t\,Q_t$) et du taux de croissance du PIB en valeur.

Le taux de croissance du ratio d'endettement est en effet égal à la différence des taux de croissance de la dette et du PIB :

$$\frac{1}{b_t}\frac{db_t}{dt} = \frac{1}{B_t}\frac{dB_t}{dt} - (\overset{\circ}{Q} + \overset{\circ}{p})$$

soit encore en multipliant les deux membres par $b_t$ et en introduisant le ratio du déficit au PIB ($dt = D_t/p_t Q_t$) :

$$\frac{db_t}{dt} = d_t - b_t(\overset{\circ}{Q} + \overset{\circ}{p})$$

Cette relation montre que la variation de la dette (exprimée en % du PIB) est égale à la différence entre le déficit exprimé en % du PIB) et le produit du taux de croissance du PIB en valeur par la dette (exprimée en % du PIB). ***C'est ainsi qu'avec une croissance en volume de 3% et une inflation de 2% (soit une croissance de 5% du PIB en valeur) une dette égale à 60% du PIB est stable si le déficit n'excède pas 3% du PIB. Telle est la logique des critères de Maastricht.***

Dans les années qui ont suivi le premier choc pétrolier (de 1974 à 1980), l'inflation très forte, qui conduisait à des taux de croissance du PIB en valeur de près de 14% (graphique 7), permettait que des déficits pourtant importants en % du PIB, notamment en Europe (graphique 5) n'entraînent pas d'augmentation de la dette (graphique 6). L'inflation éliminait en quelque sorte l'impact des déficits sur le ratio d'endettement. La forte désinflation des années quatre-vingt, qui conduit à des croissance du PIB en valeur de l'ordre de 4 à 5% depuis une dizaine d'année a pour conséquence que le moindre dérapage des déficits entraîne une montée de l'endettement. ***Dans une économie de faible inflation, le déficit doit être faible pour éviter l'augmentation de la dette en % du PIB.***

GRAPHIQUE 7 : Croissance du PIB en valeur, volume et prix.

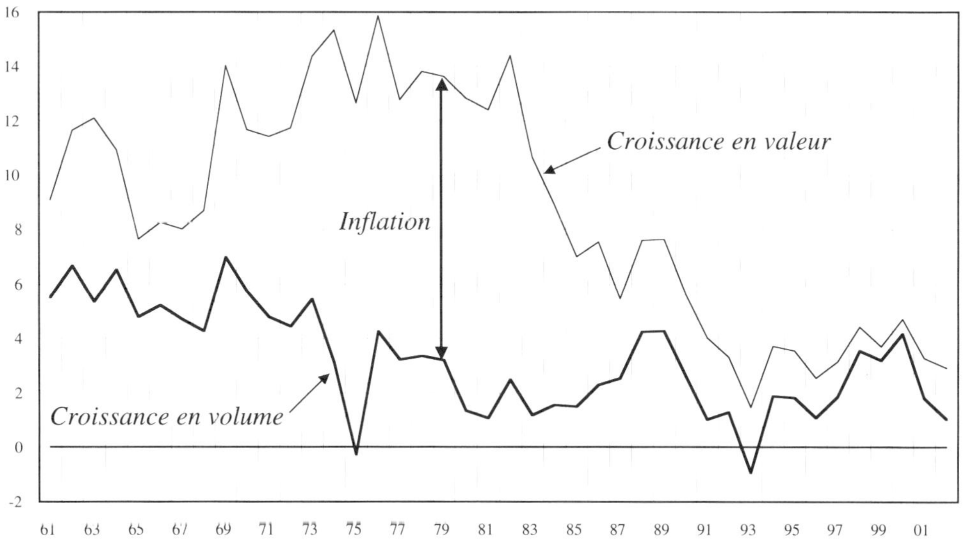

# 2 La description des interdépendances : le tableau économique d'ensemble

Nous allons poursuivre la description des concepts de la macroéconomie en examinant le caractère monétaire de l'échange, puis en retraçant les échanges entre les différents agents : Entreprises, Ménages et État. Nous nous limitons dans cette section à une économie fermée.

## 2.1 Le caractère monétaire de l'échange

La principale caractéristique d'une économie développée est le caractère monétaire des échanges. La monnaie permet de réduire considérablement le nombre d'échanges puisque, si l'économie comporte $n$ biens (y compris la monnaie), le nombre d'échanges qui serait de $C_n^2$ dans une économie de troc, se réduit à $(n-1)$ dans une économie monétaire.

Notons $q_i^+$ la quantité offerte de bien $i$ $(i = 1, \dots n-1)$, $q_i^-$ la demande et $p_i$ le prix monétaire du bien, l'échange monétaire correspond au schéma suivant :

$$\begin{array}{llcll} \text{Offre de biens} & q_i^+ & \longleftrightarrow & \text{Demande de monnaie} & m_i^- = p_i q_i^+ \\ \text{Demande de biens} & q_i^- & \longleftrightarrow & \text{Offre de monnaie} & m_i^+ = p_i q_i^- \end{array}$$

Puisque offres et demandes individuelles de monnaie sont respectivement les contreparties des demandes et offres des autres biens, on en déduit que lorsque les $n-1$ marchés de biens sont équilibrés, l'offre totale de monnaie est nécessairement égale à la demande totale de monnaie.

Examinons plus précisément ce que représentent l'offre et la demande de monnaie. *Commençons par une économie dans laquelle aucun agent n'a la possibilité d'émettre de la monnaie.* En début de période, chaque agent dispose d'un stock de monnaie que nous notons $M_0$ (nous omettons l'indice de l'agent afin d'alléger les notations). Au cours de la période considérée, il réalise des offres (c'est-à-dire des ventes) de biens et de services qui accroissent son encaisse monétaire et des demandes (des achats) qui diminuent son encaisse monétaire. Notons $M$ le stock de monnaie détenu à la fin de la période par l'agent considéré. Sa contrainte budgétaire s'écrit :

$$(3) \qquad \underbrace{\sum_{i=1}^{n-1} p_i Q_i^-}_{\substack{\text{Demandes} \\ \text{(Dépenses)}}} + \underbrace{M}_{\substack{\text{Encaisses en} \\ \text{fin de période}}} = \underbrace{\sum_{i=1}^{n-1} p_i Q_i^+}_{\substack{\text{Offres} \\ \text{(Recettes)}}} + \underbrace{M_0}_{\substack{\text{Encaisse} \\ \text{initiale}}}$$

Un agent aura émis une demande de monnaie au cours de la période si son encaisse monétaire a augmenté $(\Delta M^- = M - M_0 > 0)$ et une offre de monnaie si son encaisse monétaire a diminué ($\Delta M^+ = -(M - M_0) > 0$). Remarquons que la contrainte qui s'impose aux agents est que l'encaisse monétaire terminale $M$ soit positive.

En incluant la monnaie, la contrainte budgétaire de chaque agent peut donc s'écrire :

$$\sum_{i=1}^{n} \text{Offres} \quad = \quad \sum_{i=1}^{n} \text{Demandes} .$$

En sommant membre à membre l'ensemble des contraintes budgétaires des agents, on obtient l'identité de Walras qui exprime que le total des offres des $n$ biens est égal au total des demandes des $n$ biens. Supposons que l'économie comporte $p$ agents, Nous pouvons représenter les échanges intervenus au cours de la période (exprimés en termes monétaires) dans un tableau qui comporte $2p$ colonnes et $n$ lignes. Les équilibres en lignes représentent les équilibres des marchés, les équilibres en colonne les contraintes budgétaires des agents. Par exemple l'échange du bien $i$ entre deux agents $j$ et $k$ se traduira par une double écriture (tableau 5) : demande de biens et offre de monnaie pour l'agent $j$ et offre de biens et demande de monnaie pour l'agent $k$.

Lorsqu'aucun agent a la possibilité de créer de la monnaie, les échanges réalisés au cours de la période vont simplement modifier la répartition des encaisse monétaires entre agents. Il n'y a pas d'ambiguïté à définir les offres et demandes de monnaie au cours de la période comme nous l'avons fait précédemment : l'offre globale de monnaie sera la somme des variations négatives des encaisses monétaires des agents, la demande la somme des variations positives. Mais, s'agissant du stock global de monnaie, cette terminologie n'est pas très pertinente puisque celui-ci est resté inchangé.

TAB. 5 : Tableau Économique d'Ensemble d'une économie monétaire.

| Demandes ou Emplois | | | Marchés ou | Offres ou Ressources | | |
|---|---|---|---|---|---|---|
| | Agent $j$ | Agent $k$ | Opérations | | Agent $j$ | Agent $k$ |
| ... | ... | ... | ... | ... | ... | ... |
| ... | $p_i q_{ij}^-$ | ... | Bien $i$ | ... | ... | $p_i q_{ik}^+$ |
| ... | ... | ... | ... | ... | ... | ... |
| ... | ... | $\Delta M_k^-$ | Monnaie $n$ | ... | $\Delta M_j^+$ | ... |

Il est habituel de réserver les termes d'offre et de demande au stock de monnaie et non aux flux. Les agents qui détiennent de la monnaie auront donc une demande de monnaie dont les variations au cours de la période peuvent être positives ou négatives.

Nous écrirons alors leur contrainte budgétaire (1) sous la forme suivante :

$$(4) \qquad \underbrace{\sum_{i=1}^{n-1} p_i Q_i^-}_{\substack{\text{Demandes}\\ \text{(Dépenses)}}} + \underbrace{(M^- - M_0^-)}_{\substack{\text{Variation de la}\\ \text{demande de monnaie}}} = \underbrace{\sum_{i=1}^{n-1} p_i Q_i^+}_{\substack{\text{Offres}\\ \text{(Recettes)}}}$$

Nous réserverons le terme d'offre de monnaie aux agents qui créent effectivement de la monnaie (État notamment). Ceci ne change pas l'écriture des équilibres comptables précédents, *puisque pour avoir une offre nette de monnaie au cours de la période* ($\Delta M^+$), *soit par création monétaire effective* [$\Delta M^+ = (M^+ - M_0^+)$], *soit par diminution de l'encaisse monétaire détenue par un agent non créateur de monnaie* [$\Delta M^+ = -(M^- - M_0^-)$] *il faut nécessairement que les dépenses résultant des demandes de biens soient supérieures aux recettes résultant de ses offres de biens* :

$$(5) \qquad \sum_{i=1}^{n-1} p_i Q_i^- = \sum_{i=1}^{n-1} p_i Q_i^+ + \Delta M^+ .$$

## 2.2 Un exemple : trois agents, trois biens

Nous allons préciser les notions précédentes en considérant une économie à trois biens :

- biens et services,
- travail,
- monnaie,

et trois agents :

- entreprises,
- ménages,
- État.

$I^-, C^-$ et $G^-$ représentent respectivement les demandes d'investissement des Entreprises et de consommation des Ménages et de l'État. $N^+$ et $N^-$ sont les offres et demandes de travail, $p$ le prix des biens et $w$ le taux de salaire. Le Tableau Économique d'Ensemble correspondant est présenté dans le tableau 6. Ce tableau décrit les flux monétaires résultant des échanges entre agents. Les demandes de biens et de travail correspondent à un versement monétaire, par exemple pour les entreprises une dépense d'investissement ($p\,I^-$) ou le versement de salaire ($w\,N^-$) en contrepartie de la demande de travail. En comptabilité nationale ces dépenses sont appelées des « *emplois* ». Les offres correspondent à une recette, par exemple pour les entreprises la vente de la production ($p\,Q^+$). En comptabilité nationale on utilise le terme « *ressources* ».

Un état réalisable de l'économie respectera les trois contraintes budgétaires des agents :

| | | |
|---|---|---|
| (6) | Entreprises | $p\,I^- + w\,N^- + \Delta M_e^- = p\,Q^+$ |
| (7) | Ménages | $p\,C^- + \Delta M_m^- = w\,N^+$ |
| (8) | État | $p\,G^- = \Delta M^+$ |

ainsi que les trois conditions d'équilibre des marchés :

| | | |
|---|---|---|
| (9) | Biens et services | $I^- + C^- + G^- = Q^+$ |
| (10) | Travail | $N^- = N^+$ |
| (11) | Monnaie | $\Delta M_e^- + \Delta M_m^- = \Delta M^+$ . |

TAB. 6 : Tableau économique d'ensemble d'une économie à 3 biens et 3 agents.

| Demandes ou Emplois | | | Opérations | Offres ou Ressources | | |
|---|---|---|---|---|---|---|
| Entreprises | Ménages | État | | Entreprises | Ménages | État |
| $p\,I^-$ | $p\,C^-$ | $p\,G^-$ | Biens et Services | $p\,Q^+$ | | |
| $w\,N^-$ | | | Travail | | $w\,N^+$ | |
| $\Delta M_e^-$ | $\Delta M_m^-$ | | Monnaie | | | $\Delta M^+$ |

L'identité de Walras exprime que ces six équations ne sont pas indépendantes, puisque on obtient la même relation (offre totale = demande totale) en ajoutant membre à membre, d'une part, les trois contraintes budgétaires, et d'autre part, les trois équations d'équilibre des marchés multipliées par leur prix respectif.

### *a) Grandeurs potentielles, grandeurs réalisées*

Les grandeurs *réalisées* respectent évidemment à la fois les contraintes budgétaires des agents et les contraintes d'équilibre des marchés (l'offre réalisée est nécessairement égale à la demande réalisée sur chacun des marchés, autrement la transaction ne serait pas réalisable).

Les décisions des agents individuels n'ont en revanche aucune raison d'être cohérentes entre elles et de respecter notamment les équilibres des marchés. La production que souhaiterait vendre les Entreprises n'est pas nécessairement égale à la demande globale résultant des décisions des Ménages, de l'État et des Entreprises.

Dans l'équilibre général concurrentiel que nous allons étudier dans la section 3 du chapitre, ce sont les variations de prix ($p$ et $w$ dans le cas présent) en réponse aux déséquilibres des marchés qui ajusteront l'offre et la demande. Les équilibres des marchés détermineront donc simultanément le système de prix d'équilibre et les transactions réalisées. Les grandeurs réalisées sont les valeurs prises par les grandeurs potentielles lorsque le prix est égal au prix d'équilibre.

Lorsque les prix n'ajustent pas les marchés, les agents ne réaliseront pas leurs offres et demandes potentielles. Si, par exemple, la demande potentielle de travail des Entreprises $N^-$ est inférieure à l'offre potentielle des Ménages $N^+$, l'emploi réalisé $N$ sera égal à la demande potentielle et donc inférieur à l'offre de travail potentielle (l'écart entre l'offre potentielle et la demande potentielle est le chômage) :

$$\underset{\text{Emploi}}{N} = \underset{\text{Demande potentielle}}{N^-} < \underset{\text{Offre de travail potentielle}}{N^+}$$

= Offre de travail réalisée
= Demande de travail réalisée .

*Dorénavant, afin d'alléger les notations, nous ferons – comme dans cet exemple – abstraction des signes indiquant l'offre* (+) *et la demande* (−) *pour les grandeurs réalisées*, à l'exception des marchés financiers où cette distinction est nécessaire pour éviter les confusions. Nous réserverons par exemple la notation $Q^+$ à l'*offre potentielle de biens ou capacité de production rentable* (qui est la production qui maximiserait le profit de l'entreprise en l'absence de contrainte sur la demande ou sur le marché du travail). La production $Q$ sera donc l'offre réalisée (égale à la demande réalisée), qui sera inférieure ou égale à l'offre potentielle si, par exemple, la demande limite la production sur le marché des biens (on dira qu'il y a excès d'offre – sous-entendu potentielle – sur le marché des biens).

Le Tableau Économique d'Ensemble précédent peut alors se représenter de la façon suivante (tableau 7).

TAB. 7 : Les transactions réalisées.

| Demandes ou Emplois | | | Opérations | Offres ou Ressources | | |
|---|---|---|---|---|---|---|
| Entreprises | Ménages | État | | Entreprises | Ménages | État |
| $pI$ | $pC$ | $pG$ | Biens et Services | $pQ$ | | |
| $wN$ | | | Salaires | | $wN$ | |
| $\Delta M_e^-$ | $\Delta M_m^-$ | | Monnaie | | | $\Delta M^+$ |

Ce tableau représente l'ensemble des transactions réalisées au cours d'une période ou plus exactement leur contrepartie monétaire (vente et achats correspondants aux offres et demandes). Ces transactions réalisées respectent à la fois les contraintes budgétaires des agents et l'équilibre des marchés (offre réalisée = demande réalisée). S'agissant par exemple du marché du travail, c'est l'emploi effectif ($N$) qui apparaît dans le TEE, ou plus exactement sa contrepartie monétaire : les salaires ($w\,N$) versés par les Entreprises aux Ménages. De façon générale l'équilibre en ligne décrit, pour les opérations réelles, les versements monétaires correspondant aux échanges de biens et de travail (dépenses en emplois, recettes en ressources). Pour les opérations monétaires et financières, les emplois correspondent aux créances (la demande de monnaie est une créance sur l'État), les ressources aux dettes (l'offre de monnaie est une dette de l'État).

### *b) Ex ante, ex post*

Pour étudier la façon dont se réalisent les transactions, il est commode d'analyser les mécanismes qui résultent de la modification des décisions des agents. Supposons que l'État décide d'accroître ses dépenses publiques de 10 milliards d'euros. Le seul mode de financement possible est, dans le cadre comptable du tableau 6, une création monétaire du même montant. Le tableau 8 représente le *déséquilibre ex ante* résultant de cette décision : un excès de demande de biens de 10 milliards et un excès symétrique d'offre de monnaie de 10 milliards. On remarquera que puisque la décision de l'État est cohérente (elle respecte la contrainte budgétaire), l'identité de Walras reste respectée pour les grandeurs *ex ante* (l'excès de demande de bien est compensé par un excès d'offre de monnaie). On qualifie d'*ex post* la nouvelle situation d'équilibre des transactions réalisées résultant de cette modification.

TAB. 8 : Déséquilibre ex ante.

| Demandes ou Emplois | | | Opérations | Offres ou Ressources | | |
|---|---|---|---|---|---|---|
| Entreprises | Ménages | État | | Entreprises | Ménages | État |
| | | 10 | Biens et Services | | | |
| | | | Travail | | | |
| | | | Monnaie | | | 10 |

Sans théorie économique, c'est-à-dire sans relations supplémentaires décrivant le comportement des agents, il existe une infinité d'équilibres *ex post* respectant les 6 équations comptables précédentes. Supposons que l'économie soit en situation de sous emploi et de capacité de production excédentaire (une configuration qui décrit bien la situation de l'économie française depuis 1993). Dire que les capacités de production sont excédentaires (ou encore que l'offre potentielle est supérieure à la demande), c'est dire que l'augmentation de la production et l'embauche de travailleurs supplémentaires qui lui est associée est compatible avec une hausse du profit des entreprises.

En d'autres termes, la recette marginale qui va résulter de la hausse de 10 milliards d'euros de la production est supérieure au coût marginal (hausse de la masse salariale). Supposons que ce coût soit de 6 milliards.

L'embauche de travailleurs supplémentaires va entraîner le versement de 6 milliards d'euros de salaires aux Ménages et l'encaisse monétaire des Entreprises (demande de monnaie) va augmenter de 4 milliards. Si les Ménages ne modifient pas leur consommation, leur encaisse monétaire augmente de 6 milliards et la hausse de la demande de monnaie des Entreprises (4 milliards) et des Ménages (6 milliards) est égale à la création monétaire de l'État, ce qui rééquilibre automatiquement (identité de Walras) le marché de la monnaie (tableau 9).

Il est clair que, dans la réalité, le processus ne s'arrêtera pas à cette situation. Les Ménages peuvent dépenser une partie de leurs recettes en augmentant leur consommation, ce qui va entraîner une nouvelle hausse de la production, donc une nouvelle hausse de la masse salariale... Ce mécanisme est l'effet multiplicateur de la demande, caractéristique d'une situation de chômage keynésien que nous allons évoquer dans le chapitre suivant. Auparavant, nous terminerons cette présentation des concepts en introduisant les marchés financiers de façon à introduire les notions de besoin et de capacité de financement et à revenir sur l'équilibre de l'épargne et de l'investissement.

TAB. 9 : Équilibre (ex post) des transactions réalisées.

| Demandes ou Emplois | | | Opérations | Offres ou Ressources | | |
|---|---|---|---|---|---|---|
| Entreprises | Ménages | État | | Entreprises | Ménages | État |
| | | 10 | Biens et Services | 10 | | |
| 6 | | | Travail | | 6 | |
| 4 | 6 | | Monnaie | | | 10 |

# 3 Équilibre des marchés en concurrence parfaite

Ayant décrit les échanges d'une économie monétaire, nous allons étudier de quelle façon se réalise l'équilibre de court terme lorsque les marchés sont parfaitement concurrentiels.

Reprenons le cadre comptable simplifié du paragraphe 2.2 en supposant que les entreprises ne détiennent pas de monnaie, n'ont pas d'investissement et n'épargnent pas, c'est-à-dire qu'elles redistribuent entièrement leurs profits aux Ménages (tableau 9). Négliger l'investissement ne modifie pas fondamentalement l'analyse puisque nous étudions uniquement un équilibre à court terme. Notons $\Pi$ le profit des entreprises. Ces profits sont redistribués aux Ménages sous la forme d'intérêts et de dividendes. Lorsque les marchés se seront équilibrés, le revenu perçu par les ménages (salaires plus profits) sera donc exactement égal à la production ($p\,Q = w\,N + \Pi$).

Sur le marché des biens, l'offre émane des Entreprises ($Q^+$) et la demande des Ménages ($C^-$) et de l'État ($G$). Sur le marché du travail, l'offre émane des Ménages ($N^+$), la demande des Entreprises ($N^-$).

## 3.1 Les Entreprises : offre de biens et demande de travail

La fonction de production $f(N)$ est supposée de classe $C^2$ dans $R^+$, strictement croissante et strictement concave (avec $f(0) = 0$).

TAB. 10 : Tableau économique d'ensemble du modèle.

| Demandes ou Emplois | | | Opérations | Offres ou Ressources | | |
|---|---|---|---|---|---|---|
| Entreprises | Ménages | État | | Entreprises | Ménages | État |
| | $p\,C$ | $p\,G$ | Biens | $p\,Q$ | | |
| $w\,N$ | | | Travail (Salaires) | | $w\,N$ | |
| $\Pi$ | | | Profits | | $\Pi$ | |
| | $M^- - M_0$ | | Monnaie | | | $M^+ - M_0$ |

Les entreprises déterminent leur offre de biens $Q^+$ et leur demande de travail $N^-$ en maximisant leur profit. En concurrence parfaite, le prix $p$ et le taux de salaire $w$ sont une donnée pour l'entreprise. Le programme de l'entreprise est donc :

$$(12) \qquad \begin{cases} \max\,(\Pi = p\,Q^+ - w\,N^-) \\ p \text{ et } w \text{ donnés} \\ Q^+ = f(N^-) \end{cases}$$

Puisque $f$ est concave, le profit maximum s'obtient lorsque la productivité marginale du travail $f'(N)$ est égale ou salaire réel :

$$(13) \qquad f'(N^-) = w/p\,.$$

On en déduit que l'offre de biens et la demande de travail des entreprises sont des fonctions décroissantes du salaire réel :

(14) $$Q^+ = f\big(f'^{-1}(w/p)\big)$$

(15) $$N^- = f'^{-1}(w/p)$$

Nous écrirons respectivement $N^-(w/p)$ et $Q^+(w/p)$ ces deux fonctions. La figure 5 représente cette détermination.

FIG. 5 : Détermination de l'offre de biens et de la demande de travail.

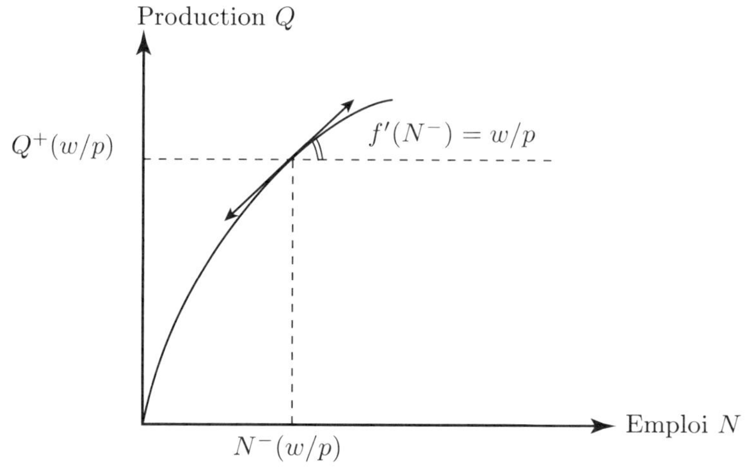


## 3.2 Les Ménages

### *a) Consommation et revenu*

La contrainte budgétaire des Ménages exprime que la somme de leur dépense de consommation et de leur demande de monnaie est égale à la somme de leur revenu (salaires et profits) augmentée de leur encaisse monétaire initiale :

(16) $$p\,C^- + M^- = w\,N + \Pi + M_0\ .$$

Puisque le revenu des Ménages est égal au PIB, nous pouvons réécrire cette contrainte budgétaire sous la forme suivante :

(5bis) $$p\,C^- + M^- = p\,Q + M_0\ .$$

Nous supposerons que les Ménages dépensent une fraction $c$ de leur revenu et une fraction $\beta$ de leur encaisse monétaire initiale, leur demande de consommation s'écrit donc :

(17) $$C^- = c\,Q + \beta\,\frac{M_0}{p} \quad \text{avec} \quad 0 < c < 1 \quad \text{et} \quad 0 < \beta < 1\,.$$

La demande de consommation des ménages est ainsi une fonction décroissante des prix par l'effet dit « d'encaisse réelle » : une hausse des prix réduit le pouvoir d'achat de l'encaisse monétaire initiale des ménages ($M_0/p$). La demande de monnaie à la même forme :

$$M^- = (1-c)\,p\,Q + (1-\beta)\,M_0\,.$$

Nous supposerons enfin que l'offre de travail des Ménages est exogène ($N^+ = \overline{N}$).

***b) Complément : liens avec la théorie des choix du consommateur***

La relation retenue précédemment pour la fonction de consommation, peut se déduire de la théorie des choix du consommateur étudiée en micro-économie.

Il est habituel en effet de résumer les préférences d'un consommateur entre deux produits 1 et 2 par une fonction d'utilité ou de satisfaction $U(C_1, C_2)$ croissante et concave. Les courbes d'iso-utilité, qui représentent l'ensemble des combinaison $(C_1, C_2)$ qui conduisent au même niveau de satisfaction ont alors l'allure suivante (figure 6). La concavité de la fonction $U$ traduit notamment le fait que si deux couples de biens $(C_1, C_2)$ et $(C_1', C_2')$ représentés par les points A et B dans la figure 6 conduisent au même niveau de satisfaction, tout panier de biens constitué d'un mélange de ces deux paniers conduit à une satisfaction au moins aussi grande (cas des points du segment AB dans la figure 6).

FIG. 6 : Choix du consommateur entre deux produits.

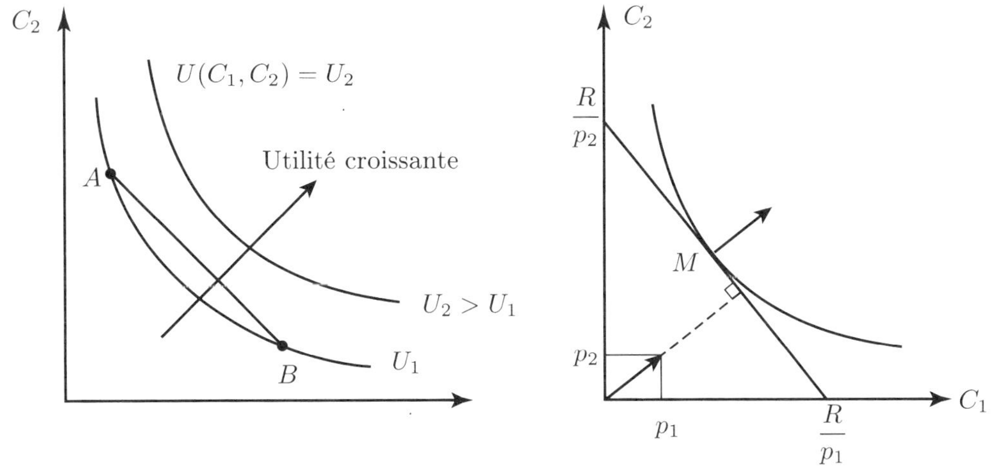


Le choix d'un consommateur entre deux biens $C_1$ et $C_2$ lorsqu'il dispose d'un revenu $R$ est résumé par le programme suivant exprimant la maximisation de sa satisfaction sous la contrainte de budget :

$$\begin{cases} \max\ U(C_1, C_2) \\ p_1\, C_1 + p_2\, C_2 = R \qquad \text{Contrainte budgétaire} \end{cases}$$

Pour résoudre ce programme, il faut déterminer le maximum du Lagrangien :

$$\max\{U(C_1, C_2) - \lambda\,(p_1\, C_1 + p_2\, C_2 - R)\}\ .$$

La condition du premier ordre exprime que les dérivées partielles de la fonction d'utilité (les utilités marginales des biens 1 et 2) sont proportionnelles aux prix. En d'autres termes le gradient de la fonction $U$ est parallèle au vecteur prix :

$$\mathrm{grad}\, U = \lambda\, [p_1\ p_2]$$

Le couple de consommation optimales $(C_1, C_2)$ s'obtient donc au point $M$ dans la figure 6) où la courbe d'iso-utilité est tangente à la droite de budget.

### *c) Application au partage consommation-demande de monnaie*

L'analyse précédente s'applique au partage entre la consommation globale et la demande de monnaie. Les préférences des ménages pour la consommation et la détention de monnaie peuvent être résumées par la fonction d'utilité croissante et concave qui dépend de la consommation et de l'encaisse monétaire réelle. La maximisation de l'utilité sous la contrainte de budget :

$$\begin{cases} \max\ \left\{U + U\left(C^-, \dfrac{M^-}{p}\right)\right\} \\ p\,C^- + M^- = p\,Q + M_0 \end{cases}$$

conduit, si les deux biens sont normaux, à une demande de consommation et de monnaie (encaisse réelle) qui croissent avec le revenu national (PIB $Q$) et l'encaisse réelle initiale :

$$C^- = C\left(Q + \frac{M_0}{p}\right) \quad \text{et} \quad \frac{M^-}{p} = \left(Q + \frac{M_0}{p}\right) - C\left(Q + \frac{M_0}{p}\right)\ .$$

Ces fonctions sont homogènes par rapport au prix et puisqu'elles sont toutes deux croissantes, la propension marginale consommer $(c = C')$ est comprise entre 0 et 1. Avec une fonction d'utilité log-linéaire :

$$U = a\ \log(C^-) + b\ \log\left(\frac{M^-}{p}\right) \qquad \text{avec } a \text{ et } b \text{ positifs}$$

on obtiendrait la fonction de consommation linéaire retenue précédemment (équation 17) avec en outre :

$$0 < c = 1 - \beta = a/(a+b) < 1\ .$$

## 3.3 L'équilibre concurrentiel

### *a) L'équilibre des marchés*

Puisque les offres et demande de biens respectent les contraintes budgétaires des agents, l'identité de Walras implique que l'équilibre de deux des trois marchés assure celui du troisième. Il suffit donc d'écrire l'équilibre des marchés du travail et des biens pour déterminer le système de prix d'équilibre ($p$ et $w$).

– *Équilibre du marché du travail :*

Nous supposons que l'offre de travail des ménages (que l'on appelle la population active disponible) est exogène, c'est-à-dire indépendante de la situation économique (dans la suite de ce cours, nous surlignons les grandeurs exogènes). La demande de travail des entreprises est, comme nous l'avons vu, une fonction décroissante du salaire réel. L'équilibre de l'offre et de la demande de travail :

$$N^{-}\left(\frac{w}{p}\right) = \overline{N}^{+} \tag{18}$$

détermine le salaire réel ($w/p$) et le niveau de l'emploi, égal à la fois à l'offre et à demande de travail. Il y a donc plein emploi de la main d'œuvre.

– *Équilibre du marché des biens :*

L'offre de biens des entreprise est une fonction décroissante du salaire reél ; la demande globale de biens est la somme de la consommation des ménages (qui est une fonction décroissante des prix) et des dépenses publiques que nous supposons exogènes ($\overline{G}$) :

$$Q^{+}\left(\frac{w}{p}\right) = c\,Q + \beta\,\frac{M_0}{p} + \overline{G}\,. \tag{19}$$

Puisque le salaire réel est déterminé par l'équilibre du marché du travail (équation 18), l'offre de biens est exogène et la relation 19 détermine le prix des biens.

La flexibilité du salaire réel ($w/p$) permet donc d'ajuster la demande de travail des entreprises à l'offre de travail exogène des Ménages $\overline{N}$. L'offre de biens des entreprises est égale à la production de plein emploi $f(\overline{N})$. Enfin le prix $p$ ajuste la demande de biens à la production de plein emploi.

Le modèle comprend deux *variables exogènes* : l'offre de travail des Ménages $\overline{N}$ et les dépenses publiques $\overline{G}$. Toutes les autres variables du Tableau Économique d'Ensemble s'en déduisent, par les équations précédentes ou les relations comptables (on les appelle variables endogènes).

### *b) Propriétés de l'équilibre général concurrentiel*

Pour illustrer les propriétés de l'équilibre concurrentiel, nous allons étudier l'effet d'une variation des variables exogènes en utilisant les deux équations d'équilibre des marchés (équations 18 et 19).

– *Plein emploi et pleine utilisation des capacités de production*

Une hausse de l'offre de travail des Ménages $\overline{N}$ entraîne une diminution du salaire réel qui permet une hausse de la demande de travail et de l'offre de biens. Le marché des biens se rééquilibre par une baisse des prix qui ajuste la demande à l'offre de biens. La flexibilité des prix et des salaires permet donc à la fois d'assurer le plein emploi et d'écouler toute augmentation de l'offre de biens (on retrouve l'idée que l'offre « crée » la demande).

– *Effet d'éviction de la politique budgétaire*

Une augmentation des dépenses publiques $\overline{G}$ n'a pas d'effet sur la production (elle est déterminée par l'équilibre du marché du travail $f(\overline{N})$), mais elle entraîne une hausse de prix qui résorbe l'excès de demande « ex ante » en réduisant la consommation des Ménages. La dépense publique exerce ce que l'on appelle un *effet d'éviction de la dépense privée.* Dans l'équilibre concurrentiel examiné ici, l'effet d'éviction est total, puisque une hausse de la dépense publique ($\Delta G > 0$) entraîne une diminution du même montant de la demande privée ($\Delta C = -\Delta G$).

### *c) Chômage classique et stabilité de l'équilibre*

La figure 7 représente la façon dont se réalise l'équilibre du marché du travail. La partie haute de la figure 7 représente la fonction de production à court terme ($Q = f(N)$). Cette fonction est concave et sa pente est la productivité marginale du travail $f'(N)$. Pour une valeur donnée du salaire réel, l'égalité de la productivité marginale du travail et du salaire réel détermine l'offre de bien et la demande de travail des entreprises. Dans un diagramme, salaire réel-emploi (partie basse de la figure 7) cette même égalité représente la courbe de demande de travail des Entreprises, fonction décroissante du salaire réel puisque $f'' < 0$. L'offre de travail exogène est représentée par la droite verticale $N = \overline{N}$. Si le salaire réel est trop élevé (cas de la figure 7) il va en résulter une demande de travail inférieure à l'offre de travail et par conséquent du chômage.

Si le salaire réel est rigide, il y a donc déséquilibre du marché du travail. Dans le cas d'un salaire réel trop élevé, l'emploi effectif sera égal à la demande de travail des

Entreprises et inférieur à l'offre de travail des Ménages :

(20)
$$\underset{\text{Emploi}}{N} = \underbrace{\underset{\text{Demande potentielle}}{N^-(w/p)} < \underset{\text{Offre de travail potentielle}}{\overline{N}}}_{\text{chômage}}$$

= Offre de travail réalisée
= Demande de travail réalisée .

FIG. 7 : Chômage classique et stabilité de l'équilibre.

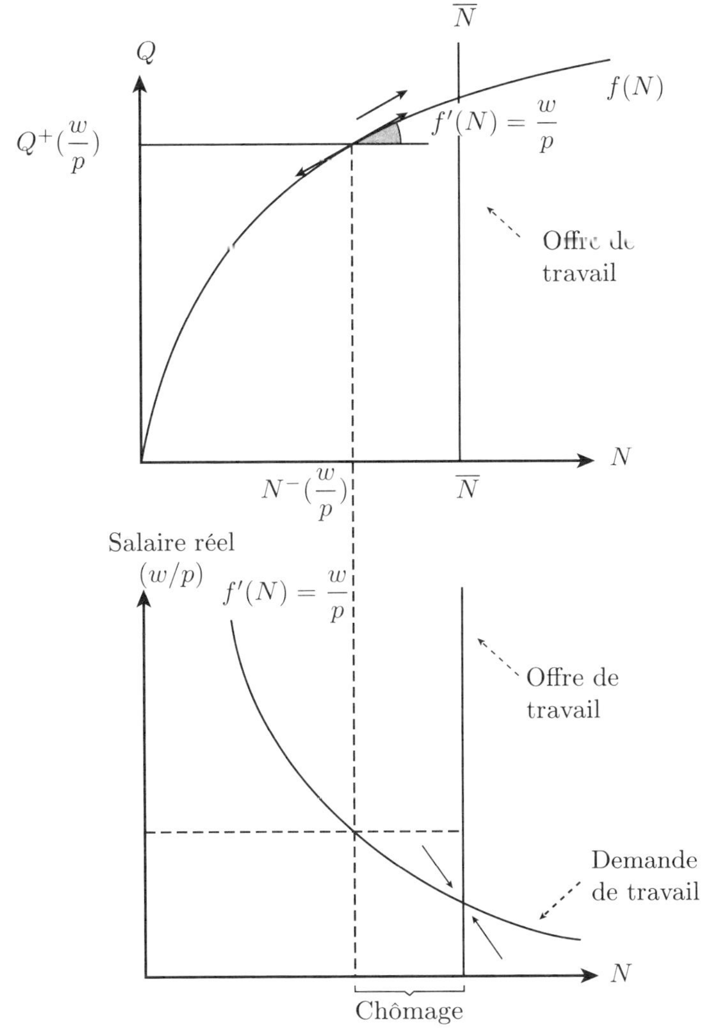

Le fonctionnement concurrentiel des marchés conduit donc au plein emploi. En effet, dans une situation de chômage les travailleurs sans emploi vont accepter des salaires plus faibles, le salaire réel va baisser, la demande de travail et l'offre de biens des entreprises vont croître et l'économie va tendre vers le plein emploi.

## Conclusion

La flexibilité des prix et des salaires permet donc de coordonner les décisions des agents économiques en assurant à la fois la pleine utilisation des capacités de production (la demande coïncide avec l'offre potentielle des entreprises) et le plein emploi (la demande de travail des Entreprises coïncide avec l'offre de travail des Ménages). Cette situation d'équilibre concurrentiel est donc optimale à la fois pour les Ménages et pour les Entreprises. La théorie microéconomique montre en effet que l'équilibre concurrentiel est un optimum de Paréto : pour une distribution donnée des revenus, le système de prix de l'équilibre concurrentiel conduit à une allocation des biens où l'on ne peut pas améliorer la situation d'un agent sans détériorer celle d'un autre. En d'autres termes, le mécanisme des prix en concurrence parfaite, coordonne si bien les décisions individuelles, que chaque agent poursuivant son intérêt propre contribue à la réalisation d'une situation optimale pour la collectivité. Cette propriété d'optimalité est liée à l'équilibre concurrentiel. Elle disparaît totalement, comme nous le verrons dans le chapitre 2, lorsque les prix et les salaires sont rigides.

Nous avons vu en effet que la rigidité du salaire réel pouvait conduire à une situation de chômage lorsque le salaire réel est plus élevé que le salaire d'équilibre. Nous allons voir dans le chapitre suivant que lorsque les prix et les salaires sont rigides, il peut en résulter des situations particulièrement inefficaces où les Entreprises contraintes par une demande de biens trop faible de la part des Ménages contraignent à leur tour les Ménages par leur demande de travail trop faible. Dans une telle situation, le chômage ne résulte pas d'un salaire réel trop élevé, mais d'une demande de biens trop faible.

## Notions à retenir

*Identité de Walras*

Dans une économie qui comporte $n$ biens (donc $n$ marchés), lorsque les contraintes budgétaires des agents sont respectées, le total des offres (en unités monétaires) est égal au total des demandes (en unités monétaires), de sorte que le système des $n$ équations d'équilibre des marchés est de rang $(n-1)$.

*Équilibre concurrentiel*

La flexibilité des prix et des salaires permet d'égaliser les offres et demandes potentielles de biens et de travail. En particulier, il y a ni chômage ni excès de capacité de production.

*Effet d'éviction de la dépenses publique*

Dans l'équilibre concurrentiel, la production est déterminée par le plein emploi du travail. Une hausse des dépenses publiques entraîne alors une hausse des prix qui réduit la consommation d'un montant égal à la hausse de la dépense : il y a éviction de la dépense privée par la dépense publique.

# Chapitre 2

# Le chômage

## Introduction

La macroéconomie moderne est née dans les années trente, de la nécessité d'expliquer la possibilité de situations stables de chômage involontaire et de « surproduction », c'est-à-dire d'insuffisance de la demande au regard des capacités de production disponibles. C'est en effet à partir de l'ouvrage de Keynes « *Théorie générale de l'emploi de l'intérêt et de la monnaie* », publié en 1936 et plus encore avec les présentations formalisées de cette théorie développées dans l'après-guerre, que s'est progressivement constituée la théorie macroéconomique.

La controverse sur la possibilité de déséquilibres durables (chômage et « surproduction ») et sur le rôle de l'État dans la résorption de ces déséquilibres, qui en est le corollaire, est sans doute l'une des plus ancienne de la théorie économique. Malthus (surtout connu pour son « *Essai sur le principe de la population* », 1798) fut l'un des premiers à critiquer la « loi de Say » ou « loi des débouchés », selon laquelle l'économie ne pouvait jamais connaître de surproduction car « l'offre crée sa propre demande ». Mais les critiques de la « loi de Say « ne purent jamais opposer une vision cohérente à la théorie qui s'élabora de Ricardo à Pigou et que Keynes nomma « théorie classique ».

La théorie classique est une vision de l'équilibre de court terme dans lequel le jeux concurrentiel des marchés et la flexibilité des prix et des salaires conduisent à la fois au plein emploi du travail et à la pleine utilisation des capacités de production. Nous avons vu dans le chapitre précédent une traduction formalisée de cette théorie dans le cadre d'une économie d'échange à trois biens (biens, travail, monnaie) et trois agents. Dans ce cadre théorique, l'économie peut connaître une situation de chômage si le salaire réel est supérieur à la valeur qui correspond à l'équilibre de l'offre et de la demande de travail. Dans cette situation, que l'on qualifie aujourd'hui de chômage classique, la seule façon de résorber le chômage consiste à réduire le salaire réel pour augmenter la production et l'emploi. C'est en s'appuyant sur cette approche que certains économistes préconisaient dans les années trente une réduction des salaires réels pour faire face à la crise. Mais si le chômage est dû, non pas à un salaire réel trop élevé, mais à une demande de biens trop faible, une telle politique sera inefficace voire nuisible si la réduction des salaires entraîne une réduction de la consommation des Ménages. C'est au contraire une politique de relance de la demande qu'il faut mettre en place pour augmenter la production et l'emploi.

Pour comprendre une situation de chômage due à une insuffisance de la demande (que l'on qualifie de chômage keynésien), il faut examiner de quelle façon se réalisent les échanges lorsque simultanément les prix et les salaires sont rigides. C'est précisément l'objet de ce chapitre. La première section indique quelques caractéristiques du chômage contemporain puis introduit de façon qualitative les notions de chômage classique et de chômage keynésien. La section 2 étudie la réalisation des échanges lorsque les prix et salaires sont fixes. On montre notamment que trois situations sont susceptibles d'apparaître : un chômage dû à un salaire réel trop élevé (chômage classique), un chômage dû à une demande de biens trop faible (chômage keynésien), une situation de plein emploi avec excès d'offre à la fois sur les marchés des biens et du travail (inflation contenue).

# 1 La nature du chômage : salaire réel trop élevé ou demande de biens trop faible ?

## 1.1 Quelques données sur le chômage

La persistance du chômage a surtout été une caractéristique de l'Europe. Le graphique 1 montre que si les États-Unis ont connu des fluctuations importantes du chômage au cours des trente dernières années, le taux de chômage ne s'est jamais durablement écarté d'une moyenne de l'ordre de 5 à 6 %. Les pays européens, qui avaient un taux de chômage très faible dans les années de croissance forte, postérieures à la seconde guerre mondiale (1950-1973), ont connu au contraire une augmentation massive du chômage depuis le premier choc pétrolier (1974) jusqu'à la seconde moitié des années quatre-vingt dix.

GRAPHIQUE 1 : Évolution des taux de chômage.

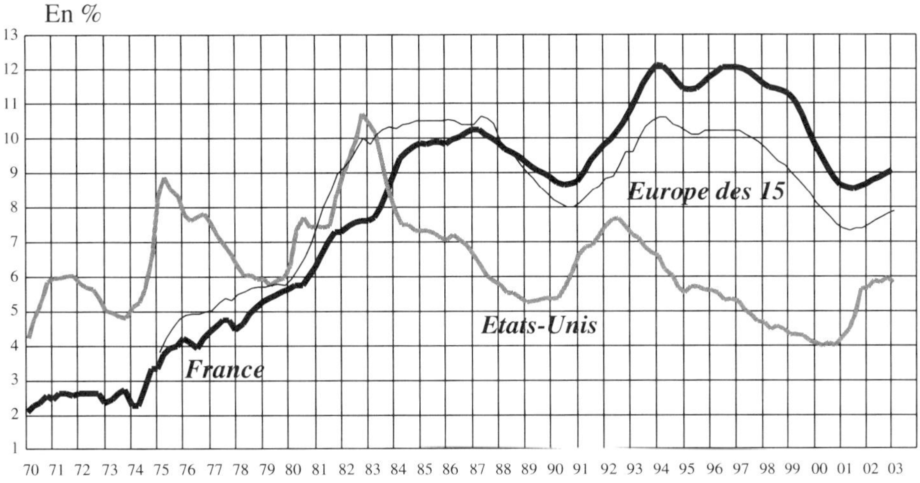


Cette hausse du chômage résulte, de l'écart qui s'est creusé pendant de longues années entre la croissance de l'emploi (la demande de travail des entreprises) et celle de la population active disponible (l'offre de travail des ménages) comme le montrent les graphiques *2.a* et *2.b*. Le graphique *2.a* indique l'évolution respective des niveaux de l'emploi et de la population active disponible de 1949 à 2003 (l'écart entre les deux courbes est égal au chômage). Le graphique *2.b* représente les variations de la population active et de l'emploi en moyenne annuelle pour différentes périodes (l'écart entre les deux grandeurs est l'augmentation annuelle du chômage).

Dans les années cinquante et jusqu'au début des années soixante, la population active disponible n'augmentait pas en France, l'emploi était également stable et le chômage était faible (300 000 chômeurs en moyenne). Cette période était caractérisée par une pénurie de travailleurs due notamment à l'arrivée sur le marché du travail des générations peu nombreuses nées dans l'entre deux guerres (classes creuses). Si l'emploi global était stable, les besoins en main d'œuvre étaient en revanche importants dans l'industrie et ils était couverts par les départs de l'agriculture et par une forte immigration.

À partir du début des années soixante, la population active a commencé à augmenter fortement du fait de l'arrivée progressive sur le marché du travail des générations nombreuses nées après la guerre (baby boom). Il s'y est ajouté, en 1962-1963, les rapatriements d'Algérie. Cette augmentation de la population active (210 000 par an en moyenne de 1961 à 1973) a été à peu près absorbée par l'augmentation de l'emploi (180 000 par an), de sorte que le chômage est resté faible et n'a que peu augmenté jusqu'au début des années soixante dix.

Après le premier choc pétrolier de 1974, le ralentissement de la croissance économique a entraîné une très faible croissance de l'emploi, alors que la population active continuait à croître à un rythme rapide. Pendant près de deux décennies en effet (de 1974 à 1997), l'emploi a augmenté en moyenne de moins de 56 000 postes nets par an, alors que la population active augmentait de 166 000 personnes par an. Il en est résulté une montée quasiment continue du chômage[1] qui est passé de 600 000 en 1974 (soit 2,5 % de la population active) à 3,3 millions (12,3 % de la population active) en 1997.

La situation s'est inversée de 1997 à 2001 en raison d'une croissance exceptionnellement forte de l'emploi (470 000 emplois par an en moyenne). Comme il est usuel en période de fortes créations d'emplois, l'offre de travail (la population active disponible) a augmenté plus fortement qu'elle ne l'aurait fait de façon tendancielle (270 000 personnes par an au lieu de 160 000 antérieurement) en raison du retour sur le marché du travail de nombreux chômeurs qui ne recherchaient plus un emploi et n'étaient plus comptabilisés dans la population active disponible (chômeurs découragés). Au total les deux millions d'emplois créés de la mi-1997 à la mi-2002, se sont répartis à peu près pour moitié en réduction du chômage et pour moitié en absorption de la forte augmentation de la population active. Au cours de la phase de ralentissement et de quasi-récession de 2002-2003, le retour à de faibles rythmes de créations d'emploi a conduit à une remontée du chômage.

GRAPHIQUE 2 : Évolution de la population active et de l'emploi en France.

*a) Évolution de 1949 à 2003*

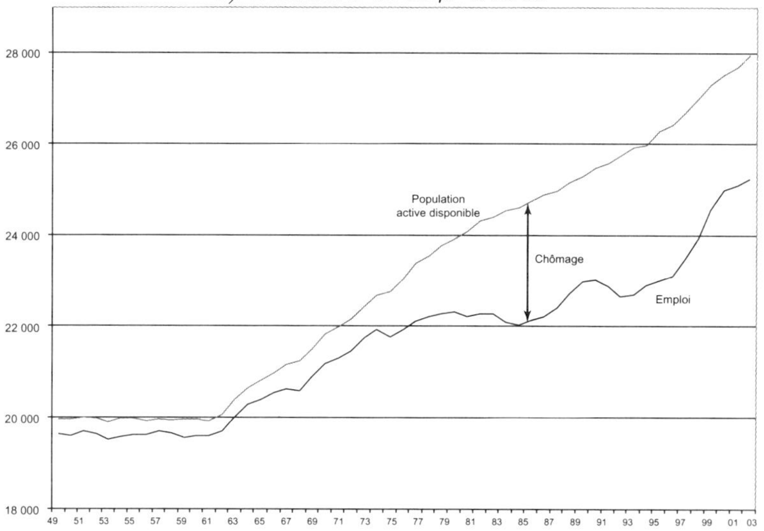


[1] Il existe plusieurs définitions du chômage (et par conséquent de la population active disponible correspondante égale à la somme de l'emploi et du chômage). Nous utilisons dans ce cours le chômage au sens du BIT qui est le concept généralement retenu pour les comparaisons internationales.

*b) Variation en moyenne annuelle sur diverses périodes.*

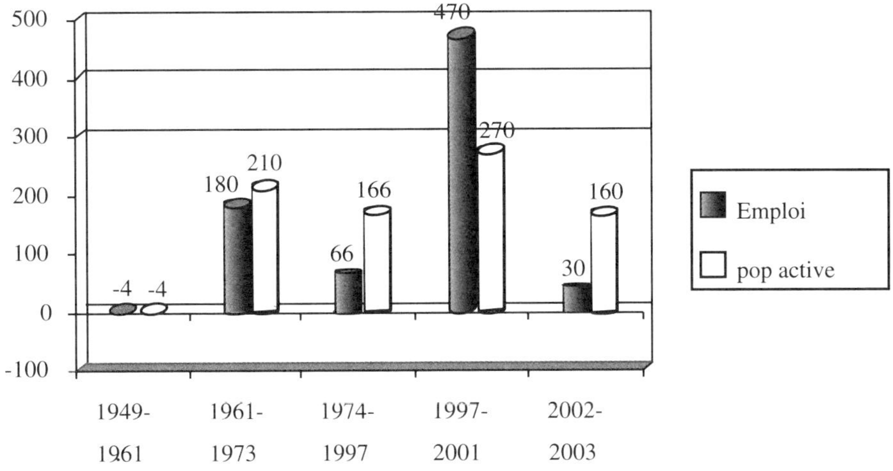


Dans le cadre d'un cours d'introduction à l'économie, on ne peut prétendre donner une interprétation d'un phénomène qui a fait l'objet de nombreux travaux aux conclusions souvent très controversées. Aussi allons nous limiter à illustrer dans ce chapitre le débat traditionnel sur la nature du chômage en utilisant le cadre conceptuel introduit dans le chapitre précédent. Nous reviendrons toutefois en conclusion de ce cours sur les différentes interprétations de la montée et de la persistance du chômage en Europe.

Pour introduire le débat sur la nature du chômage, nous allons commencer par une interprétation graphique avant d'en développer le modèle dans la seconde section du chapitre.

## 1.2 Chômage classique

Dans le modèle d'équilibre général concurrentiel présenté dans le chapitre 1, la production, l'emploi ainsi que les prix et les salaires résultent de l'équilibre des deux marchés :

$$\text{Marché du travail} \qquad N^{-}\Big(\frac{w}{p}\Big) = \overline{N}^{+}$$

$$\text{Marché des biens} \qquad Q^{+}\Big(\frac{w}{p}\Big) = C\Big(Q, \frac{M_0}{p}\Big) + G$$

Nous avons vu également que si le salaire réel était supérieur à sa valeur d'équilibre, il pouvait en résulter une situation de chômage, comme l'illustre la figure 1.

FIG. 1 : Chômage classique.

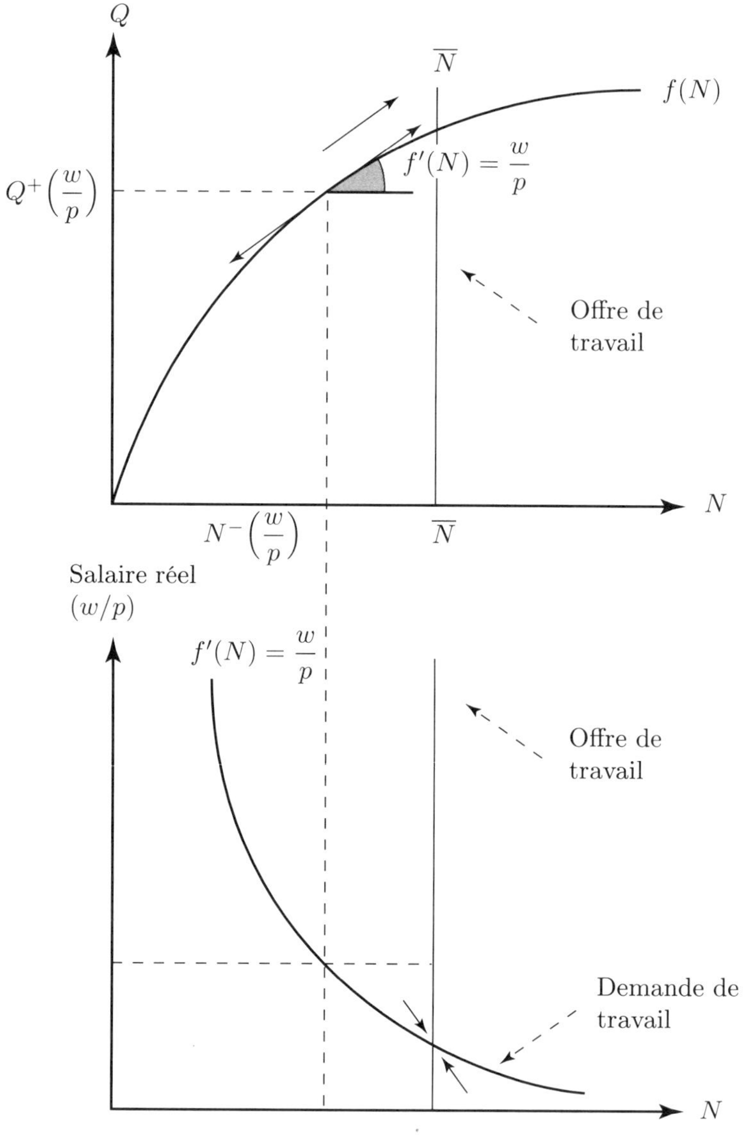


Une diminution du salaire réel permet alors d'augmenter la production et l'emploi et d'atteindre le plein emploi. La théorie classique explique donc le chômage par un salaire réel trop élevé qui entraîne un déséquilibre du marché du travail :

$$\textit{Marché du travail :}\quad \underset{\text{Emploi}}{N} \quad = \quad \underset{\substack{\text{Demande}\\ \text{de travail}}}{N^{-}\left(\frac{w}{p}\right)} \quad < \quad \underset{\substack{\text{Offre}\\ \text{de travail}}}{\overline{N}^{+}}$$

Cette théorie ne peut pas décrire en revanche une situation où l'emploi est limité par la demande de biens adressée aux entreprises. Pour faire apparaître une telle situation, il faut étudier comment se réalisent les échanges dans une économie où, simultanément le prix $p$ et le salaire nominal $w$ sont rigides. Nous allons illustrer graphiquement cette situation avant d'étudier la reformulation du modèle dans la section suivante.

## 1.3 Chômage dû à une insuffisance de la demande (chômage keynésien)

Si les prix et les salaires sont rigides, les offres et demandes potentielles de biens ne coïncident plus. On peut par exemple trouver une situation telle que celle présentée dans la figure 2, où la demande potentielle de biens est inférieure à l'offre potentielle de biens :

$$\textit{Marché des biens :}\quad \underset{\substack{\text{Production}\\ \text{(Offre réalisée)}}}{Q} \quad = \quad \underset{\substack{\text{Demande}\\ \text{de biens}}}{C\left(Q, \frac{M_0}{p}\right) + G} \quad < \quad \underset{\substack{\text{Offre potentielle}\\ \text{de biens}}}{Q^{+}\left(\frac{w}{p}\right)}$$

Compte tenu de la valeur du salaire réel, les Entreprises pourraient augmenter leur profit en accroissant leur production, mais elles n'ont évidemment aucun intérêt à produire plus que la demande puisqu'elles ne pourraient pas écouler la production correspondante. L'offre réalisée – c'est-à-dire la production – sera donc égale à la demande. De ce fait, la demande de travail optimale pour les entreprises n'est plus fonction, comme précédemment du salaire réel, mais du niveau de la demande. *Le chômage n'est pas dû à un salaire réel trop élevé, mais à une demande de biens trop faible : on parle alors de chômage keynésien.*

Dans une telle situation, toute augmentation exogène de la demande, par exemple une hausse des dépenses publiques va augmenter la production et diminuer le chômage. Nous verrons d'ailleurs, en résolvant le modèle, que l'augmentation de la production est alors supérieure à la hausse de la dépense publique, puisque le revenu des ménages augmente, ce qui entraîne une hausse de leur consommation. C'est l'effet multiplicateur d'une dépenses publique, caractéristique d'une situation de chômage keynésien.

FIG. 2 : Chômage dû à une insuffisance de la demande (chômage keynésien).

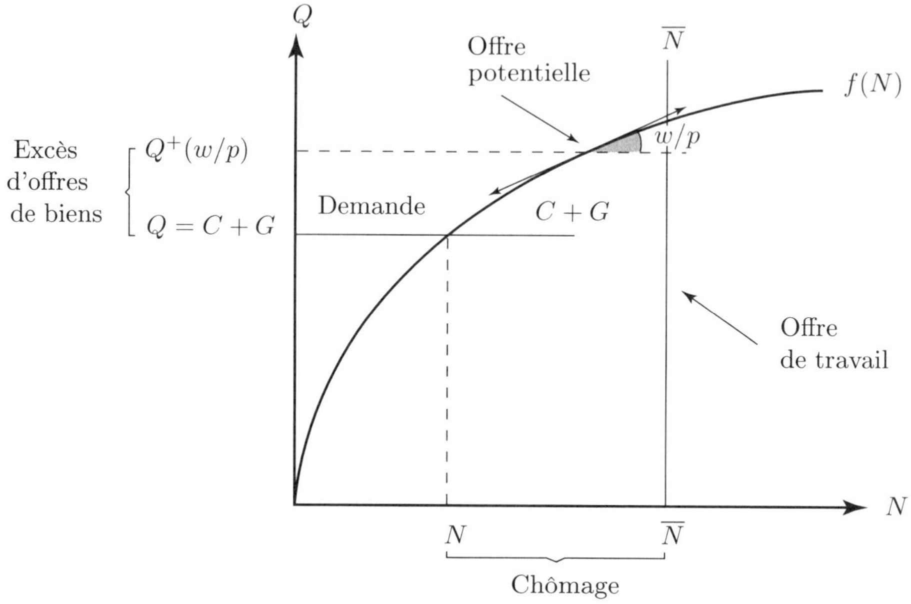


## 2 Équilibres à prix fixes

L'exemple précédent montre que lorsque le prix et les salaires n'ajustent pas l'équilibre des marchés, il peut résulter des situations très contrastées. Pour étudier les différentes configurations possibles, nous allons reprendre l'analyse des échanges d'une économie monétaire, mais en supposant que les prix et les salaires sont rigides. De ce fait, les agents peuvent être contraints, c'est-à-dire comme dans l'exemple précédent ne pas être en mesure de réaliser leurs offres ou demandes potentielles. Deux modifications doivent donc être apportées au modèle. Tout d'abord, les transactions réalisées ne correspondent plus à l'égalité des offres et demandes potentielles. L'emploi réalisé et la production réalisée seront donc déterminés soit par l'offre, soit par la demande, selon que les marchés sont en excès de demande ou en excès d'offre. Plus précisément :

$$\text{Emploi réalisé :} \quad N = \min\{N^-, N^+\}$$

$$\text{Production réalisée :} \quad Q = \min\{Q^-, Q^+\}$$

Ensuite, les offres et demandes des agents doivent tenir compte de la situation perçue sur les différents marchés. Si, par exemple, la demande de biens est trop faible, la demande de travail des entreprises s'ajustera à la contrainte de demande perçue sur le marché des biens, comme l'illustre l'exemple de la figure 2. Pour construire une théorie des échanges dans laquelle les prix n'égalisent pas les offres et les demandes potentielles, il faut donc introduire dans les choix des entreprises et des ménages les contraintes perçues sur les marchés sur lesquelles ils opèrent.

Nous reprenons le même cadre comptable que dans le chapitre précédent, en introduisant cependant les impôts que nous supposons payés par les Ménages. Le Tableau Économique d'Ensemble correspondant est présenté dans le tableau 1, en même temps que les équations du modèle.

## 2.1 Le modèle

Les termes offre et demande (et les notations correspondantes) feront référence aux grandeurs potentielles.

***a) Les Entreprises***

La fonction de production $f(N)$ est supposée de classe $C^2$ dans $R^+$, strictement croissante et strictement concave (avec $f(0) = 0$).

Les Entreprises peuvent être contraintes sur le marché des biens par une demande insuffisante, ou sur le marché du travail par une offre de travail trop faible. Le programme déterminant l'offre de biens et la demande de travail des Entreprises sera donc le suivant :

$$\begin{cases} \max(p\,Q^+ - wN^-) & \\ Q^+ \leq f(N^-) & \text{Fonction de production} \\ Q^+ \leq C^- + G & \text{Contrainte de demande} \\ N^- \leq \overline{N} & \text{Contrainte sur le marché du travail} \\ p \text{ et } w \text{ exogènes pour les Entreprises} & \end{cases}$$

Sa résolution conduit à trois situations (ou quatre si l'on tient compte de la possibilité d'une coïncidence des deux contraintes).

– *Marchés concurrentiels (absence de contrainte)*

Lorsque les Entreprises ne sont contraintes sur aucun des marchés, l'offre de biens et la demande de travail s'obtiennent en égalisant la productivité marginale du travail et le salaire réel. On a en effet :

$$\max(pf(N) - wN) \Rightarrow pf'(N) = w \,,$$

et l'offre de biens et la demande de travail sont des fonctions décroissantes du salaire réel :

$$N^- = N_c(w/p) = f'^{-1}(w/p)$$

$$Q^+ = Q_c(w/p) = f[f'^{-1}(w/p)]$$

– *Contrainte de demande*

Lorsque la demande est inférieure à l'offre potentielle de biens, la production optimale est égale à la demande de biens. La demande de travail devient fonction de cette contrainte, comme le montre la figure 3. En effet les entreprises pourraient certes produire plus, mais elles ne pourraient pas vendre la production correspondante. Elles n'ont donc pas intérêt à produire plus que la demande. C'est donc la contrainte de demande qui détermine la production et l'emploi :

$$N^- = N_k(C+G) = f^{-1}(C+G)$$

– *Contrainte sur le marché du travail*

FIG. 3 : Contrainte de demande.

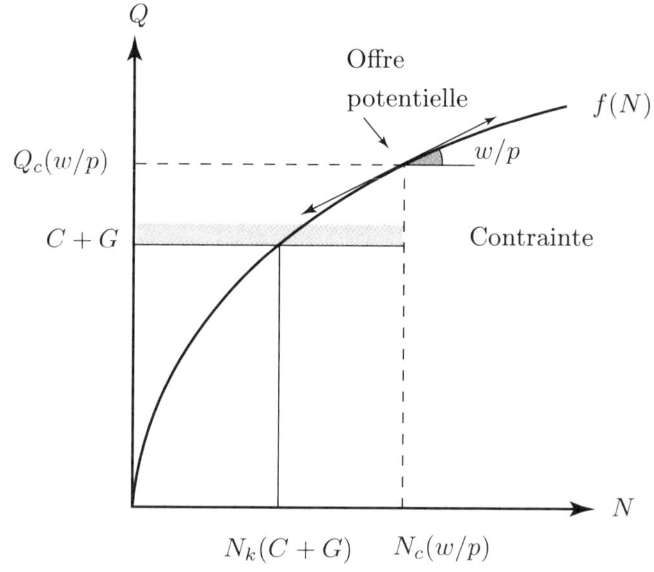


Lorsque les entreprises sont contraintes par l'offre de travail des ménages $\overline{N}$, l'offre de biens est limitée par le plein emploi alors même que les entreprises pourraient produire plus de façon rentable si elles trouvaient plus de salariés à embaucher (figure 4). Dans cette situation, l'offre de biens est donc égale à la production de plein-emploi :

$$Q^+ = f(\overline{N})$$

FIG. 4 : Contrainte sur le marché du travail.

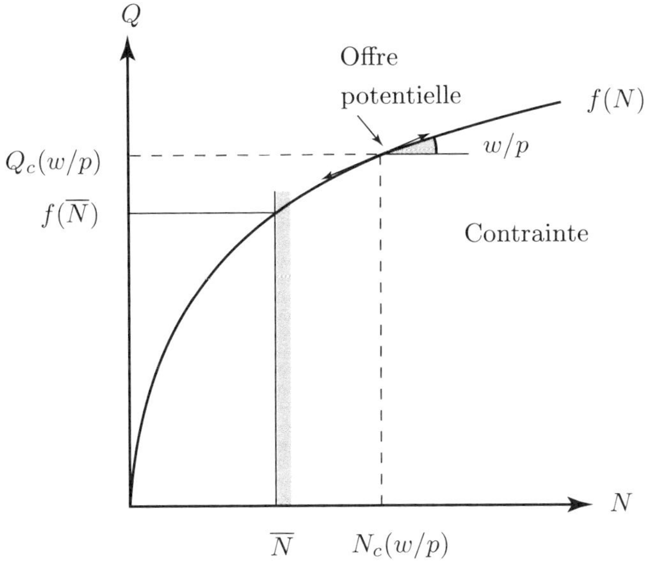


– *Forme générale*

L'Entreprise pouvant toujours adapter la production ou l'emploi à la plus petite des deux contraintes, elle ne peut être simultanément contrainte sur les deux marchés (sauf dans le cas très particulier où ces deux contraintes coïncident).

*Dans tous les cas, la production réalisée $Q$ et l'emploi réalisé $N$ sont toujours liés par la fonction de production : $Q = f(N)$.*

L'expression générale de l'offre de biens et de la demande de travail des entreprises (c'est-à-dire la solution générale du programme de maximisation précédent) est toujours égale à la plus petite des deux grandeurs potentielles, comme l'expriment les relations suivantes (la numérotation des équations renvoie au tableau 1) :

(3) $Q^+ = \min[Q_c(w/p), f(\overline{N})]$

(5) $N^- = \min[N_c(w/p), N_k(C + G)]$

### *b) Le consommateur*

Nous supposons, comme dans le chapitre précédent, que l'offre de travail des Ménages est exogène ($N^+ = \overline{N}$) .

Le Tableau Économique d'Ensemble montre que la contrainte budgétaire des Ménages peut s'écrire :

$$pC + M^- - M_o = wN + \Pi - pT$$

Puisque nous supposons que tous les profits sont redistribués aux Ménages, le revenu national ($wN + \Pi$) est égal au PIB ($pQ$). Le revenu disponible des Ménages (revenu net d'impôts) est donc égal à $p(Q - T)$. La relation précédente s'écrit :

$$\underset{\text{Consommation}}{pC} + \underset{\text{Encaisse Monétaire}}{M^-} = \underset{\text{Revenu (disponible)}}{p(Q-T)} + \underset{\text{Encaisse initiale initiale}}{M_0}$$

Le patrimoine des Ménages est ici uniquement constitué de leur encaisse monétaire. Lorsque les Ménages ne sont pas contraints, ils vont choisir leur consommation et leur encaisse monétaire réelle ($M^-/p$) qui maximise leur satisfaction (fonction d'utilité $U$ concave) pour un revenu disponible donné ($Q - T$) et une richesse initiale (encaisse monétaire $M_0$) donnée. Comme nous l'avons vu dans le chapitre précédent, cela conduit à des demandes de consommation et de monnaie qui dépendent du revenu disponible et de l'encaisse initiale :

$$\begin{cases} \max U\Big(C, \dfrac{M^-}{p}\Big) \\ pC + M^- = p(Q-T) + M_0 \end{cases} \Rightarrow \begin{cases} C^- = C\Big(Q - T, \dfrac{M_0}{p}\Big) \\ M^- = M[p(Q-T), M_0] \end{cases}$$

Nous noterons $U_m$ le maximum de la satisfaction.

En retenant des fonctions linéaires et en notant $0 < c < 1$ la propension marginale à consommer le revenu et $0 < \beta < 1$ la propension marginale à dépenser la richesse initiale, on obtient pour la *consommation* :

$$(2) \qquad C^- = c(Q-T) + \beta\frac{M_0}{p}$$

et une expression du même type pour la *demande de monnaie* :

$$M^- = (1-c)p(Q-T) + (1-\beta)M_0$$

Lorsque les Ménages sont *contraints sur le marché des biens*, c'est-à-dire lorsque la production disponible pour la consommation $(Q^+ - G)$ est inférieure à la demande de consommation précédemment déterminée, leur demande effective de monnaie est supérieure à l'encaisse qu'ils désireraient détenir en l'absence de contrainte (phénomène d'*épargne forcée*) :

$$C = Q^+ - G < C^-$$
$$M^- - M_o = p(Q - T) - pC$$

et leur satisfaction est plus faible qu'en l'absence de contrainte, car ils souhaiteraient consommer plus et épargner moins :

$$U(C, M/p) < U_m \, .$$

### *c) L'ajustement des marchés et les transactions réalisées*

Puisque les offres et demandes potentielles ne sont pas égalisées par les variations des prix, les grandeurs réalisées (c'est-à-dire effectivement échangées) seront égales au minimum de l'offre et de la demande soit :

*Marché des biens*

(3) $Q = \min\{Q^+, G + C^-\}$ Production réalisée

*Marché du travail*

(7) $N = \min\{N^+, N^-\}$ Emploi

La demande de biens a deux composantes : les dépenses publiques et la consommation des Ménages. Puisque nous supposons que l'État n'est jamais rationné, le rationnement résultant d'une insuffisance de l'offre portera sur la consommation. La consommation réalisée est donc déterminée par :

(4) $C = \min\{C^-, Q^+ - G\}$

Le tableau 1 résume les sept équations du modèle.

Limité à sa partie réelle, le modèle comporte six variables exogènes ($w, p, G, T, \overline{N}$ et $M_0$) et sept variables endogènes ($C^-, Q^+, Q, C, N^+, N^-$ et $N$). Les autres variables du Tableau Économique d'Ensemble (offre et demande de monnaie $M^+, M^-$, profits $\Pi$) sont déterminées par les trois contraintes budgétaires des agents (qui ne sont pas écrites) et l'identité de Walras assure l'équilibre du marché de la monnaie (c'est-à-dire l'égalité entre l'offre et la demande de monnaie réalisées).

TAB. 1 : Résumé du modèle.

| | | |
|---|---|---|
| *Marché des biens* | | |
| (1) | $Q^+ = \min[Q_c(w/p), f(\overline{N})]$ | Offre de biens |
| (2) | $C^- = c(Q-T) + \beta\dfrac{M_0}{p}$ | Demande de consommation |
| *Équilibre du marché des biens (rationnement) :* | | |
| (3) | $Q = \min\{Q^+, G + C^-\}$ | Production réalisée |
| (4) | $C = \min\{C^-, Q^+ - G\}$ | Consommation réalisée |
| *Marché du travail* | | |
| (5) | $N^- = \min[N_c(w/p), N_k(C+G)]$ | Demande de travail |
| (6) | $N^+ = \overline{N}$ | Offre de travail exogène |
| (7) | $N = \min\{N^+, N^-\}$ | Emploi |

6 variables exogènes : $w, p, G, T, N$ et $M_0$.

7 variables endogènes : $C^-, Q^+, Q, C, N^+, N^-$ et $N$.

TABLEAU ÉCONOMIQUE D'ENSEMBLE

| Demandes ou Emplois | | | | Offres ou Ressources | | |
|---|---|---|---|---|---|---|
| Entreprises | Ménages | État | | Entreprises | Ménages | État |
| | $pC$ | $pG$ | Biens et Services | $pQ$ | | |
| $wN$ | | | Salaires | | $wN$ | |
| | $pT$ | | Impôts | | | $pT$ |
| $\Pi$ | | | Profits | | $\Pi$ | |
| | $M^- - M_0$ | | Monnaie | | | $M^+ - M_0$ |

## 2.2 La résolution du modèle : trois régimes

Résoudre le modèle consiste à calculer les transactions réalisées. En combinant les déséquilibres des marchés des biens et du travail, on obtient quatre régimes possibles. En réalité, puisque les Entreprises ne sont jamais contraintes simultanément sur le marché des biens et du travail, le modèle ne comporte que trois régimes principaux. Le quatrième régime qui correspond à la coïncidence des contraintes de demande et de plein emploi est un cas limite, frontière des régimes de chômage keynésien et d'inflation contenue.

TAB. 2 : Les trois régimes

| Travail / Biens | Excès d'offre | Excès de demande |
|---|---|---|
| Excès d'offre | Chômage keynésien | |
| Excès de demande | Chômage classique | Inflation contenue |

Nous avons deux déterminations possibles pour l'offre de biens et pour la demande de travail. Pour savoir dans chaque régime, quelle est la détermination qui s'applique, il faut examiner simultanément les contraintes sur les deux marchés (biens et travail).

### *a) Chômage keynésien*

Cette situation est caractérisée par un excès d'offre sur les deux marchés.

Puisqu'il y a *excès d'offre sur le marché des biens*, la production est déterminée par la demande :

$$Q = C^- + G < Q^+$$

La consommation étant fonction du revenu donc de la production, cette relation détermine le volume de la production :

$$(8) \qquad Q = c(Q-T) + \beta\frac{M_0}{p} + G \qquad 0 < c < 1$$

On obtient le multiplicateur keynésien :

$$(9) \qquad Q = \frac{G - cT + \beta\frac{M_0}{p}}{1-c}$$

Il y a *excès d'offre sur le marché du travail*, l'emploi est donc déterminé par la demande de travail :

$$N = N^- = f^{-1}(Q) < N^+$$

Comme l'emploi et la production sont toujours liés par la fonction de production, nous caractériserons la solution par le niveau de l'emploi qui est une fonction croissante de

$G$ et décroissante de $T$ et $p$ :

$$N = N_k(G, T, p)$$

C'est donc l'insuffisance de la demande qui limite la production et l'emploi. Une politique budgétaire ou fiscale expansionniste (augmentation de $G$ ou diminution de $T$) permet d'accroître le niveau de la production et de l'emploi.

La situation de chômage keynésien, représentée dans la figure 5, est caractérisée par les deux inégalités :

| | |
|---|---|
| $f'(N) > w/p$ | Excès d'offre sur le marché des biens : les Entreprises pourraient augmenter leur profit en accroissant l'emploi et la production si la demande était plus forte |
| $N \leq \overline{N}^+$ | Chômage |

FIG. 5 : Chômage keynésien.

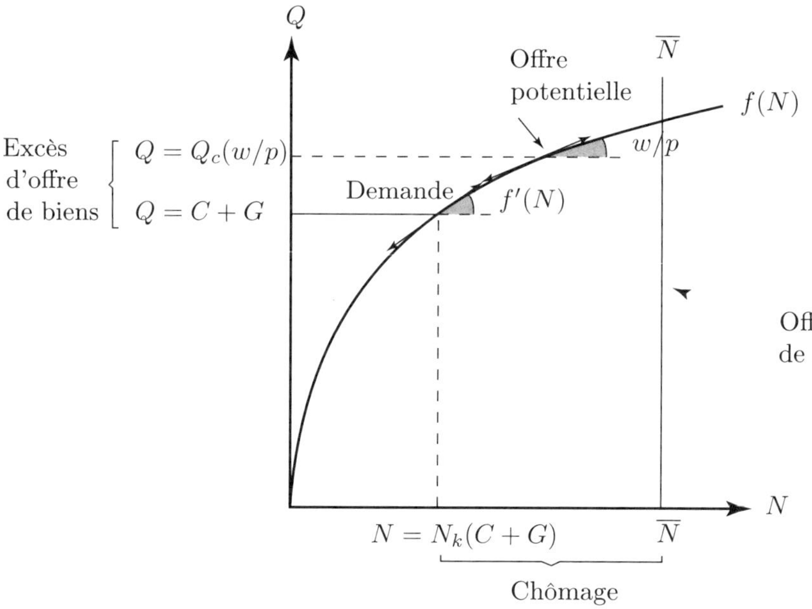


### b) Chômage classique

Il y a *excès de demande de biens :*

$$Q = Q^+ < C(Q - T, M_0/p) + G$$

et *excès d'offre de travail :*

$$N = N^- < N^+$$

La considération des déséquilibres des deux marchés permet de déterminer la nature des fonctions d'offre et de demande qui s'appliquent à chacun des marchés ; on trouve :

$$(10) \qquad Q = Q_c(w/p) \qquad \text{et} \qquad N = N_c(w/p)$$

La production et l'emploi sont donc limités par un salaire réel trop élevé. Ce régime est en effet caractérisé par :

$$f'(N) = \frac{w}{p} \quad \text{et} \quad N \leq N^+$$

Dans une telle situation, seule une baisse du salaire réel permet d'augmenter la production et l'emploi (donc de diminuer le chômage). La situation correspondante est présentée dans la figure 6.

FIG. 6 : Chômage classique.

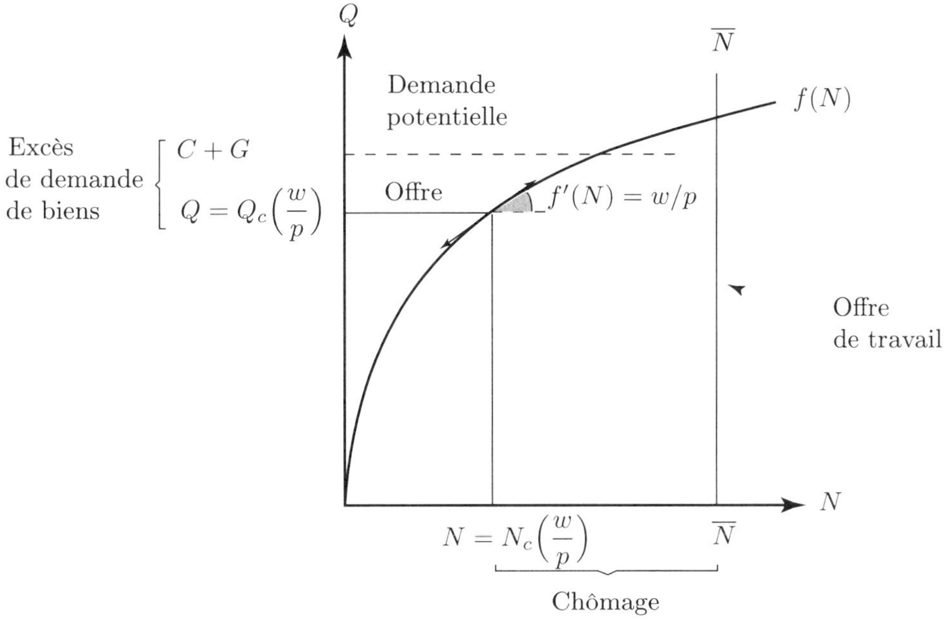


### *c) Inflation contenue*

La demande de biens est excédentaire :

$$Q = Q^+ < C(Q - T, M_0/p) + G$$

ainsi que la demande de travail :

$$(11) \qquad N = \overline{N}^{+} < N^{-}$$

La production est donc fixée par le plein emploi : $Q = f(\overline{N})$ et les Entreprises pourraient accroître leur profit si elles n'étaient pas contraintes sur le marché du travail puisque, d'une part la demande de biens est excédentaire, d'autre part la productivité marginale du travail est supérieure au salaire réel :

$$f'(\overline{N}) > \frac{w}{p}$$

La configuration correspondante est présentée dans la figure 7.

FIG. 7 : Inflation contenue.

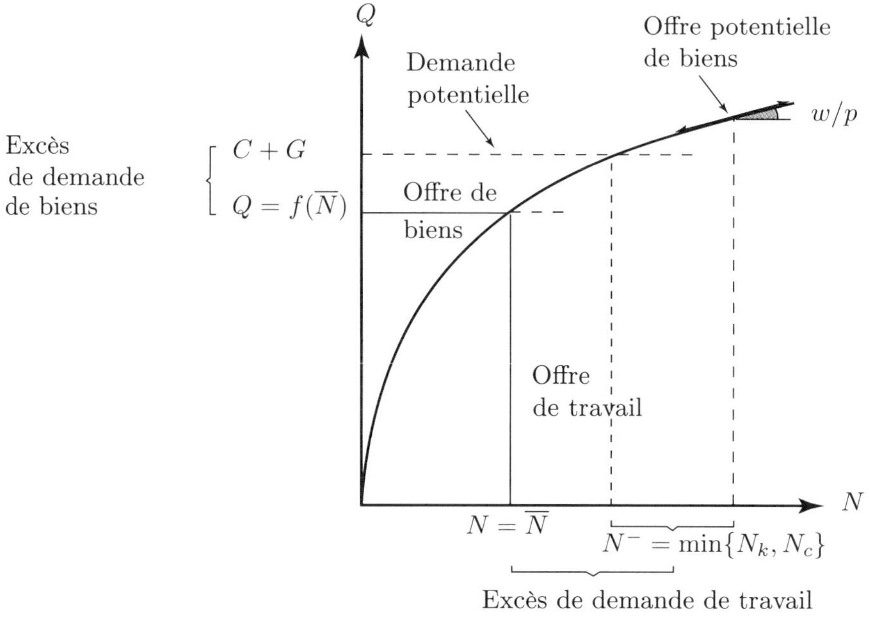


## 2.3 Les différentes configurations de l'économie

L'emploi réalisé étant toujours le minimum de trois fonctions :

$$N = \min \left\{ N_c\Big(\frac{w}{p}\Big), N_k\Big(\frac{G - cT + \beta\dfrac{M_0}{p}}{1-c}\Big), \overline{N} \right\}$$

on peut caractériser le régime qui prévaut selon la valeur des variables exogènes.

### *a) L'équilibre concurrentiel*

L'équilibre walrasien, c'est-à-dire l'égalité des offres et des demandes sur le marché des biens et du travail, s'obtient lorsque ces trois valeurs sont égales. Pour $G$ et $T$ donnés, le système de prix d'équilibre $(p^*, w^*)$, s'il existe, est donné par les deux conditions :

- équilibre du marché du travail : $N_c(w^*/p^*) = \overline{N}$
- équilibre du marché des biens : $N_c(w^*/p^*) = N_k(G, T, p^*)$

La première relation détermine le salaire réel qui assure le plein emploi. Avec les hypothèses habituelles relatives à la fonction de production (et rappelées dans le paragraphe **2.1.*a***), la première relation a toujours une solution positive et unique $(w^*/p^* > 0)$.

Cet équilibre walrasien correspond au modèle d'équilibre général concurrentiel présenté dans le chapitre précédent.

### *b) Les régimes dans un diagramme prix, salaire*

Pour des valeurs données des variables de politique économique ($G$ et $T$), on peut représenter les divers régimes dans l'espace $(p, w)$. Le salaire et le prix d'équilibre walrasien sont notés $p^*$ et $w^*$ (point $W$ sur la figure 8). La situation de chômage classique s'obtient pour des valeurs élevées du salaire réel qui limitent la production et l'emploi (partie proche de l'axe des ordonnées) ; la situation de chômage keynésien lorsque le salaire réel est faible et les prix élevés (la demande de biens est alors faible) ; l'inflation contenue lorsque les prix et le salaire reél sont faibles (les demandes de biens et de travail sont fortes). Les séparatrices correspondent à des équilibres partiels :

$$WO : N_c(w/p) = \overline{N}$$
$$WA : N_k(G, p) = \overline{N}$$
$$WB : N_c(w/p) = N_k(G, p)$$

Ce diagramme permet d'analyser de quelle façon évolueraient les différentes situations si les prix s'ajustaient en fonction des déséquilibres. Une hypothèse naturelle consiste à supposer que les prix $(p, w)$ varient proportionnellement aux déséquilibres entre l'offre et la demande. S'ils sont flexibles à la hausse et à la baisse, ils augmenteront dans le cas d'un excès de demande et diminueront lorsque l'offre sera excédentaire (figure 8a)). La flexibilité des prix tend bien à réduire les déséquilibres de chacun des trois régimes (ce mécanisme assure la stabilité de l'équilibre walrasien à prix flexibles).

Dans la réalité, la flexibilité des prix est plus forte à la hausse qu'à la baisse : ils augmentent en situation d'excès de demande, mais ont tendance à rester stables en excès d'offre. Cette hypothèse est illustrée dans la figure 8b). On voit qu'une conclusion immédiate s'en dégage : la situation d'excès d'offre généralisée ne sera pas résorbée. Le chômage keynésien aura donc tendance à être plus stable que les deux autres situations.

FIG. 8 : Les trois régimes dans le diagramme $p$ et $w$.

a) *Prix et salaire flexibles* b) *Prix et salaires rigides à la baisse*

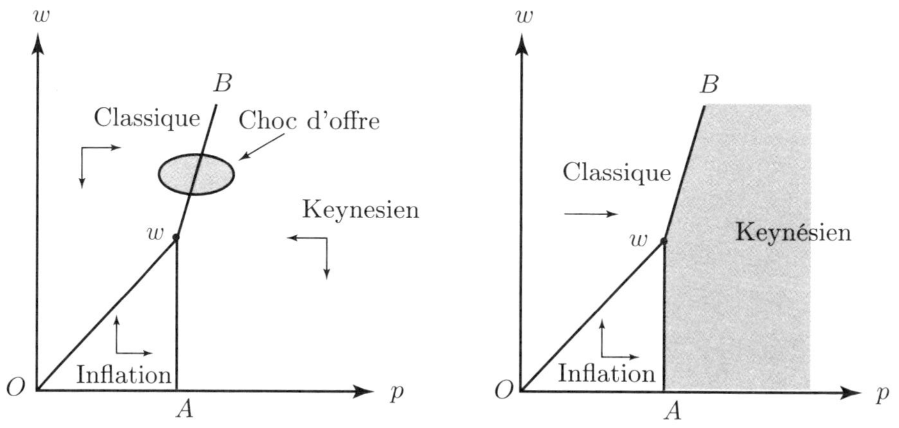


Nous pouvons également utiliser ce diagramme pour illustre les conséquences d'un choc d'offre sur l'économie (figure 8a). On appelle choc d'offre une hausse des coûts de production des entreprises. Ce peut être une hausse du coût du travail, ou du coût des matières premières ou encore du prix des produits pétroliers. En augmentant brutalement les prix et les salaires (car les salaire sont généralement indexés sur les prix de la consommation) il en résulte un déplacement vers le haut de la situation économique (zone hachurée sur la figure 8a). Il en résulte une situation de chômage classique ou keynésien selon que c'est l'offre ou la demande de biens qui diminuent le plus.

### *c) Les trois régimes lorsque l'offre de travail est endogène*

On peut représenter les trois régimes dans un diagramme dépenses publiques $G$ (ou plus généralement demande autonome), salaire réel $w/p$ en supposant le niveau des prix ($p$) donné. On obtient alors la figure 9. Lorsque l'offre de travail est exogène ($N^+ = \overline{N}$), comme nous l'avons supposé jusqu'à présent, la séparatrice entre les régimes de chômage classique et d'inflation contenue est une droite horizontale ($N_c(w/p) = \overline{N}$) et la séparatrice entre inflation contenue et chômage keynésien une droite verticale ($N_k(G, p) = \overline{N}$).

Nous allons examiner maintenant ce que deviennent les différents régimes lorsqu'on retient un modèle plus général où les ménages arbitrent non seulement entre consommation et épargne (c'est-à-dire encaisse monétaire), mais intègrent le partage entre loisir et travail dans leur arbitrage.

Nous supposons que les Ménages maximisent une fonction d'utilité qui dépend de la consommation, de l'encaisse monétaire et du loisir ($N_0$ désigne l'offre de travail maximale des ménages, $N^+$ l'offre de travail et $N_0 - N^+$ le loisir) :

$$(1) \qquad \max U\Big(C, \frac{M^-}{p}, (N_0 - N^+)\Big) \qquad U \text{ concave et croissante}$$

sous la contrainte budgétaire usuelle, réécrite pour faire apparaître la demande de loisirs :

$$(2) \qquad \underset{\text{Consommation}}{pC} + \underset{\substack{\text{Encaisse}\\\text{Monétaire}}}{M^-} + \underset{\text{Loisir}}{w(N_0 - N^+)} = wN_0 + \Pi - pT + M_0$$

et sous les éventuelles contraintes perçues sur les marchés :

$$(3) \qquad C^- \leq C = Q^+ - G \qquad \text{Contrainte sur le marché des biens}$$

$$(4) \qquad N^+ \leq N^- \qquad \text{Contrainte sur le marché du travail (chômage)}$$

À titre d'exemple nous prendrons la fonction d'utilité log-linéaire :

$$(1 \text{ bis}) \qquad \max \Big\{U = \alpha_1 \log(C) + \alpha_2 \log\Big(\frac{M^-}{p}\Big) + \alpha_3 \log(N_0 - N^+)\Big\}$$

avec $\alpha_1 + \alpha_2 + \alpha_3 = 1$

Lorsque les ménages ne sont pas contraints, l'offre de travail devient fonction du taux de salaire. Toutefois, la concavité de la fonction d'utilité ne suffit pas à assurer que l'offre de travail croisse avec le salaire. Une hausse de salaire a en effet un impact ambigu sur l'offre de travail. D'une part, elle permet de réaliser le même niveau d'épargne et de consommation avec une offre de travail plus faible : c'est l'effet revenu qui accroît simultanément les trois demandes (loisirs, consommation et épargne). D'autre part, elle modifie l'arbitrage entre le loisir et la consommation présente et future (épargne) au détriment du loisir dont le coût $w$ augmente (effet de substitution). Pour que l'offre de travail croisse avec le salaire il faut donc supposer que l'effet de substitution est suffisamment fort.

Avec la fonction d'utilité log-linéaire précédente (1 bis), on obtient par exemple :

$$(5) \qquad C^- = \alpha_1\Big(\frac{w}{p}N_0 + \frac{M_0 + \Pi}{p}\Big)$$

$$(6) \qquad M^- = \alpha_2(wN_0 + M_0 + \Pi)$$

$$(7) \qquad N^+ = N_0 - \alpha_3\Big(N_0 + \frac{(M_0 + \Pi)/p}{w/p}\Big)$$

La consommation et la demande de monnaie sont fonction croissante du revenu et de la richesse initiale (encaisse monétaire initiale). La propension à consommer le revenu et le patrimoine (richesse initiale) sont ici identiques. Ce résultat peu réaliste disparaîtrait si l'on considérait un modèle à plusieurs périodes où le revenu courant serait un indicateur des revenus anticipés pour les périodes suivantes (on aurait alors une propension à consommer le revenu $c$ généralement supérieure à la propension à consommer le patrimoine $\beta$ comme nous l'avons supposé précédemment). L'offre de travail est une fonction croissante du salaire réel et décroissante de la richesse initiale et des revenus non salariaux.

Le fait que l'offre de travail devienne endogène complique la résolution du modèle, mais ne modifie de façon significative ses propriétés que dans la situation d'inflation contenue, c'est-à-dire lorsque les entreprises sont contraintes par une offre de travail trop faible des ménages, et les ménages contraints par une offre de biens trop faibles des entreprises. Dans les situations de chômage classique ou keynésien, la consommation est, en effet, comme dans le modèle précédent, fonction du revenu disponible et du niveau de l'emploi et l'offre de travail n'intervient pas dans la résolution du modèle.

En situation d'inflation contenue, les ménages ne peuvent consommer autant qu'ils le souhaiteraient, puisque leur consommation est contrainte par l'offre insuffisante des entreprises, mais ils ont maintenant un degré de liberté supplémentaire. Ils vont à la fois épargner plus qu'ils le souhaiteraient (on retrouve le phénomène d'épargne forcée), mais ils vont simultanément réduire leur offre de travail. L'offre de travail devient une fonction croissante de la production disponible pour la consommation ($\overline{C} = Q^+ - G$) et décroissante des dépenses publiques. Avec la fonction d'utilité log-linéaire (1 bis), on obtient :

$$(8) \qquad N^+(w/p, \overline{C}) = \frac{\alpha_2}{\alpha_2 + \alpha_3} N_0 - \frac{\alpha_3}{\alpha_2 + \alpha_3} \frac{\frac{\Pi + M_0}{p} - \overline{C}}{\frac{w}{p}} \qquad \text{avec } \overline{C} = Q^+ - G$$

En augmentant ses dépenses dans la situation d'inflation contenue où l'offre de biens est insuffisante, l'Etat réduit encore plus la consommation des ménages ce qui les conduit à réduire leur offre de travail. Nous verrons dans la conclusion de ce chapitre (paragraphe 3.4) qu'il en résulte une situation d'inefficacité totalement symétrique de la situation de chômage keynésien.

Dans le diagramme demande autonome, salaire réel, la seule modification qu'apporte la flexibilité de l'offre de travail concerne la réduction de la zone de chômage classique car les séparatrices avec les autres régimes ne sont plus des droites verticales et horizontales (figure 9a).

Cette figure illustre les politiques qu'il convient d'adopter pour réduire les déséquilibres et se rapprocher du plein emploi. Il faut augmenter les dépenses publiques en chômage keynésien, réduire le coût réel du travail en chômage classique, réduire la de-

FIG. 9 : Les trois régimes en fonction du salaire réel et de la demande.

a) *Offre de travail exogène* b) *Offre de travail endogène*

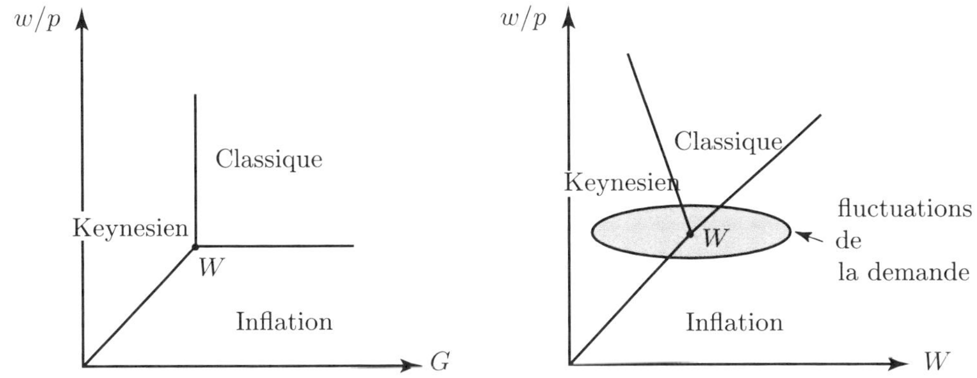


mande en inflation contenue. La figure 9b illustre également l'impact des fluctuations de la demande. Si le cycle économique est du principalement aux fluctuations de la demande, on sera toujours dans une situation de chômage keynésien au bas du cycle lorsque la demande est faible et, en général en inflation contenue (ou éventuellement en chômage classique) en haut de cycle selon que la forte demande conduit à buter sur la production de plein emploi ou sur les capacités de production rentables des entreprises.

# 3 Chômage keynésien et politique économique : quelques extensions du modèle keynésien

Nous allons examiner dans cette section plusieurs propriétés et extensions du modèle keynésien. Dans le modèle précédent nous avions négligé l'investissement qui ne joue pas de rôle spécifique dans l'équilibre de court terme. Les décisions d'investissement des entreprises dépendent en effet principalement des anticipations pour la période suivante. Si nous supposons que ces décisions sont indépendantes de la situation de la période en cours, l'investissement sera exogène, de sorte que, dans l'équilibre de court terme, l'investissement joue le même rôle que toute autre composante exogène de la demande (dépenses publiques notamment). La production est déterminée par la demande :

$$Q = C^- + I + G$$

La demande de consommation dépend du revenu disponible $(Q - T)$ et de l'encaisse monétaire réelle initiale. Comme les prix sont constants, cette encaisse est elle-même une constante que nous noterons $a$ :

$$C^- = c(Q - T) + \beta \frac{M_0}{p} = c(Q - T) + a$$

On en déduit la production en fonction des composantes exogènes de la demande :

(9) $$Q = c(Q - T) + a + I + G$$

ou encore :

(10) $$Q = \frac{I + G - cT + a}{1 - c}$$

Nous commencerons par examiner la stabilité de l'équilibre. Dans l'équilibre concurrentiel, les prix s'ajustent en fonction des déséquilibres constatés entre l'offre et la demande et leurs variations résorbent ces déséquilibres. Ce processus permet de rendre compte du caractère autorégulateur d'un marché concurrentiel. Quels mécanismes assurent la réalisation de l'équilibre dans un modèle à prix fixes ? Nous allons voir qu'un mécanisme d'ajustement par les quantités se substitue à l'ajustement par les prix.

## 3.1 La stabilité de l'équilibre de sous-emploi : ajustement par les quantités

Les entreprises sont contraintes par la demande des Ménages. Pour déterminer leur production, il leur faut donc anticiper la demande qui leur est adressée. Or cette demande dépend du revenu des Ménages et par conséquent du niveau de production fixé par les entreprises. Si la production des entreprises diffère de la demande, comment se réalise l'ajustement ?

Pour examiner ce processus, notons $(A = I + G - cT + a)$ les composantes exogènes de la demande (demande autonome), la relation (9) s'écrit :

(9 bis) $$Q = cQ + A \text{ avec } 0 < c < 1 \text{ et } A > 0$$

Un graphique usuel représentant la détermination de la production permet d'illustrer le processus de tâtonnement qui permet à la production de s'ajuster à la valeur d'équilibre $Q^* = A/(1 - c)$. Portons en abscisse la production décidée par les entreprises (sur la base de la demande qu'elle anticipent) et en ordonnée la demande globale. Celle-ci est une fonction croissante de la production des entreprises qui coupe la première bissectrice (puisque $A > 0$ et $0 < c < 1$) au point d'équilibre. Si la production fixée par les entreprises est plus élevée que la production d'équilibre ($Q_2$ dans

FIG. 10 : Stabilité de l'équilibre keynésien.

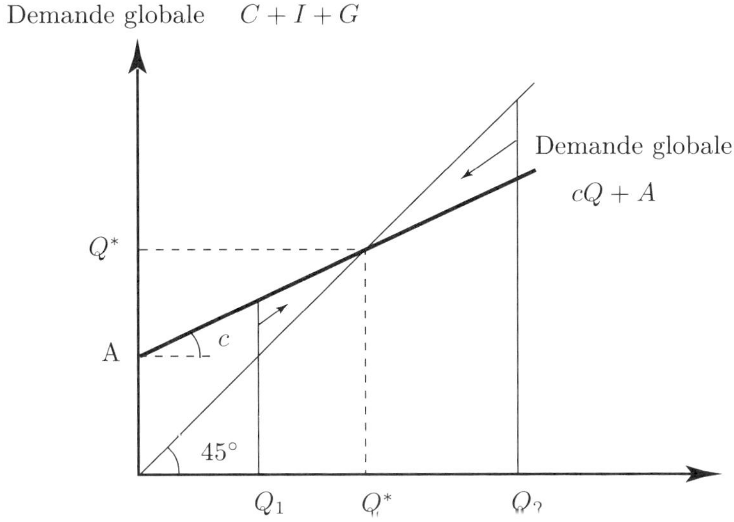


la figure 10), la demande va excéder la production et les entreprises vont réduire leur production jusqu'à la valeur d'équilibre. C'est l'inverse si la production est inférieure à la production d'équilibre.

En pratique, ce sont les variations de stocks qui contribuent à ce processus d'ajustement.

## 3.2 L'effet multiplicateur d'une dépense publique ou de l'investissement

Un accroissement des dépenses publiques $\Delta G$ ou de l'investissement $\Delta I$ ou plus généralement de toute composante exogène de la demande, va engendrer une augmentation de la production supérieure à l'augmentation initiale :

$$Q = \frac{\Delta I + \Delta G}{1 - c} \qquad \text{(10bis)}$$

Ce *multiplicateur* résulte de l'effet induit de l'augmentation de la dépense sur le revenu et sur la consommation comme l'illustre le schéma suivant :

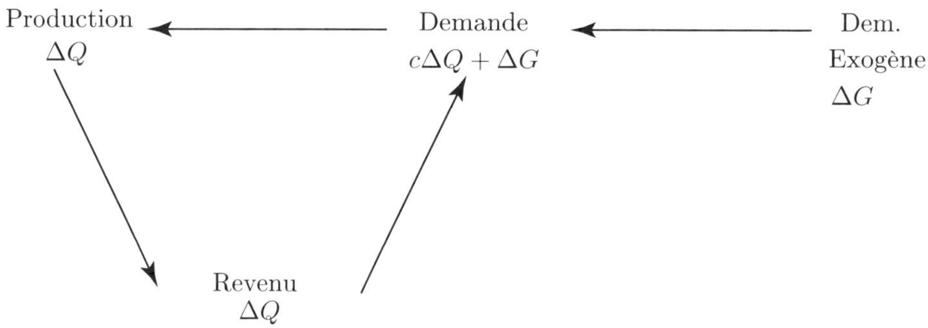


Dans une situation de sous-emploi, toute augmentation exogène de la demande est susceptible d'accroître la production et de réduire le chômage. C'est ce qu'exprimait, sous une forme plus provocante, la célèbre parabole de Keynes :

« *Si la Trésorerie était disposée à emplir de billets de banque de vieilles bouteilles, à les enfouir à des profondeurs convenables dans des mines désaffectées qui seraient ensuite comblées avec des détritus urbains, et à autoriser l'entreprise privée à extraire de nouveau les billets suivant les principes éprouvés du laissez-faire (le droit d'exploiter les terrains billetifères étant, bien entendu, concédé par adjudication), le chômage pourrait disparaître et, compte tenu des répercussions, il est probable que le revenu réel de la communauté de même que sa richesse en capital seraient sensiblement plus élevés qu'ils ne le sont réellement. À vrai dire, il serait plus sensé de construire des maisons ou autre chose d'utile ; mais, si des difficultés politiques et pratiques s'y opposent, le moyen précédent vaut encore mieux que rien.* »... « *La construction de pyramides, les tremblements de terre et jusqu'à la guerre peuvent contribuer à accroître la richesse,...* ».

De même une réduction de la fiscalité ($\Delta T < 0$) augmente le revenu disponible des Ménages, ce qui augmente la consommation et la production. Enfin une hausse simultanée des dépenses et des recettes fiscales ($\Delta G = \Delta T > 0$) augmente également la production d'un montant égal à l'augmentation des dépenses.

## 3.3 Une dynamisation du multiplicateur

Dans le modèle statique utilisé précédemment, l'ajustement de la production à une augmentation de la demande autonome ($\Delta A$) est supposé se réaliser entièrement au cours de la période considérée. En réalité l'ajustement n'est pas instantané : les entreprises ne modifient leur production que lorsque la hausse de la demande apparaît suffisamment durable ; la consommation des ménages réagit avec retard à une hausse du revenu ; enfin l'augmentation des ventes des entreprises n'entraîne pas immédiatement une distribution de revenus supplémentaires. Supposons par exemple que la consommation s'ajuste au revenu avec un retard d'une période :

$$Q_t = C_t + A_t$$

$$C_t = c\,Q_{t-1}$$

Supposons que dans la situation initiale, la demande autonome soit constante $A_t = A_0$ lorsque $t \leq 0$). La production est donc constante et égale à $A_0/(1-c)$. Si la dépense publique augmente de $\Delta A$ à partir de la date 0 ($A_t = A_0 + \Delta A$ lorsque $t \geq 1$), l'évolution de la production devient, en écart par rapport à la situation initiale ($\Delta Q_t = Q_t - Q_0$) :

$$t \geq 1 \quad \Delta Q_t = c\Delta Q_{t-1} + \Delta G = \Delta A(1 + c + c^2 + \dots c^{t-1})$$

$$\text{si } t \to \infty \qquad \Delta Q_t \to \frac{\Delta A}{(1-c)}$$

On retrouve bien, au bout d'un temps infini, le multiplicateur du modèle statique. Les termes $(c^t.\Delta A)$ représentent les différents flux de consommation induits par les augmentations successives de revenu.

## 3.4 Inefficacité et effets multiplicateurs en chômage keynésien (et dans la situation d'inflation contenue lorsque l'offre de travail est endogène).

Une des caractéristiques de l'équilibre général walrasien est qu'il est un optimum au sens de Pareto, c'est-à-dire qu'on ne peut augmenter la satisfaction d'un agent sans détériorer celle d'au moins un autre agent. Dans le modèle macroéconomique que nous retenons dans ce chapitre, cette propriété se traduit par le fait qu'il n'existe pas d'échange pour le système de prix donné, qui améliorerait simultanément la satisfaction du consommateur et le profit des entreprises. Cette propriété ne caractérise pas seulement ici l'équilibre walrasien ; elle est également vérifiée dans la situation de chômage classique. Dans la situation de chômage classique, les entreprises réalisent le niveau de production qui maximise leur profit pour le système de prix donné et n'ont donc aucun intérêt à produire plus et à embaucher plus.

Mais ce n'est pas le cas dans la situation de chômage keynésien. Si la demande des ménages était plus élevée, les entreprises pourraient produire plus en augmentant leur profit ; elles embaucheraient plus et distribueraient donc un revenu plus élevé aux ménages. Les ménages ayant un revenu plus élevé consommeraient plus, ce qui permettrait aux entreprises de produire plus ... etc. Pourquoi ce niveau de production et d'emploi plus élevé ne se réalise-t-il pas ? Parce que, comme nous l'avons vu dans le paragraphe 3.1, si les entreprises décidaient de produire plus ($\Delta Q > 0$, elles ne retrouveraient qu'une fraction $c\Delta Q$ de l'augmentation de leur production (le reste étant épargné). En outre aucune entreprise individuelle n'a intérêt à produire plus que la demande qu'elle perçoit, car elle ne recouvrerait qu'une petite partie de la demande qu'engendrerait l'augmentation de sa production.

La situation de chômage keynésien est donc particulièrement inefficace puisque, c'est le rationnement des entreprises sur le marché des biens qui engendre un emploi trop faible et rationne les ménages sur le marché du travail, lequel rationnement engendre à son tour une consommation trop faible et rationne les entreprises sur le marché des biens comme l'illustre la figure 11 :

FIG. 11: Renforcement des rationnements et effet multiplicateur dans la situation de sous-emploi-keynésien.

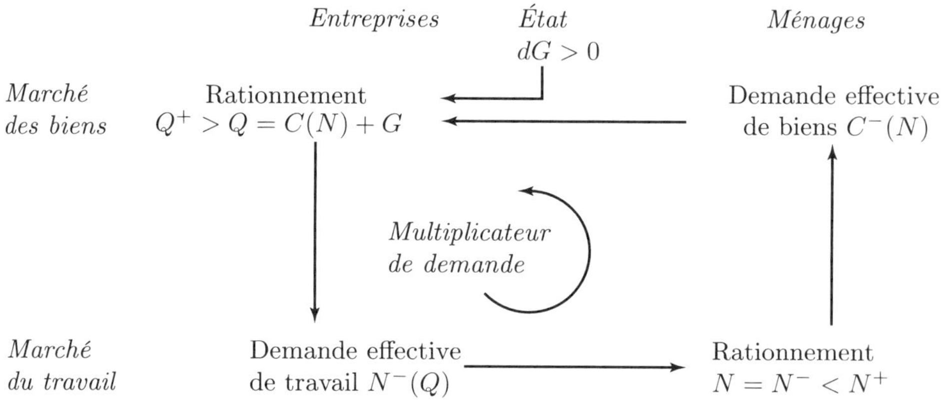


C'est cette situation d'inefficacité qui produit l'effet multiplicateur de la demande. La figure 11 montre qu'une augmentation d'une composante exogène de la demande (par exemple les dépenses publiques) desserre le rationnement des entreprises sur le marché des biens ; elle entraîne donc une augmentation de la demande de travail des entreprises qui desserre à son tour le rationnement des ménages sur le marché du travail ; il en résulte une nouvelle augmentation de la demande de biens .... etc.

**Dans le chômage keynésien, les ménages voudraient travailler plus et consommer plus et les entreprises produire plus et embaucher plus, mais le marché ne peut réaliser cet échange qui serait profitable aux entreprises et au ménages. Il faut une intervention extérieure (ici la politique budgétaire) pour initier cet échange mutuellement avantageux.**

**Lorsque l'offre de travail est endogène, une situation d'inefficacité symétrique apparaît en inflation contenue.** Dans cette situation les ménages sont rationnés par l'offre de biens insuffisante des entreprises qui limite leur consommation (égale à $Q^+ - G$). Puisque les ménages ne peuvent pas consommer autant qu'ils le souhaiteraient, ils vont réduire leur offre de travail ce qui va augmenter les rationnement des entreprises sur le marché du travail et réduire l'offre de biens. Les ménages seraient prêts à travailler plus pour consommer plus et les entreprises à produire plus si les ménages travaillaient plus.

FIG. 12 : Inefficacité et effet multiplicateur en situation d'inflation contenue.

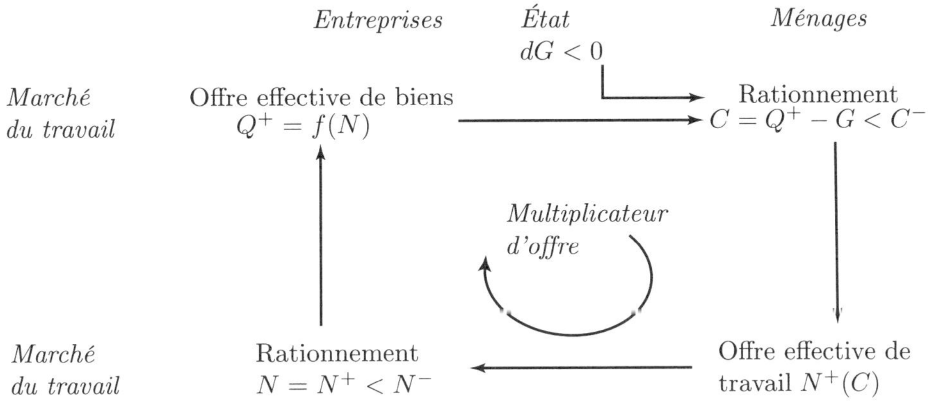


Pour initier cette hausse de la production, il faut cette fois réduire le rationnement des ménages en augmentant de façon exogène l'offre de biens ou en réduisant les dépenses publiques pour accroître la consommation ; on obtient alors un multiplicateur d'offre exactement symétrique du multiplicateur keynésien, comme l'illustre la figure 12.

## Notions à retenir

*Chômage classique*

Chômage dû à un salaire réel trop élevé. La demande de biens est supérieure à l'offre de biens et c'est le niveau trop élevé du salaire qui limite la production (égale à l'offre de biens) et l'emploi.

*Chômage keynésien*

Chômage dû à une demande trop faible. L'offre potentielle de biens est supérieure à la demande et c'est cette dernière qui limite la production et l'emploi.

*Effet multiplicateur d'une dépenses publique*

Dans une situation de chômage keynésien, la production est limitée par la demande. Une hausse des dépenses publiques augmente la production et le revenu, ce qui augmente la consommation de sorte que la hausse de la production est supérieure à l'augmentation des dépenses publiques (ou de toute composante exogène de la demande).
L'effet multiplicateur s'oppose à l'effet d'éviction de l'équilibre concurrentiel.

*Inefficacité en situation de chômage keynésien*

Les ménages voudraient travailler plus et consommer plus et les entreprises voudraient produire plus et embaucher plus, mais cet échange mutuellement avantageux ne peut être initié que par une hausse exogène de la demande.

# Chapitre 3

# Les politiques économiques : dilemne inflation-chômage, politiques budgétaires et monétaires

Ce chapitre étend le modèle du chapitre précédent dans deux directions :

- la flexibilité à la hausse des prix pour étudier le dilemme inflation-chômage et l'effet inflationniste d'une politique de relance de la demande (section 1) ;
- l'introduction des marchés financiers, pour étudier le rôle respectif des politiques budgétaires et monétaires (section 2).

La troisième section présente une synthèse de ces deux modèles en étudiant l'impact des politiques budgétaires et monétaires sur l'activité économique et l'inflation et en présentant notamment les thèses monétaristes.

## 1 Inflation et chômage : une introduction

Nous étudions dans cette section ce que devient le modèle du chapitre précédent lorsque le salaire est rigide mais le prix flexible à la hausse (nous conservons l'hypothèse d'une offre de travail exogène). La flexibilité du prix à la hausse s'exprime par le fait que le prix peut augmenter, mais ne peut pas baisser au dessous de la valeur $\overline{p}$.

(1) $$w = \overline{w}$$

(2) $$p \geq \overline{p}$$

L'hypothèse d'une flexibilité à la hausse du prix simplifie le modèle étudié dans le chapitre précédent car la consommation n'est jamais contrainte. Une situation d'excès de demande sur le marché des biens ne peut plus apparaître puisque la hausse des prix résorbe cette situation (en diminuant la demande de biens par l'effet d'encaisse réelle). La consommation réalisée est donc toujours égale à la demande de consommation.

## 1.1 Le modèle : salaire nominal rigide, prix flexible à la hausse

Le modèle se déduit directement du modèle présenté dans le chapitre précédent. On peut le résumer en sept équations (les variables exogènes sont surlignées).

| | | |
|---|---|---|
| (3) | $w = \overline{w}$ | *Salaire rigide* |
| (4) | $p \geq \overline{p}$ | *Prix flexible à la hausse* |
| (5) | $Q = f(N)$ | *Fonction de production* |
| (6) | $Q^+ = \min\left[Q_c(\overline{w}/p), f(\overline{N})\right]$ | *Offre de biens (potentielle)* |
| (7) | $C = c(Q-T) + \beta\dfrac{M_0}{p}$ | *Demande de consommation* <br> *(= Consommation réalisée)* |
| (8) | $Q = C + G$ | *Équilibre des biens et services* <br> *(offres et demandes réalisées)* |

## 1.2 La résolution du modèle : courbes d'offre et de demande

Puisque la demande n'est jamais contrainte, la consommation réalisée est toujours égale à la demande de consommation (équation 7) et la production réalisée égale à la demande (équation 8). En résolvant ces deux équations on obtient la « courbe de demande » qui est une fonction croissante de la demande autonome et décroissante des prix :

$$Q = \frac{G - cT + \beta\frac{M_0}{p}}{1-c} = Q^d(G,p) \qquad \textit{Courbe de demande .}$$

Quelle que soit la spécification retenue pour la fonction de consommation, la courbe de demande est toujours une fonction croissante de $G$ et décroissante de $T$ et de $p$.

Pour résoudre le modèle, il est commode de recourir à une représentation graphique faisant apparaître les courbes d'offre et de demande, dans un diagramme $(p, Q)$. Les équations (3) à (6) définissent une *courbe d'offre* $Q^0(p)$ qui est constituée de trois segments :

$$\text{Courbe d'offre } Q^0(p) \quad \begin{cases} p = \overline{p} \\ Q^+ = Q_c(p/\overline{w}) \\ \textit{lorsque } \overline{p} < p < p^* \textit{ tel que } \overline{w}/p^* = f'(\overline{N}) \\ Q^+ = f(\overline{N}) \textit{ lorsque } p \geq p^* \end{cases}$$

La figure 1 fait apparaître trois régimes selon que la courbe de demande coupe la courbe d'offre dans la partie verticale, élastique ou horizontale.

## 1.3 Les régimes et l'impact des politiques économiques

### *a) Chômage keynésien avec excès d'offre sur le marché des biens*

Lorsque l'intersection se fait dans la partie verticale de la courbe, on retrouve le régime « keynésien » du modèle à prix fixes. Il y a chômage $\{Q < f(\overline{N})\}$ et excès d'offre sur le marché des biens $\{Q < Q_c(\overline{p}/\overline{w})\}$. Puisque le prix ne peut pas diminuer au-dessous de $\overline{p}$, cet excès d'offre ne peut être résorbé. L'excès d'offre sur le marché des biens se traduit par le fait que le salaire réel est inférieur à la productivité marginale du travail ou encore le prix $\overline{p}$ supérieur au coût marginal.

Dans ce régime, un accroissement des dépenses publiques (ou une diminution de la fiscalité) a seulement un effet multiplicateur sur la production.

### *b) Chômage keynésien avec équilibre du marché des biens*

Cette situation apparaît lorsque la courbe de demande coupe la partie élastique de la courbe d'offre (cas de la figure 1). Une augmentation des dépenses publiques (ou une diminution de la fiscalité) accroît simultanément la production et le niveau des prix. En raison de la pente de la courbe de demande, la hausse induite des prix diminue l'effet multiplicateur d'une politique de relance (voir paragraphe 1.4). *Cette situation, qui est en fait intermédiaire entre les régimes de « chômage classique » et de « chômage keynésien » du modèle à prix fixe, est exactement celle que décrit Keynes dans la « Théorie Générale ».* Le prix $p$ est en effet égal au coût marginal (ou le salaire réel à la productivité marginale du travail).

FIG. 1 : Détermination du volume de la production et du niveau des prix

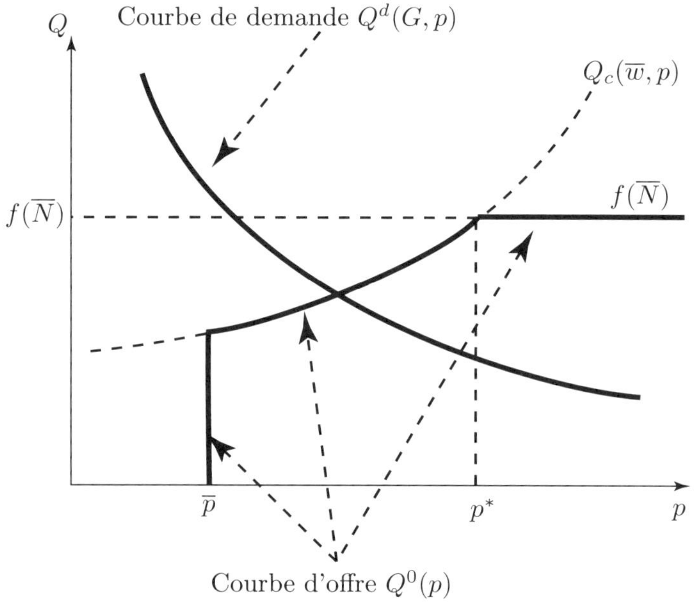


*c) **Plein emploi inflationniste***

Lorsque $p$ est supérieur à $p^*$, l'économie est au plein emploi. Une politique budgétaire et fiscale expansionniste n'a alors plus aucun impact sur le volume de la production et l'excès de demande *ex ante* est résorbé par la hausse des prix qui ajuste *ex post*, la demande à la production de plein emploi.

## 1.4 Relance et inflation : un résumé

Dans la suite du cours, nous aurons fréquemment recours à une résolution du modèle en termes de courbes d'offre et de demande. Pour calculer les multiplicateurs de politique économique au voisinage de la solution d'équilibre, nous serons amenés à linéariser – donc à différencier – les courbes d'offre et de demande. Nous allons introduire des notations que nous conserverons dans l'ensemble de ce cours et qui permettront d'analyser simplement les modifications introduites par la complexification croissante du modèle.

Dans le cas général, la courbe de demande est la relation implicite entre la production, les variables exogènes et le niveau des prix :

$$Q = C(Q - T, p) + G \qquad \textit{Courbe de demande}$$

Pour calculer l'effet multiplicateur d'une variation de $G$ ou $T$, nous introduirons les dérivées partielles de la fonction de consommation par rapport au revenu $(Q - T)$ et au prix, que nous noterons respectivement $c$ (propension marginale à consommer) et $(-\varepsilon < 0)$. L'expression différenciée de la courbe de demande sera :

$$\text{(I)} \qquad dQ = c\, dQ - c\, dT - \varepsilon\, dp + dG \qquad \textit{Courbe de demande}$$

Nous noterons de même $\varepsilon_q$ la pente de la courbe d'offre $Q^0(p)$ :

$$\frac{\partial Q^0}{\partial p} = \varepsilon_q \geq 0$$

Dans le cas présent, cette pente $\varepsilon_q$ est infinie lorsque $p = \overline{p}$, strictement positive lorsque $p$ est compris entre $\overline{p}$ et $p^*$ et nulle lorsque $p$ est supérieur à $p^*$. La forme différenciée de la courbe d'offre sera donc simplement ici :

$$\text{(II)} \qquad dQ = \varepsilon_q\, dp \qquad \textit{Courbe d'offre}$$

On en déduit immédiatement l'effet multiplicateur sur $Q$ et $p$ d'un accroissement des dépenses publiques financé par endettement $(dG > 0,\ dT = 0)$ :

$$\frac{dQ}{dG} = \frac{1}{1 - c + \frac{\varepsilon}{\varepsilon_q}} \quad et \quad \frac{dp}{dG} = \frac{\frac{1}{\varepsilon_q}}{1 - c + \frac{\varepsilon}{\varepsilon_q}}$$

En tenant compte des trois valeurs de la pente de la courbe d'offre $(\varepsilon_q)$, on retrouve les résultats mentionnés précédemment. On remarque enfin que le fait que la consommation soit une fonction décroissante des prix $(-\varepsilon < 0)$ réduit le multiplicateur dans la situation de chômage avec équilibre du marché des biens. Dans le cas présent, cette sensibilité résulte de l'effet d'encaisse réelle qui n'a pas, dans la réalité, l'importance que lui accorde ce modèle à caractère essentiellement pédagogique. Nous verrons dans la section suivante que, dans une économie ouverte, un mécanisme comparable et incontestablement plus important résulte de la sensibilité du commerce extérieur à la compétitivité-prix.

## 1.5 Chocs d'offre et chocs de demande

Le graphique 1 présente l'évolution du chômage et de l'inflation aux Etats-Unis dans l'après guerre. On voit se succéder des périodes où le chômage et l'inflation évoluent en sens contraire au cours du cycle (années soixante et depuis le milieu des années 1980) et des périodes où le chômage et l'inflation augmentent en même temps (années soixante dix et début des années 80).

GRAPHIQUE 1 : Inflation et chômage aux Etats-Unis

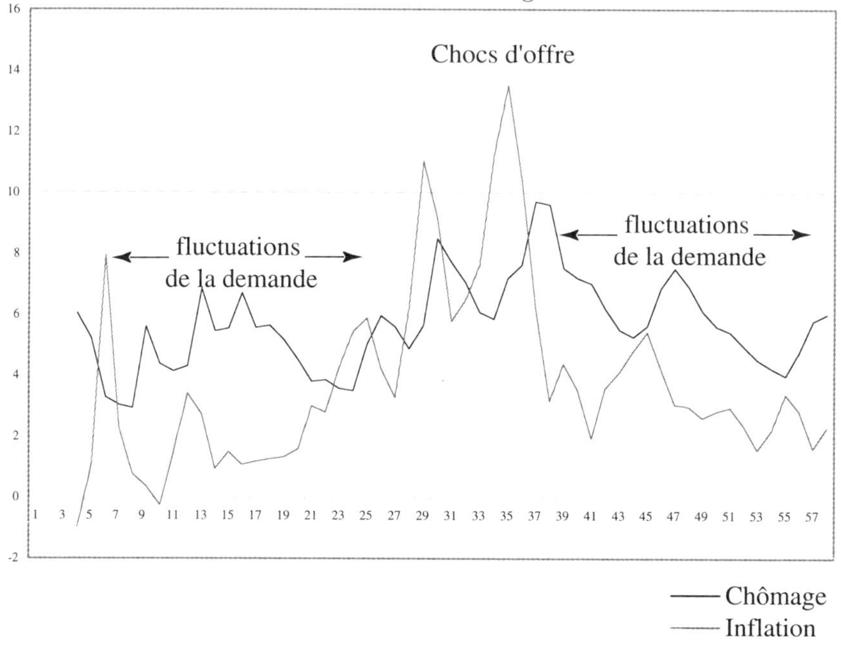


Dans le premier cas (évolution inverse de l'inflation et du chômage), les cycles économiques résultent des fluctuations de la demande (figure 2a). Dans les phases ascendantes du cycle, la production et les prix augmentent et le chômage diminue. Dans les phases de ralentissement de la demande, la croissance et l'inflation ralentissent et le chômage augmente. La politique économique peut alors ralentir l'économie dans les phases de surchauffe et la stimuler dans les récessions en arbitrant entre inflation et chômage.

Lorsque les fluctuations résultent de chocs d'offre (chocs pétroliers de 1973-74 et 1979-80, la courbe d'offre se déplace vers la droite (figure 2b), ce qui augmente les prix, réduit la production et augmente le chômage (stagflation). Nous verrons qu'il est plus difficile de répondre à ces chocs d'offre par des politiques économiques adéquates.

Fig. 2 : Chocs d'offre, fluctuations de la demande

*a) Fluctuations de la demande* *b) Chocs d'offre*

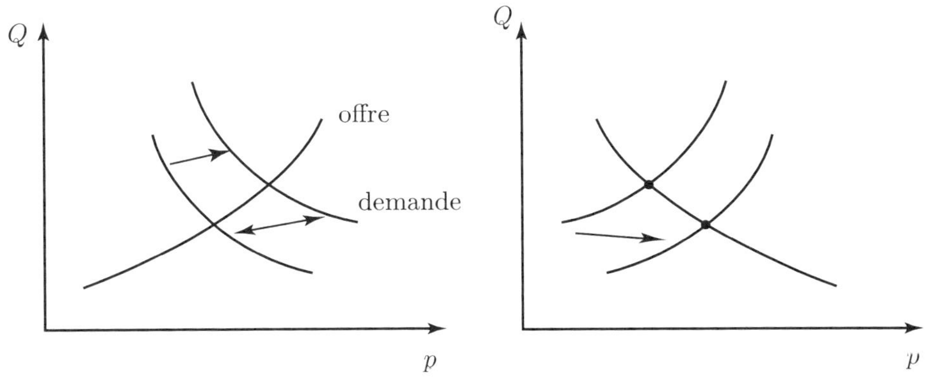


# 2 La monnaie et la politique monétaire en économie fermée

Dans les chapitres précédents, nous avons supposé que la monnaie était le seul actif financier de l'économie. Nous avons omis l'investissement des entreprises, et supposé que l'État finançait son déficit directement par la création monétaire. De ce fait, il n'était pas possible de distinguer l'effet d'une politique budgétaire (augmentation des dépenses publiques ou réduction de la fiscalité) de l'effet d'une politique monétaire (augmentation de la masse monétaire), puisque la contrepartie du déficit public était automatiquement une création monétaire.

Pour analyser les mécanismes de la politique monétaire, nous allons donc introduire les marchés financiers et distinguer la Banque centrale et l'État. L'État finance aujourd'hui son déficit public essentiellement par l'émission d'obligations et non par création monétaire directe (sous la forme d'avances de la banque centrale à l'État). Nous allons voir cependant que création monétaire comme contrepartie du déficit public se fait, de façon indirecte par l'achat de titres publics par les banques centrales.

Enfin dans tous cette section, nous supposerons pour simplifier l'analyse que les prix sont fixes en supposant que l'économie est en sous-emploi keynésien.

Le graphique 3 indique la valeur du taux d'intérêt nominal à court terme et du taux d'intérêt réel (l'écart entre les deux est le taux d'inflation). Dans les dix dernières années, le taux d'intérêt nominal fluctuait autour de 4%, le taux d'inflation était proche de 2% et le taux d'intérêt réel à court terme était également proche de 2%. On voit dans le graphique 3, que dans la période de ralentissement économique de 2003, la baisse du taux d'intérêt par la Banque centrale européenne a conduit à des taux d'intérêt très faible et proches de zéro en France. Au contraire quand la Banque de France luttait contre la spéculation contre le Franc en 1992-93 et en 1995, le taux d'intérêt réel a pris des valeurs très élevées. À contrario, lors du premier choc pétrolier, l'inflation était supérieure au taux d'intérêt nominal à court terme et les taux d'intérêt réels étaient négatifs.

GRAPHIQUE 3 : Taux d'intérêt réel à court terme en France (en%)

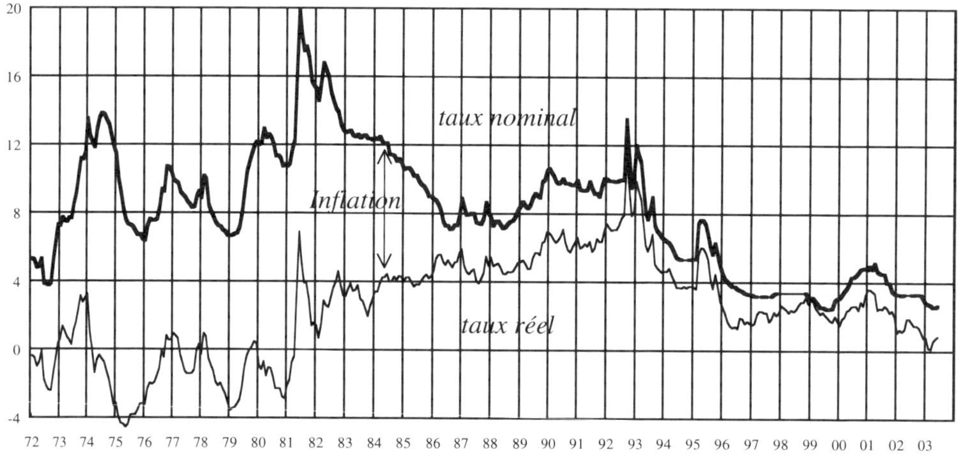


## 2.2 Marchés financiers, banques et politique monétaire

### *a) Le financement de l'économie : marché financiers et système bancaire*

Avant d'analyser sous une forme simplifiée l'interaction entre les marchés financiers et le taux d'intérêt, nous allons reprendre le schéma déjà utilisé dans le chapitre 1 qui présente le financement de l'économie (Figure 2). Ce schéma représente la façon dont les revenus issus de la production (donc de l'offre) contribuent au financement des différents composantes de la demande.

Pour simplifier la présentation du schéma, nous supposons que seuls les Ménages payent des impôts, n'investissement pas et n'utilisent pas le crédit à la consommation. La production, égale au revenu national, se décompose en deux : une partie est épargnée par les entreprises pour financer directement leur investissement (c'est l'autofinancement), l'autre partie est reversée aux ménages sous la forme de salaires et de profits distribués (intérêt et dividendes), l'ensemble constituant le revenu brut des ménages.

Une partie de ce revenu brut des Ménages est consommée, une autre est reversée à l'Etat (Impôts) et les reste est épargné. L'épargne des Ménages se décompose en deux. **Une épargne financière** (achats d'actions et d'obligations) qui finance directement l'investissement des entreprises et une fraction des dépenses publiques (le déficit de l'Etat) par le biais des marchés financiers ; **une épargne monétaire** (l'augmentation de leur encaisse monétaire) qui est utilisée par les banques pour financer l'économie soit par l'achat de titres sur les marchés financiers, soit pour accorder du crédit. Dans une économie fermée, la contrepartie de la monnaie est donc constituée de titres détenus par le système bancaire et des crédits à l'économie. C'est en achetant des titres et/ou en accordant des crédits qu'une banque crée de la monnaie.

FIG. 3: Le financement de l'économie : les banques, le crédit et les marché financiers

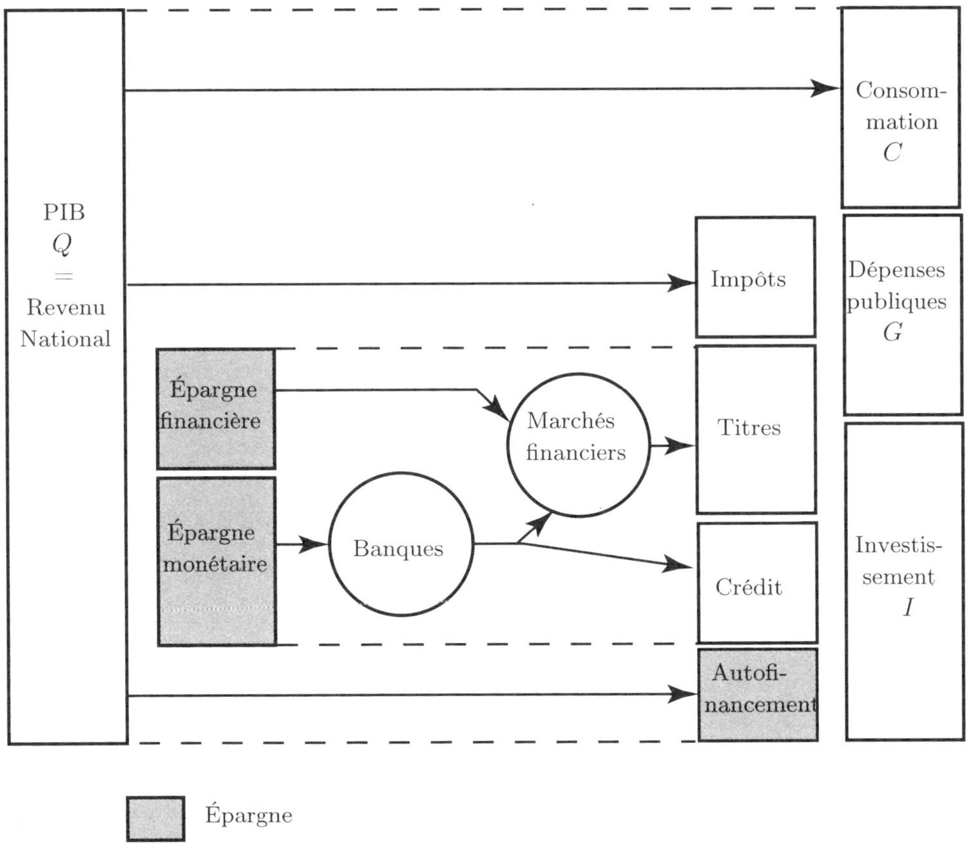

### *b) Une description simplifiée des échanges avec monnaie et titres*

Pour poursuivre l'analyse, nous allons encore simplifier le schéma précédent. Tout d'abord en supposant, comme nous l'avons fait dans les chapitres précédents qu'il n'y a pas d'autofinancement des entreprises de sorte que le PIB est entièrement reversé aux Ménages. Le revenu disponibles des ménages est donc $(Q - T)$. Nous allons en outre supposer qu'il n'y a pas de crédit et que, de ce fait, le système bancaire se réduit à la banque centrale. La contrepartie de la monnaie est donc constituée uniquement de titres.

Nous supposerons que les titres sont constitués uniquement d'obligations (que nous notons $O$) et qui rapportent un taux d'intérêt nominal $r$.

Le Tableau Économique d'Ensemble (tableau 3) décrit les échanges réalisés au cours d'une année (flux). La monnaie et les titres sont des stocks. Ce sont donc leurs variations (les flux) qui apparaissent dans le Tableau Économique d'Ensemble.

L'épargne des Ménages se décompose en épargne monétaire (augmentation de leur encaisse monétaire $M^- - M_0$), et épargne financière (achats d'actions et d'obligations, ou demande de titres des ménages $\Delta O_m^-$).

Puisqu'elles n'ont pas d'autofinancement, les entreprises financement leur investissement uniquement en émettant des titres (offre de titres des entreprises $\Delta O_e^+$).

L'État finance son déficit public par l'émission d'obligations (offre de titres $\Delta O_g^+ = p(G - T)$).

La banque centrale crée de la monnaie (offre de monnaie $M^+ - M_0$) en contrepartie des titres qu'elle achète sur les marchés financiers (demande de titres de la banque $\Delta O_b^-$).

TAB. 3 : Monnaie et marchés financiers

| EMPLOIS/DEMANDES | | | | | RESSOURCES/OFFRES | | | |
|---|---|---|---|---|---|---|---|---|
| Entre-prises | Ménages | État | Banque centrale | | Entre-prises | Ménages | État | Banque centrale |
| $pI$ | $pC$ | $pG$ | | Biens | $pQ$ | | | |
| $pQ$ | | | | Revenus | | $p(Q-T)$ | $pT$ | |
| | $M^- - M_0$ | | | Monnaie | | | | $M^+ - M_0$ |
| | $\Delta O_m^-$ | | $\Delta O_b^-$ | Titres | $\Delta O_e^+$ | | $\Delta O_g^+$ | |

## 2.3 La réalisation des échanges : le modèle IS-LM

Nous avons trois marchés dans l'économie :

- les biens ;
- la monnaie ;
- les titres.

Nous étudierons la façon dont se réalisent les échanges sur le marché des biens et sur le marché de la monnaie. Lorsque ces deux marchés sont équilibrés, le troisième l'est également en vertu de l'identité de Walras.

### *a) Le marché des biens : l'investissement*

La principale modification apportée au modèle précédent pour le marché des biens concerne l'introduction de l'investissement, c'est-à-dire des dépenses des entreprises en biens d'équipements ou en bâtiments destinés à accroître la production. L'équilibre du marché des biens s'écrit :

(9) $$Q = C + I + G$$

L'investissement dépend de deux facteurs : les perspectives de débouchés (la croissance économique) et le taux d'intérêt réel, égal au taux d'intérêt nominal $r$ diminué du taux d'inflation anticipé ($\pi^*$). Depuis la réalisation de l'union monétaire, le taux d'intérêt nominal des obligations à 10 ans est proche de 5% en moyenne. Avec un taux d'inflation anticipé au cours des 10 prochaines années égal par exemple à 2%[1], le taux d'intérêt réel anticipé rapporté par une obligation à 10 ans serait donc de 3%.

Pour décider le montant de son investissement, l'entreprise doit comparer le taux de rentabilité de ses projets d'investissement et le taux d'intérêt réel. Si elle n'a pas de contrainte de débouchés, elle réalisera tous les investissements dont la rentabilité interne est supérieure ou égale au taux d'intérêt réel anticipé (figure 2a). Elle perdrait en effet de l'argent en réalisant des projets dont la rentabilité est inférieure au taux d'intérêt réel, puisqu'elle peut obtenir sans risque cette rémunération en plaçant ses ressources financières en obligations. On peut aussi interpréter cette relation autrement : le taux d'intérêt réel représente le coût qu'elle doit payer lorsqu'elle s'endette pour financer son investissement ; il faut donc que la rentabilité de ses projets d'investissement soit supérieure à ce coût. Le volume global de l'investissement (l'ensemble des projets qu'elle réalisera) *est donc une fonction décroissante du taux d'intérêt réel.*

Lorsqu'en revanche les perspectives de croissance ne permettent pas de réaliser tous les projets d'investissement rentables, la dépenses globale d'investissement ne dépendra plus du taux d'intérêt réel mais de la croissance anticipée des débouchés, ce qu'exprime la figure 2b.

[1] L'écart entre les obligations indexées sur les prix et non indexées fournit une évaluation de l'inflation anticipée par les marchés. Celle-ci est proche de 2%, l'objectif de la BCE.

FIG. 4 : Facteurs déterminant l'investissement

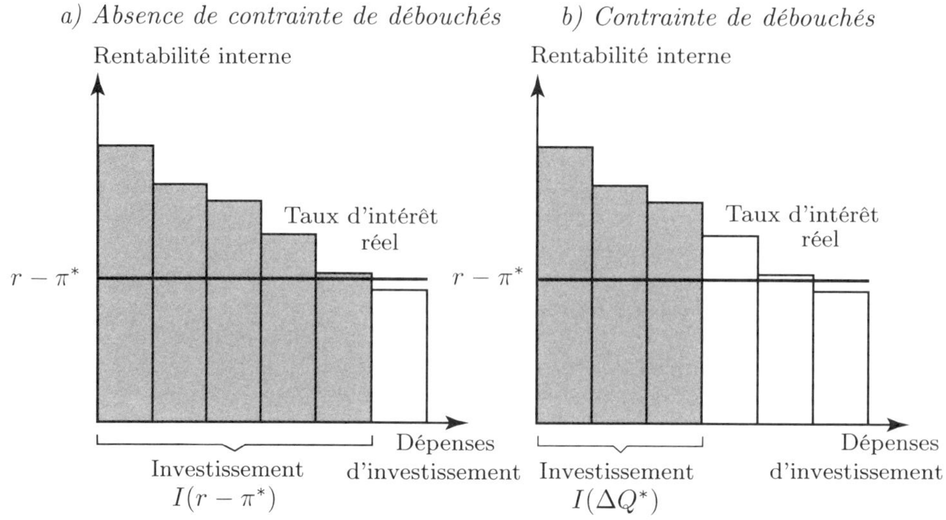


À l'échelle macroéconomique, le deux facteurs influenceront simultanément l'investissement, ce que confirment les études empiriques qui montrent l'importance de la croissance de la demande dans la détermination de l'investissement (effet d'accélération). Si l'on suppose que les anticipations concernant la croissance future dépendent largement de la croissance observée, l'investissement sera fonction à la fois une fonction croissante de la production $Q$ et décroissante du taux d'intérêt réel :

$$I = I(Q, r - \pi^*) \ . \tag{10}$$

Nous supposerons dans l'ensemble du chapitre que le taux d'inflation anticipée est exogène (et notamment indépendant du niveau des prix de la période en cours et du taux d'intérêt nominal). De ce fait, l'investissement dépend de la production et du taux d'intérêt nominal selon une relation que nous écrirons sous forme différenciée :

$$dI = \alpha dQ + I'_r \, dr \quad \text{avec} \quad \alpha > 0 \quad \text{et} \quad I'_r < 0 \ . \tag{2*}$$

Une hausse du taux d'intérêt va les conduire à réduire leur projets d'investissement, de sorte que l'investissement est une fonction décroissante du taux d'intérêt.

En ce qui concerne la consommation, nous allons voir que la distinction des deux formes d'épargne (monétaire et financière) ne modifie pas en première approximation la forme de la demande de consommation, de sorte que nous pouvons donc résumer l'équilibre du marché des biens par la relation suivante :

$$(IS) \qquad Q = C(Q - T, p) + I(Q, r) + G \qquad \textit{Marché des biens}$$

On suppose que $c + \alpha < 1$ (cette condition, comme la condition $c < 1$ du chapitre précédent assure la stabilité de la situation de chômage keynésien).

De ce fait, la relation précédente est une relation (implicite) décroissante entre la production et le taux d'intérêt : une hausse du taux d'intérêt diminue l'investissement et réduit la production. C'est aussi une relation décroissante entre la production et les prix (une hausse des prix réduit la demande de consommation comme nous l'avons vu dans le chapitre précédent). Lorsqu'on fait référence à la relation décroissante entre la production et le taux d'intérêt on parle de courbe $IS$ (nous en verrons la signification plus loin). Lorsqu'on fait référence à la relation décroissante entre la production et les prix, on parle de courbe de demande.

***b) La monnaie et le taux d'intérêt***

L'épargne des ménages se partage entre une épargne financière (achat de titres qui rapportent un taux d'intérêt nominal $r$) et une épargne monétaire qui n'est pas rémunérée, mais à l'avantage de la liquidité (la monnaie est seule utilisable dans les échanges).

FIG. 5 : Le partage de l'épargne entre monnaie et titres

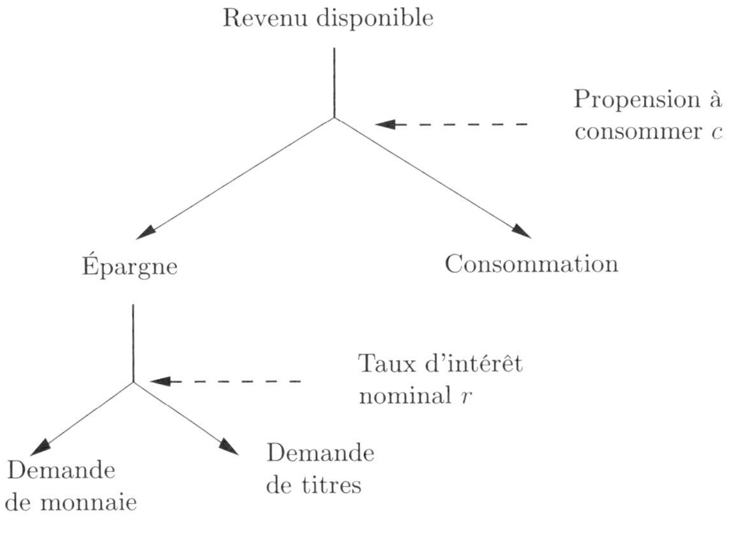


Une hausse du revenu ($pQ$) augmente à la fois la consommation et l'épargne, la propension à consommer (et son complément la propension à épargner) déterminant le partage entre consommation et épargne, comme l'indique la figure précédente. Une hausse du revenu va donc simultanément accroître la consommation et les deux formes d'épargne que sont la demande de titres et la demande de monnaie.

Quel est l'effet du taux d'intérêt ?

Il est ambigu sur le partage consommation-épargne. En effet d'une part la hausse du taux d'intérêt réel[2] rend l'épargne financière (la demande de titres) plus avantageuse car mieux rémunérée, ce qui a tendance à augmenter l'épargne au détriment de la consommation. Mais, d'autre part, un taux d'intérêt réel plus élevé assure, pour le même montant d'épargne, des revenus futurs plus élevés. Si le premier effet l'emporte, une hausse du taux d'intérêt réel augmente l'épargne au détriment de la consommation. Si le deuxième l'emporte, la hausse du taux d'intérêt réel peut, de façon paradoxale, réduire l'épargne. Pour ces raisons, nous négligerons l'effet du taux d'intérêt sur le partage consommation-épargne.

Il n'y a en revanche pas d'ambiguïté sur l'effet du taux d'intérêt nominal sur le partage entre l'épargne financière (demande de titres) et l'épargne monétaire (demande de monnaie). Une hausse du taux d'intérêt nominal augmente la demande de titres (qui deviennent plus avantageux) et réduit la demande de monnaie puisque les ménages ont alors intérêt à détenir des titres plutôt que de la monnaie. La demande de monnaie est donc une fonction décroissante du taux d'intérêt nominal, la demande de titres une fonction croissante.

En résumé, la demande de monnaie est une fonction croissante de la production et des prix (par l'intermédiaire du revenu) et décroissante du taux d'intérêt :

$$M^- = M^-(pQ, r) \qquad \textit{demande de monnaie}$$

avec : $M'_p > 0$, $M'_q > 0$ et $M'_r < 0$.

L'offre de monnaie est contrôlée par la Banque centrale, qui détermine ses achats de titres pour respecter un objectif de masse monétaire ($\Delta O_b^- = \overline{M} - M_0$).

L'équilibre de l'offre et de la demande de monnaie s'écrit :

$$(LM) \qquad \overline{M} = M^-(pQ, r)$$

***c) Politique budgétaire, politique monétaire et taux d'intérêt : le modèle IS-LM***

Nous allons étudier l'effet des politiques budgétaire et monétaire dans l'hypothèse où l'économie est en sous emploi keynésien (le prix est fixe et supposé égal à 1).

Les deux équations qui décrivent l'équilibre des marchés sont alors :

$$(IS) \qquad Q = C(Q - T) + I(Q, r) + \overline{G} \qquad \textit{Marché des biens}$$

$$(LM) \qquad M^-(Q, r) = \overline{M} \qquad \textit{Marché de la monnaie}$$

[2] Le cours d'éco2 montrera que, dans le partage consommation épargne, c'est le taux d'intérêt réel qui doit être pris en compte alors que c'est le taux nominal qui influence le partage monnaie-titres.

Ces deux équations permettent de déterminer la production $Q$ en fonction des instruments de politique économique ($G$, et $M$ ou $r$ selon que la Banque centrale contrôle la masse monétaire ou le taux d'intérêt). Nous allons pour cela utiliser successivement une représentation graphique traditionnelle (diagramme IS-LM), un schéma qui illustre les mécanismes en jeux, enfin la résolution du modèle linéarisé (différencié au voisinage de l'équilibre).

Lorsque la Banque centrale fixe l'offre de monnaie, une résolution graphique (le diagramme IS-LM) permet d'illustrer très simplement l'impact des politiques budgétaire et monétaire sur le volume de la production et le taux d'intérêt. Dans ce diagramme, la courbe IS représente les couples $(Q, r)$ qui équilibrent le marché des biens et services (ou l'épargne et l'investissement d'où le nom de I = *Investment*, S = *Savings*). C'est une relation décroissante entre $Q$ et $r$ dont la position dans le graphique dépend des paramètres de la politique budgétaire ($G$ et $T$).

FIG. 6 : Le diagramme IS-LM

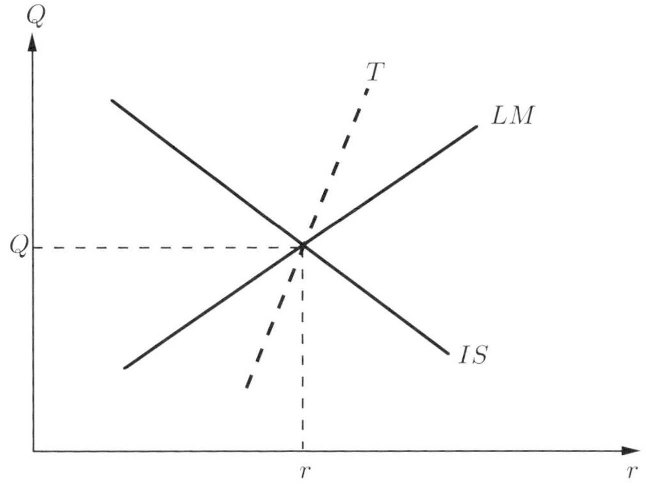


La courbe LM est l'ensemble des couples $(Q, r)$ qui équilibrent l'offre et la demande de monnaie. Dans la *Théorie Générale* de Keynes, la demande de monnaie était notée L, l'offre de monnaie notée M, d'où le terme LM pour l'équilibre des deux. C'est une relation croissante entre $Q$ et $r$ dont la position dans le graphique dépend des paramètres de la politique monétaire (offre de monnaie M).

On pourrait également représenter l'ensemble des couples $(Q, r)$ qui équilibrent le marché des titres : la courbe correspondante (en pointillé sur la figure 6) couperait les deux autres au même point (identité de Walras).

Ce diagramme (où l'on représente en général, contrairement à ce qui est fait dans ce cours, la production en abscisse et le taux d'intérêt en ordonnée) permet de déterminer aisément l'impact d'une politique budgétaire et fiscale qui déplace la courbe IS, et d'une politique monétaire qui déplace la courbe LM.

## 2.4 L'impact des politiques budgétaires et fiscales et de la politique monétaire

### *a) Les mécanismes en jeux*

FIG. 7 : Impact d'une relance budgétaire et monétaire

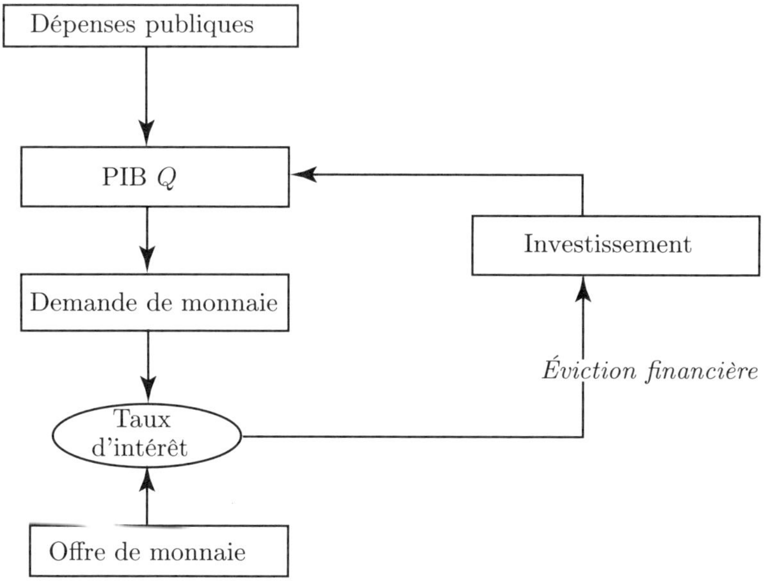


La figure 7 est utile pour comprendre les mécanismes que résument les deux relations IS et LM. Pour un taux d'intérêt donné, la politique budgétaire (dépenses publiques dans le schéma), détermine la production par le multiplicateur (courbe IS). L'augmentation de la production augmente la demande de monnaie et, comme l'offre est fixée, le taux d'intérêt augmente de façon à ramener la demande de monnaie à sa valeur initiale (égale à l'offre de monnaie exogène). La hausse du taux d'intérêt freine l'investissement et exerce un effet d'éviction (partiel) sur la demande qui réduit l'effet multiplicateur d'une relance.

Une politique monétaire expansionniste (augmentation de l'offre de monnaie) entraîne une baisse du taux d'intérêt et relance l'investissement et la production.

### *b) Résolution du modèle*

Différencions les deux équations au voisinage de l'équilibre :

$$(IS^*) \qquad \underset{>0}{(1-c-\alpha)}dQ = -c\,d\overline{T} + \underset{<0}{I'_r}\,dr + \underset{<0}{d\overline{G}}$$

$$(LM^*) \qquad \underset{>0}{M'_q}\,dQ = -\underset{>0}{M'_r}\,dr + d\overline{M}$$

La résolution de $Q$ et $r$ en fonction des variables exogènes (forme réduite du modèle) permet de faire apparaître les multiplicateurs de politique économique :

$$dQ = \frac{d\overline{G} - c\,d\overline{T} + \frac{I'_r}{M'_r}d\overline{M}}{[1-c-\alpha+\frac{I'_r}{M'_r}M'_q]} \qquad dr = \frac{M'_q(d\overline{G} - c\,d\overline{T}) - (1-c-\alpha)d\overline{M}}{M'_r[1-c-\alpha+\frac{I'_r}{M'_r}M'_q]}$$

On vérifie que $Q$ est une fonction croissante de $\overline{G}$ et de $\overline{M}$ et décroissante de $\overline{T}$, $r$ est une fonction croissante de $\overline{G}$ et décroissante de $\overline{M}$ et de $\overline{T}$ $(I'_r/M'_r > 0)$.

### *c) Politique budgétaire*

Des relations précédentes, on déduit l'effet d'une hausse des dépenses publiques (financée par emprunt, $T$ restant constant)

$$\left(\frac{dQ}{dG}\right)_0 = \mathcal{M} = \frac{1}{1-c-\alpha+\frac{I'_r}{M'_r}M'_q}$$

Par rapport au modèle keynésien du chapitre précédent le multiplicateur est réduit du fait de la hausse du taux d'intérêt qui freine l'investissement (effet d'« éviction financière »). Il est en revanche augmenté de la sensibilité de l'investissement à la croissance (terme $\alpha$). Dans le diagramme IS-LM, ce multiplicateur correspond au déplacement vers le haut de la courbe IS d'un montant égal au multiplicateur « volume » (figure 8). Ce déplacement $(M_0M'_0)$ correspond à l'effet de relance en l'absence de hausse du taux d'intérêt. L'augmentation de la production et du revenu accroît la demande de monnaie ; comme l'offre est inchangée, le taux d'intérêt augmente pour ramener la demande de monnaie au niveau initial, c'est-à-dire sur la courbe LM $(M'_0M_1)$.

On peut avoir une indication de l'importance de « *l'effet d'éviction financière* », donc de l'importance des mécanismes monétaires et financiers d'une économie, en comparant le multiplicateur de dépenses publiques financées par emprunt au multiplicateur de dépenses à taux d'intérêt constant. Ce dernier s'obtient, dans ce modèle,

FIG. 8 : Dépense publique financée par emprunt

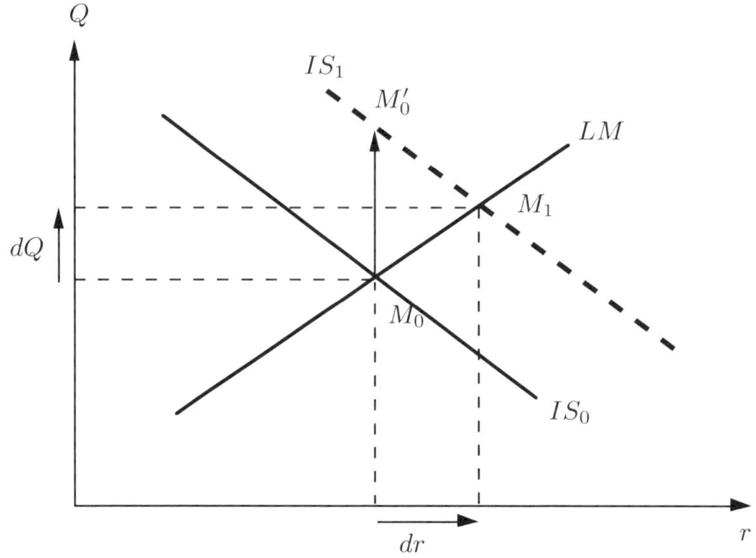


où par hypothèse la Banque centrale contrôle la masse monétaire, par une hausse de la masse monétaire qui annule la hausse du taux d'intérêt. La courbe LM se déplace également vers le haut pour que le nouvel équilibre reste en $M'_0$.

TAB. 4: Comparaison des multiplicateurs de dépenses à masse monétaire constante ou taux d'intérêt constant dans 3 pays

| **Pays** (Modèle) | **États-Unis** (Warton III) | | **RFA** (INTERLINK) | | **Japon** (INTERLINK) | |
|---|---|---|---|---|---|---|
| | M const. | r const. | M const. | r const. | M const. | r const. |
| Multiplicateur au terme de : | | | | | | |
| 1 an | 1,7 | 2,0 | 1,0 | 1,3 | 1,2 | 1,5 |
| 2 ans | 1,8 | 2,3 | 0,9 | 1,6 | 1,1 | 2,0 |
| 3 ans | 1,7 | 2,2 | 0,6 | 1,3 | 0,6 | 1,9 |
| 4 ans | 1,7 | 2,1 | 0,5 | 0,8 | 0,2 | 1,6 |

Le tableau 4 présente les multiplicateurs de dépenses publiques à taux d'intérêt constant dans trois pays : États-Unis, Allemagne et Japon. La réduction de l'effet multiplicateur à partir de la seconde ou troisième année résulte de la combinaison de la hausse des taux d'intérêt (multiplicateur sans politique compensatoire) et de la hausse des prix engendrée par la relance (effet « d'éviction par les prix » que nous étudierons dans la section 3). Pour l'Allemagne la simulation concerne l'époque antérieure à l'union monétaire.

### *d) Politique monétaire*

Une politique d'expansion monétaire consiste, pour la Banque centrale, à mettre de la monnaie en circulation en achetant des titres (politique d'open market). La masse monétaire augmente et l'offre de titres diminue ($d\overline{M} = -dO_g^+$).

La diminution de l'offre de titres engendre une baisse du taux d'intérêt qui relance l'investissement et le volume de la production (figure 9) : $\left(\frac{dQ}{dM}\right) = \mathcal{M}\frac{I'_r}{M'_r}$.

FIG. 9 . Impact d'une politique monétaire

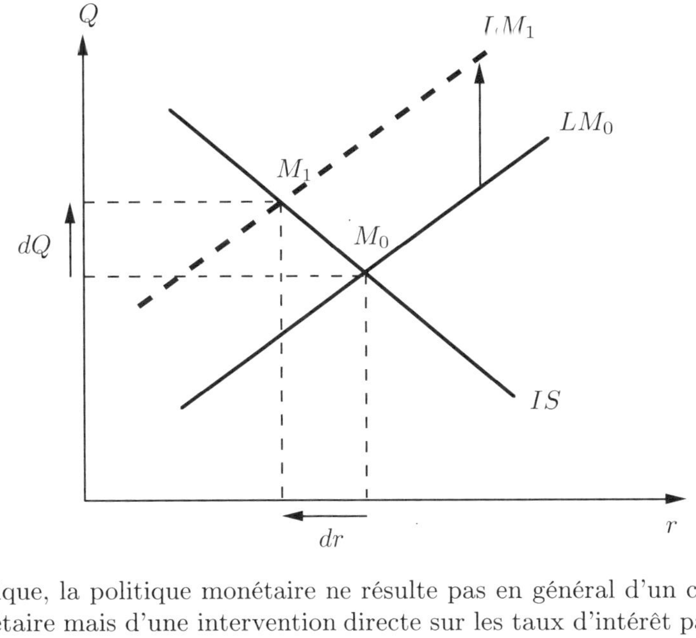


En pratique, la politique monétaire ne résulte pas en général d'un contrôle de la masse monétaire mais d'une intervention directe sur les taux d'intérêt par le biais du taux d'intervention de la banque centrale sur le marché monétaire. En diminuant son taux d'intervention, la banque centrale réduit le coût du crédit et entraîne une baisse de l'ensemble des taux. Le tableau 5 montre qu'une réduction d'un point des taux d'intérêt nationaux entraîne, dans les grands pays industrialisés une hausse du PIB de 0,1% en moyenne la première année et de l'ordre de 0,2 à 0,3% au terme de la troisième année. La stimulation de la production résulte principalement de la hausse de l'investissement, mais comme le montrent les simulations du tableau 5, celle-ci est lente à intervenir en raison des délais de réaction de l'investissement. Dans ces simulations, le taux de change est fixe et la baisse des taux dans les pays européens est réalisée dans un cadre strictement national, ce qui correspondait à la situation antérieure à l'union monétaire.

TAB. 5: Impact d'une baisse d'un point des taux d'intérêt dans différents modèles nationaux (taux de change fixes)

| **Pays** | **EU** | **Japon** | **France** | **Italie** | **RU** | **Pays-Bas** |
|---|---|---|---|---|---|---|
| Modèles | MCM | EPA | Metric | Banque Ita. | Treasury | Freia-K |
| Impact au terme de : | | | | | | |
| 1 an | 0,11 | 0,13 | 0,1 | 0,03 | 0,08 | 0,1 |
| 2 ans | 0,23 | 0,24 | 0,4 | 0,16 | 0,07 | 0,2 |
| 3 ans | 0,18 | 0,27 | 0,3 | 0,25 | 0,14 | 0,3 |

*Sources* : Simulations de modèles nationaux.

# 3 Politiques budgétaires et monétaires, relance et inflation

La combinaison du modèle IS-LM et des trois régimes étudiés dans la section 1 du chapitre va nous permettre d'étudier l'impact respectif sur les volumes et les prix des politiques budgétaires et monétaires, fournissant par la même occasion une illustration des controverses entre les thèses keynésiennes et monétaristes.

## 3.1 Un modèle à prix endogènes

Le modèle IS-LM étudié précédemment supposait une situation de sous-emploi keynésien. Pour étudier les conséquences de la flexibilité des prix, il suffit d'incorporer les trois régimes du modèle à prix flexibles à la hausse, en intégrant au modèle précédent les trois segments de la courbe d'offre $Q^0(p)$

Si nous limitons la résolution du modèle aux trois variables endogènes principales :

- volume de la production $Q$,
- niveau des prix $p$,
- taux d'intérêt $r$,

il suffit d'utiliser les trois formes réduites (les signes situés au-dessus des variables indiquent les signes des dérivées partielles) :

$$Q = Q^O(\overset{+}{p}) \qquad \textit{Courbe d'offre (notée P)}$$

$$Q = Q^d(\overset{+}{G}, \overset{-}{T}, \overset{-}{p}, \overset{-}{r}) \qquad \textit{Courbe de demande ou courbe IS}$$

$$M = M(\overset{+}{p}, \overset{+}{Q}, \overset{-}{r}) \qquad \textit{Courbe LM}$$

La figure 10 représente la détermination des trois variables endogènes ($p, Q$ et $r$) utilisant les deux diagramme usuels « offre-demande » et « IS-LM ».

FIG. 10 : Le modèle IS-LM lorsque les prix sont endogènes

*a) Diagramme offre-demande* *b) Diagramme IS-LM*

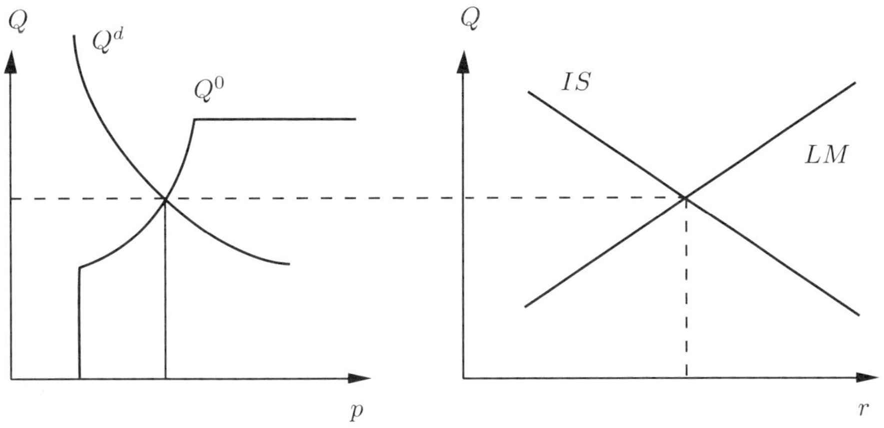


Lorsque la courbe de demande coupe la partie verticale de la courbe d'offre, on retrouve le modèle précédent où les politiques budgétaires et monétaires n'ont que des effets sur le volume de la production. Lorsque l'intersection se fait dans la partie flexible de la courbe d'offre, les politiques budgétaires et monétaires ont à la fois un effet de relance et un effet inflationniste. Enfin, lorsque la demande est telle que l'économie est au plein emploi, les politiques budgétaires et monétaires ont seulement un impact inflationniste.

Nous allons étudier de façon plus détaillée le cas général, c'est-à-dire le cas où la pente de la courbe d'offre est positive. Les résultats relatifs aux deux autres cas s'en déduisent par passage à la limite.

## 3.2 L'impact des politiques budgétaires et monétaires : relance et inflation

Considérons donc le cas où l'intersection des courbes d'offre et de demande correspond à la branche élastique de la courbe d'offre.

### *a) L'impact des politiques économiques*

Pour étudier l'impact des politiques économiques, nous utiliserons la forme différenciée des trois courbes :

$$\begin{array}{ll} (P^*) & dQ = \varepsilon_q \, dp \\ (IS^*) & (1-c-\alpha)\, dQ = d\overline{G} - c\, d\overline{T} + I'_r\, dr - \varepsilon\, dp \\ (LM^*) & M'_r\, dr = -M'_p\, dp - M'_q\, dQ + \overline{M} \end{array}$$

on en déduit :

$$dQ = \frac{d\overline{G} - c\, d\overline{T} + \frac{I'_r}{M'_r} d\overline{M}}{\underbrace{(1-c-\alpha)}_{\text{« Volume »}} + \underbrace{\frac{\varepsilon}{\varepsilon_q}}_{\text{« Éviction par les prix »}} + \underbrace{\frac{I'_r}{M'_r}\left(M'_q + \frac{M'_p}{\varepsilon_q}\right)}_{\text{« Éviction financière »}}}$$

l'effet sur l'inflation s'en déduit par la courbe d'offre :

$$dp = \frac{dQ}{\varepsilon_q} .$$

La décomposition du dénominateur montre que l'inflation (effet d'éviction par les prix) et la hausse induite du taux d'intérêt (effet d'éviction financière) réduisent l'impact expansionniste d'une relance budgétaire (ou monétaire). La hausse induite du taux d'intérêt est d'ailleurs accentuée par l'inflation qui contribue, avec la hausse de la production, à accroître la demande de monnaie (terme $M'_p/\varepsilon_q$ dans l'effet d'éviction financière).

### *b) Une typologie de l'impact des politiques budgétaires et monétaires*

Le partage volume-prix d'une relance budgétaire ou monétaire dépend uniquement de la pente de la courbe d'offre ($\varepsilon_q$). De sorte qu'*il n'y a pas de différence entre une politique budgétaire et une politique monétaire en terme de partage inflation/relance.* Si, par exemple, une relance budgétaire financée par création monétaire est plus inflationniste, c'est uniquement parce qu'elle est plus expansionniste.

Le partage entre l'impact d'une politique budgétaire et celui d'une politique monétaire dépend essentiellement de l'importance de l'effet d'éviction financière ($I'_r/M'_r$).

Lorsque ce dernier est faible (par exemple investissement peu sensible au taux d'intérêt : $I'_r \to 0$), la politique monétaire a peu d'effet, tandis que la politique budgétaire a un impact maximum. Lorsque l'effet d'éviction financière augmente, l'impact de la politique monétaire se développe au détriment de celui de la politique budgétaire. Lorsqu'il devient infini (par exemple demande de monnaie peu sensible au taux d'intérêt : $M'_r \to 0$), la politique budgétaire devient inefficace et la politique monétaire a un impact maximum.

En croisant les deux critères : sensibilité des prix aux variations de la production ($1/\varepsilon_q$) et importance de l'effet d'éviction financière ($I'_r/M'_r$), on peut établir une typologie de l'influence des politiques budgétaires et monétaires sur le volume et le prix du PIB (figure 11).

FIG. 11 : Influence respective des politiques budgétaires et monétaires

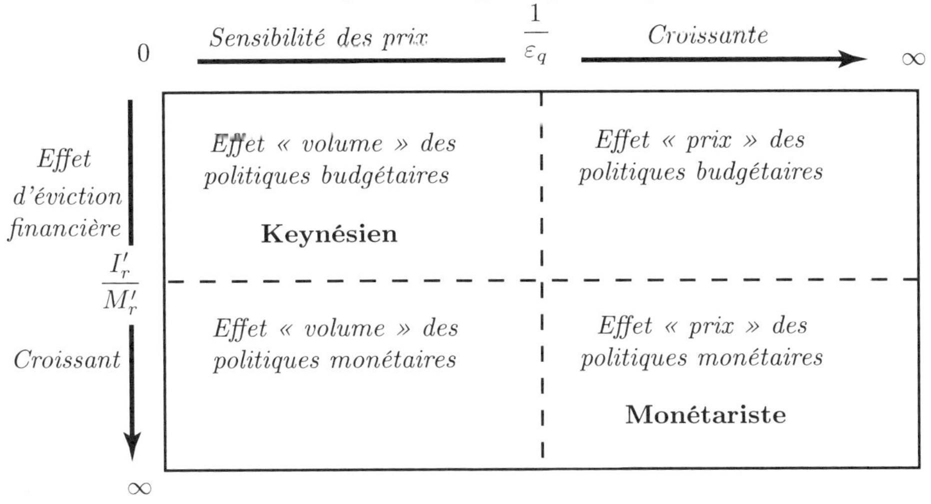


Le cas limite d'un effet d'éviction financière infini et d'une courbe d'offre horizontale ($\varepsilon_q = 0$, situation de plein emploi inflationniste) correspond aux thèses monétaristes que nous allons étudier dans le paragraphe suivant.

## 3.3 Les thèses monétaristes et leur interprétation dans le modèle IS-LM

Si la macroéconomie fut largement à dominante keynésienne jusqu'aux années soixante-dix, la théorie classique ne disparut pas pour autant au cours de cette période. Regroupée autour de Milton Friedman, l'école monétariste (ou école de Chicago) opposa au modèle keynésien alors dominant une analyse proche de la théorie classique.

BIBLIOTHEQUE
UNIVERSITAIRE
LA ROCHELLE

Brièvement résumées, les thèses de l'école monétariste étaient les suivantes :

- les mouvements de la monnaie sont les principaux facteurs explicatifs des fluctuations économiques ;
- la politique monétaire a peu d'effets sur les variables réelles, et seulement des effets à long terme sur les variables nominales ;
- la politique budgétaire et fiscale n'a pas d'effets réels (sauf à très court terme) et son impact sur les variables nominales dépend de son mode de financement.

Dans le modèle IS-LM à prix endogènes, les thèses monétaristes correspondent à la combinaison de la situation de plein emploi inflationniste (courbe d'offre horizontale) et d'un effet d'éviction financière infini (demande de monnaie insensible au taux d'intérêt : $M'_r = 0$). La résolution du modèle devient alors hiérarchique :

| | | |
|---|---|---|
| $(P)$ | $Q = f(\overline{N})$ | *Détermine* $Q$ = *Production de plein emploi* |
| $(LM)$ | $M(p, Q) = \overline{M}$ | *Détermine* $p$ |
| $(IS)$ | $Q = C(Q - \overline{T}, p) + I(Q, r) + \overline{G}$ | *Détermine* $r$ |

Ce *modèle ne diffère pas du modèle classique* présenté dans le chapitre 1. Toutefois, l'équilibre du marché des biens – ou équilibre de l'épargne et de l'investissement (IS) – est assuré ici par les variations du taux d'intérêt, l'équilibre du marché de la monnaie (LM) détermine le niveau général des prix et la production résulte du plein emploi de la main-d'œuvre. Les politiques budgétaire ou fiscale n'affectent ni le volume de la production, ni le prix (sauf en cas de financement par création monétaire). Leur seul effet est un effet d'éviction de la dépense privée par la dépense publique. Quant à la politique monétaire, elle accroît seulement le niveau des prix $p$, sans effet sur le volume de la production (elle peut en revanche modifier la répartition de la production entre consommation et investissement si la consommation est une fonction décroissante de $p$).

## Notions à retenir

*Impact inflationniste d'une relance de la demande*

Lorsque le salaire est rigide et les prix flexibles à la hausse, une hausse de la demande entraîne à la fois une hausse de la production et des prix.

On retrouve alors un effet d'éviction (partielle) des prix sur la demande.

Lorsque l'économie est en situation de sous emploi et d'excès de capacité de production, la stimulation de la demande n'a qu'un effet de relance sur la production ; lorsque l'économie est au plein emploi, elle n'a qu'un impact inflationniste.

*Effet d'éviction financière*

Lorsque la Banque centrale contrôle l'offre de monnaie, une relance budgétaire entraîne une hausse du taux d'intérêt qui freine l'investissement et l'effet de relance.

On parle alors d'effet d'éviction financière.

# Chapitre 4

# L'interdépendance et la coordination des politiques économiques

La prise en compte des échanges extérieurs et des mouvements de capitaux modifie profondément l'effet des politiques économiques budgétaire et monétaire sur une économie. En effet, d'une part, une relance de la demande va entraîner une augmentation des importations qui réduit l'effet multiplicateur d'une relance budgétaire ou monétaire. D'autre part, cette augmentation des importations, qui correspond à une hausse des exportations des partenaires commerciaux, va diffuser la relance dans les autres pays. Dans un système où les taux de change sont fixes et les mouvements de capitaux faibles ou contrôlés, cette effet « revenu » transitant par les flux commerciaux sera le principal mécanisme de diffusion des politiques économiques au partenaire, avec comme contrepartie, un effet moindre sur l'économie nationale.

En changes fixes, les mouvements de capitaux vont en outre affecter l'offre de monnaie par la variation des réserves de change et modifier profondément l'impact respectif des politiques budgétaires et monétaires. En particulier, comme nous allons le montrer, lorsque les mouvements de capitaux sont totalement libérés, les politiques monétaires vont se diffuser de la même façon aux deux économies. En d'autres termes, les politiques monétaires ne sont plus indépendantes, de sorte que l'union monétaire est la solution la plus adaptée à cette situation, car elle permet une gestion commune de la politique monétaire.

Les changes flexibles ont des effets contrastés sur les politiques économiques. Le taux de change fluctue pour équilibrer la balance des paiements (l'offre et la demande de devises) et les réserves de change peuvent être maintenues constantes, de sorte que l'offre de monnaie peut rester contrôlée par la Banque Centrale. En l'absence de mouvements de capitaux, le taux de change isole les économies. En changes flexibles, la transmission des politiques économiques résulte donc uniquement des mouvements de capitaux.

Cette interdépendance des politiques économiques pose le problème de leur coordination. Sans coordination, les politiques économiques peuvent être confrontées à des situations particulièrement inefficaces où des politiques indépendantes se nuisent mutuellement et peuvent conduire à des effets parfois inverses à ceux que tentent d'atteindre chaque pays.

On introduit successivement les échanges commerciaux puis les mouvements de capitaux dans le modèle à salaire nominal rigide et prix rigide à la baisse du chapitre précédent. La première section du chapitre introduit les échanges commerciaux et analyse l'impact d'une relance et celui d'une dépréciation du change ; la seconde section introduit les marchés financiers et les mouvements de capitaux et étudie l'interdépendance des politiques économiques en change fixes et flexibles ; la troisième traite de la coordination des politiques économiques.

# 1 Économie ouverte : échanges commerciaux et taux de change

Nous avons analysé dans le chapitre 3 l'arbitrage de la politique économique entre inflation et chômage. L'inflation engendrée par une hausse de la demande n'est pas le seul obstacle à une politique de relance. Une hausse de la demande entraîne également (en changes fixes) une augmentation du déficit extérieur et cette « contrainte extérieure » a longtemps été en France, dans les déconnies qui ont précédé l'union monétaire, la contrainte majeure des politiques économiques. Nous allons commencer par examiner le cas du modèle à prix et salaire rigide, puis nous évoquerons dans la second paragraphe les changements apportés par la prise en compte de la flexibilité des prix à la hausse.

## 1.1 Chômage keynésien en économie ouverte

On suppose que l'économie est dans la situation de sous-emploi. Puisque les prix sont fixes, nous allons supposer qu'ils sont identiques et égaux à l'unité. En économie ouverte, l'offre comprend la production et les importations ; la demande a également deux composantes : la demande intérieure et les exportations. L'équilibre de l'offre et de la demande s'écrit donc :

$$(1) \qquad \underset{\text{Production}}{Q} + \underset{\text{Importations}}{Im} = \underset{\text{Demande intérieure}}{(C+I+G)} + \underset{\text{Exportations}}{Ex}$$

ou encore en faisant apparaître le solde des échanges extérieurs que l'on appelle balance commerciale ou balance courante[1] ($BC = Ex - Im$) :

$$(2) \qquad \underset{\text{Production}}{Q} = \underset{\text{Demande intérieure}}{(C + I + G)} + \underset{\text{Balance courante}}{BC}$$

Les importations correspondent à des biens de consommation ou à des biens d'investissement. Comme la consommation globale, les importations de biens de consommation augmentent avec le revenu des Ménages. De même, les importations de biens d'équipement augmentent avec la production. Dans les deux cas, les importations sont donc une fonction croissante du PIB $Q$ (égal au revenu national). De façon symétrique, les exportations (qui sont les importations de nos partenaires) augmentent avec leur revenu national que nous notons $Q^*$).

Pour les importations, nous retenons un modèle linéaire : le coefficient $m$ est la propension marginale à importer (elle est d'autant plus forte que l'économie est plus ouverte aux échanges extérieurs) et $b$ est une constante.

$$(3) \qquad C = c(Q - T) + a$$

$$(4) \qquad Im = mQ + b$$

Nous supposons comme précédemment l'investissement exogène, au même titre que les dépenses publiques et il en est de même des exportations qui dépendent du PIB de nos partenaires $Ex(Q^*)$. La résolution du modèle fournit le multiplicateur :

$$(5) \qquad Q = \frac{I + G - cT + Ex(Q^*)}{1 - c + m}$$

Une hausse des dépenses publiques ou une réduction de la fiscalité a donc un effet multiplicateur plus faible que dans le cas d'une économie fermée, car une partie de la hausse de la demande n'est pas réinjectée dans l'économie nationale, puisqu'elle est satisfaite par les importations. Le schéma suivant montre que les importations constituent, comme l'épargne, une fuite dans le circuit du revenu. Le multiplicateur d'une dépenses publique est en effet d'autant plus faible que la propension à importer ($m$) et la propension à épargner ($s = 1 - c$) sont fortes.

L'ouverture d'une économie a donc tendance à réduire l'efficacité d'une politique de relance. Le fait qu'une relance de la demande engendre un déficit extérieur peut

[1] La balance commerciale ne concerne que les biens, la balance courante inclut les échanges de services et les flux de revenus.

FIG. 1 : La réduction du multiplicateur due à la propension à importer.

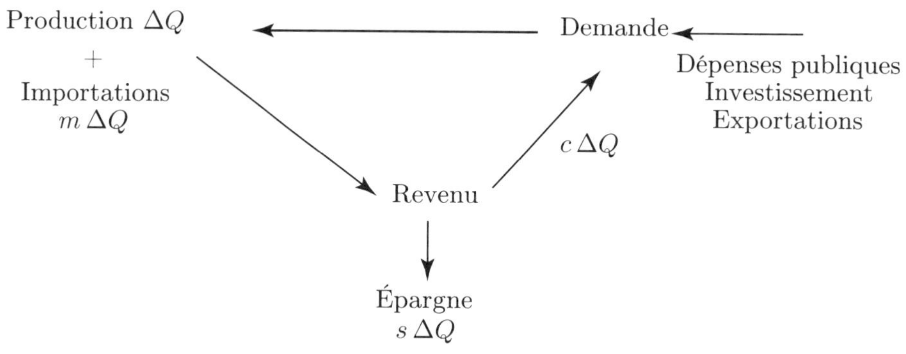


d'ailleurs conduire à limiter fortement le recours à une politique de relance, alors même que celle-ci permettrait de réduire le chômage dans une situation de sous-emploi keynésien. C'est en grande partie la nécessité de réduire le déficit extérieur engendré par la relance de 1981-1982 qui a conduit, par exemple, le gouvernement français à pratiquer une politique de rigueur en 1983-84.

## 1.2 L'introduction des prix et du change : l'impact de la compétitivité

La prise en compte de la flexibilité des prix à la hausse complique l'analyse précédente, mais n'en modifie pas fondamentalement les conclusions. Dans une situation de sous-emploi, une relance budgétaire augmente la production et réduit le chômage, mais elle aggrave le déficit extérieur, d'une part, en raison de la hausse du revenu des ménages et de la propension à importer, d'autre part, du fait de l'inflation induite et des pertes de compétitivité qui en résultent.

### *a) Le taux de change*

Notons $e$ le taux de change défini par *1 Euro = e devises*. Le graphique 1 présente le cours de l'Euro en dollar sur la période 1990-2003. Pour la période antérieure à l'union monétaire, le cours de l'Euro est le cours du panier de monnaies nationales qui constituent l'Euro (moyenne pondérée du Mark, du Franc, etc ... )

### *b) Échanges extérieurs et compétitivité*

L'offre de biens a deux composantes :

- la production nationale (volume $Q$, prix $p$),
- les importations (volume $Im$, prix en Euros $p_m$).

GRAPHIQUE 1 : Taux de change de l'Euro (1 Euro$=e$ \$).

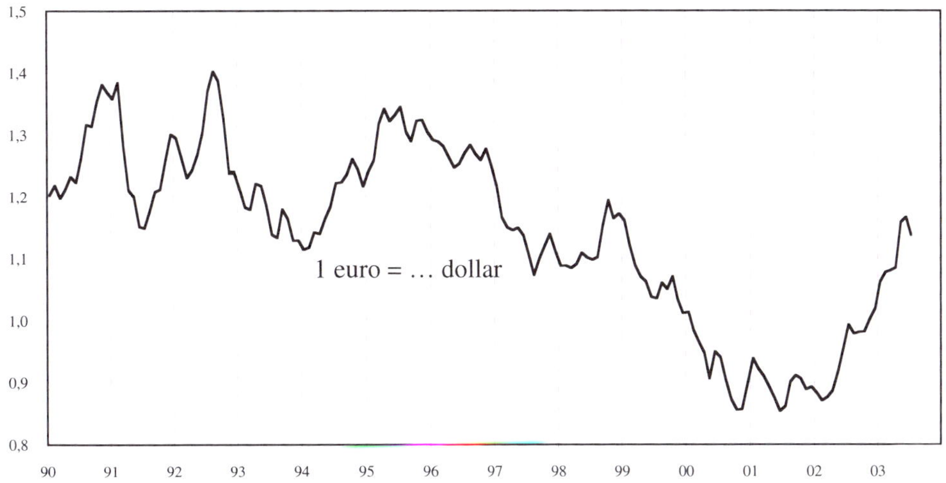


Du côté de la demande, il faut distinguer non seulement la demande extérieure (exportations : volume $Ex$, prix $p$) et intérieure (Consommation, Investissement et Dépenses publiques), mais aussi les deux composantes de la demande intérieure :

- demande intérieure de produits nationaux (volume $DI_d$, prix $p$)
- demande intérieure de produits étrangers (volume $DI_m$, prix $p_m$).

Notons $p^*$ le prix étranger en devises. Le prix des importations en Euros est donc égal à $p_m = p^*/e$. De façon symétrique, le prix en devises de la production nationale (et donc le prix en devises des exportations) est égal à $e\,p$. Une dévaluation (ou dépréciation) de 1% de l'Euro augmente le prix en Euro des importations de 1% et baisse le prix en devises des exportations 1%.

L'équilibre de l'offre et de la demande de chacun des deux produits s'écrit en volume :

- demande de produits nationaux (1) : $Q = DI_d + Ex$ (prix $p$)
- demande de produits importés (2) : $Im = DI_m$ (prix $p_m$)

La demande de chaque produit est une fonction croissante du revenu national et du prix relatif des produits nationaux et importés. Lorsque le prix des importations augmente relativement au prix des produits nationaux ($p_m/p$ augmente), la demande d'importations baisse et la demande intérieure de produits nationaux augmente.

La demande intérieure de produits importés (Importations) est une fonction croissante du revenu national $Q$ et décroissante du prix relatif des importations et de la production nationale $p_m/p$ :

(6) $Im = DI_m(Q, p_m/p)$ fonction croissante de $Q$, décroissante de $p_m/p$ .

Dans la suite, nous noterons cette fonction également $Im(Q, p_m/p)$.

La demande intérieure de produits nationaux est une fonction croissante du revenu national $Q$ et du rapport du prix des importations au prix de la production nationale $p_m/p$ :

(7) $DI_d = DI_d(Q, p_m/p)$ fonction croissante de $Q$ et de $p_m/p$

Si par exemple l'Euro se déprécie ($e$ diminue), le prix des importations en Euros $p_m = p^*/e$ augmente et cela entraîne une augmentation de la demande de produits nationaux et une baisse la demande d'importations.

Les exportations, qui sont les importations de nos partenaires, sont une fonction croissante du PIB (ou revenu national) étranger $Q^*$ et une fonction décroissante du rapport du prix des exportations en devises ($e\,p$) au prix des concurrents étrangers ($p^*$) :

(8) $Ex = Ex(Q^*, e\,p/p^*)$ croissante de $Q^*$ décroissante de $e\,p/p^*$ .

Une hausse de la demande étrangère ou une amélioration de la compétitivité-prix résultant par exemple d'une dépréciation de l'euro augmente le volume des exportations.

Nous allons agréger maintenant les biens nationaux et les biens importés pour retrouver l'équilibre global de l'offre et de la demande. En multipliant les deux membres des relations (1) et (2) par les prix respectifs des produits nationaux et des produits importés et en les ajoutant membre à membre on obtient :

(9) $$\underbrace{pQ}_{\text{Production}} + \underbrace{p_m\,Im}_{\text{Importations}} = \underbrace{(p_m\,DI_m + p\,DI_m)}_{\text{Demande intérieure}} + \underbrace{p\,Ex}_{\text{Exportations}}$$

Ou encore sous la forme d'une demande globale adressée aux producteurs nationaux :

(10) $$\underbrace{pQ}_{\text{Production}} = \underbrace{(p_m\,DI_m + p\,DI_d)}_{\text{Demande intérieure}} + \underbrace{(p\,Ex - p_m\,Im)}_{\text{Balance courante}}$$

Nous allons étudier chacune de ces composantes de la demande adressé aux producteur nationaux pour aboutir à une expression de la courbe de demande en économie ouverte.

### c) La balance courante

La balance courante (en valeur $BC_v$) dépend des PIB nationaux $Q$ et étrangers $Q^*$ et de la compétitivité des produits nationaux relativement aux concurrents étrangers

$e\,p/p^*$ (le signe au-dessus des variables indique le signe des dérivées partielles des fonctions $Ex$ et $Im$) :

$$(11) \qquad BC_v = p\,Ex - p_m\,Im = p\,Ex(\overset{+}{Q^*}, \overset{-}{e\,p/p^*}) - p_m\,Im(\overset{-}{Q}, \overset{-}{p_m/p})$$

Si l'on remplace le prix des importations par son expression en fonction des prix étrangers et du change, on obtient l'expression de la balance courante en fonction de la compétitivité $(ep/p)$ :

$$(12) \qquad BC_v = p\,Ex - p_m\,Im = p\,Ex(\overset{+}{Q^*}, \overset{-}{e\,p/p^*}) - (p^*/e)\,Im(\overset{-}{Q}, \overset{-}{p^*/e\,p})$$

La balance courante (en valeur) est une fonction décroissante du revenu national (une hausse de $Q$ augmente les importations) et croissante du revenu national étranger (une hausse de $Q^*$ augmente les exportations).

En revanche l'évolution de la balance courante avec la compétitivité (et le taux de change) est ambiguë. Une dépréciation du change (baisse de $e$) ou une hausse des prix étrangers (hausse de $p^*$) améliore la compétitivité à l'exportation comme à l'importation. Elle augmente donc le volume des exportations et diminue le volume des importations, mais comme le prix en Euros des importations ($p_m = p^*/e$) augmente, l'effet n'est positif sur le solde extérieur que si l'effet compétitivité est suffisamment fort pour compenser la dégradation de la balance courante résultant du renchérissement des importations.

Supposons que seul $e$ varie. Si l'on note respectivement $\varepsilon_x$ et $\varepsilon_m$ les élasticités des exportations et des importations par rapport à la compétitivité, la variation de la balance courante induite par une variation $d\,e$ du change est égale à :

$$dBC_v = p\,dEx - dp_m\,Im - p_m\,dIm = (\underbrace{\varepsilon_x\,p\,Ex}_{\text{hausse des exportations}} + \underbrace{\varepsilon_m\,p_m\,Im}_{\text{baisse des importations}} - \underbrace{p_m\,Im}_{\text{renchérissement des importations}})(-de)$$

Quand la balance courante est proche de l'équilibre ($p\,Ex\#p_m\,Im$), une dépréciation du change rétablit l'équilibre extérieur si la somme des élasticités prix des exportations et des importations est supérieure à l'unité ($\varepsilon_x + \varepsilon_m > 1$). Cette condition est connue sous le nom de condition de Marshall-Lerner. Nous allons supposer, dans la suite de ce chapitre qu'elle est remplie.

### *d) La courbe de demande globale ou courbe IS*

Reprenons la relation (9) exprimant la demande adressée aux producteurs nationaux en divisant les deux membres par les prix $p$ :

$$\begin{aligned} Q =& [DI(Q, p^*/e\,p) + (p^*/e\,p)\,Im(Q, p^*/e\,p)] && \textit{(demande intérieure)} \\ &+ [Ex(Q^*, e\,p/p^*) - (p^*/e\,p)Im(Q, e\,p/p^*)] && \textit{(balance courante)} \end{aligned}$$

Si la condition de Marshall-Lerner est satisfaite, la balance courante en termes réels, c'est-à-dire déflatée comme ici par les prix : $BC = BC_v/p$, est une fonction décroissante du taux de change réel $e\,p/p^*$ (ou encore croissante de la compétitivité $p^*/e\,p$). Elle est également une fonction croissante du PIB étranger $Q^*$ et décroissante du PIB (ou revenu) national $Q$.

$$BC = BC(\overset{-}{Q}, \overset{-}{e\,p/p^*}, \overset{+}{Q^*})$$

Du côté de la demande intérieure l'effet du prix relatif $e\,p/p^*$ est ambigu et généralement négligeable, de sorte que nous écrirons la demande intérieure sous la forme traditionnelle en négligeant les prix :

$$DI = C(Q - T) + I(Q, r) + G$$

En économie ouverte, l'équilibre du marché des biens (courbe IS ou courbe de demande globale) s'écrira donc :

$$(IS) \qquad Q = C(Q - T) + I(Q, r) + G + BC(Q, Q^*, e\,p/p^*)$$

On obtient une relation implicite où $Q$ est une fonction croissante de $G$ et de $Q^*$ (une hausse des dépenses publiques ou de la demande étrangère augmente la production), décroissante de $r$ de $e$ et de $p$ (une hausse du taux d'intérêt ou une appréciation du change diminue la production via l'investissement dans le premier cas et les échanges extérieurs dans les deux autres cas. En économie ouverte, la pente de la courbe de demande (la sensibilité de la demande globale aux prix nationaux) résulte principalement des effets compétitivité.

En résumé, une hausse du PIB détériore toujours la balance courante et une hausse du prix des produits nationaux la détériore également si l'effet compétitivité domine, ce qui est généralement le cas. Une politique de relance qui augmente le PIB (et l'inflation dans la partie élastique de la courbe d'offre) entraînera donc une détérioration de la balance courante à la fois par la hausse des importations due à la hausse du revenu et par les pertes de compétitivité dues à l'inflation. Inflation, déficit extérieur et déficit des finances publiques sont donc les trois effets défavorables qui peuvent s'opposer à la mise en oeuvre d'une politique de relance.

### *e) Évolution des balances courante : différentiel de croissance et compétitivité*

Nous venons de voir que deux facteurs affectent l'évolution de la balance courante : le rythme de croissance respectif dans la nation et à l'étranger (croissance respective de $Q$ et de $Q^*$ et la compétitivité (évolution respective des prix corrigée du change).

Les graphiques suivants présentent l'évolution des balances courantes en France et en Allemagne (graphique 2) et aux États-Unis et au Japon (graphique 3). Dans les deux graphiques, les balances courantes sont exprimées en % du PIB. Pendant de nombreuses années jusqu'à la réunification, l'Allemagne a eu une balance courante excédentaire (l'excédent a atteint 4 points de PIB à la fin des années 80). La croissance de la demande intérieure en Allemagne était en effet relativement modérée et la compétitivité des produits allemands se maintenait grâce à une inflation plus faible que ses partenaires. Après la réunification, la croissance très forte de la demande intérieure (liée notamment à de forts investissements) a entraîné une augmentation rapide des importations et l'excédent allemand a fait place à un déficit qui s'est prolongé tout au long des années 90.

En France, la relance de 1981-1982 a creusé le déficit extérieur et les dévaluations du franc l'ont progressivement rétabli. À partir du milieu des années quatre-vingt la stratégie de désinflation compétitive consistant à maintenir la parité du franc avec le mark a tout d'abord entraîné des pertes de compétitivité et une dégradation de la balance courante (dans la deuxième moitié des années quatre-vingt), puis, lorsque l'inflation en France est devenue plus faible que celle de ses partenaires, la compétitivité s'est améliorée et la balance courante française est devenue excédentaire.

Graphique 2 : Balance courante en France et en Allemagne (en % du PIB).

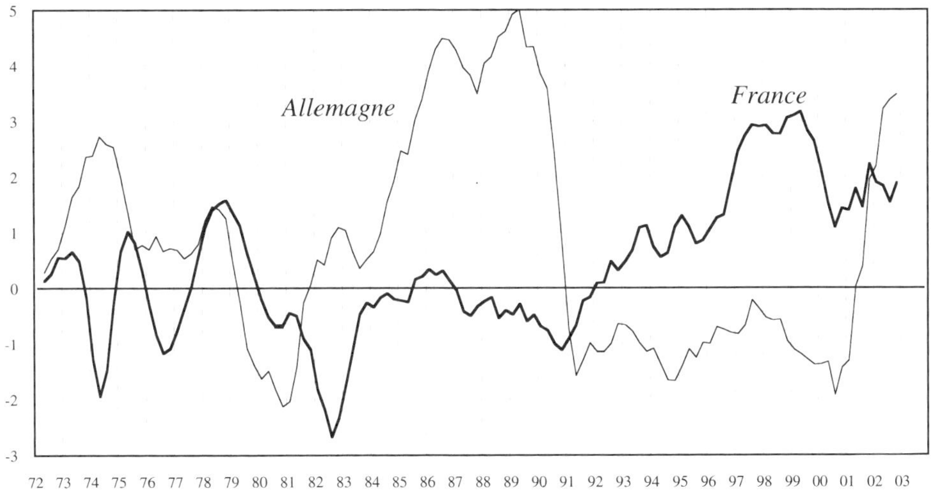


Le graphique 3 représente l'évolution des balances courantes américaine et japonaise depuis 1972 : on voit qu'elles évoluent de façon symétrique, ce qui retrace notamment l'importance des échanges entre les deux plus grandes économies mondiales. Au milieu des années quatre-vint le déficit américain résulte notamment de la très forte appréciation du dollar. Dans les années quatre-vingt dix c'est plutôt le différentiel de croissance qui explique la dégradation continue de la balance courante américaine : les États-Unis ont connu une très forte croissance avec une demande intérieure très dynamique engendrant de fortes importations. Le Japon a connu au contraire une croissance très faible dans la décennie 90 qui a contribué à freiner les importations. Un excédent extérieur est un signe de bonne santé d'une économie s'il résulte de la compétitivité ; mais c'est l'inverse lorsqu'il résulte de la faiblesse de la demande intérieure.

GRAPHIQUE 3 : Balance courante du Japon et des États-Unis.

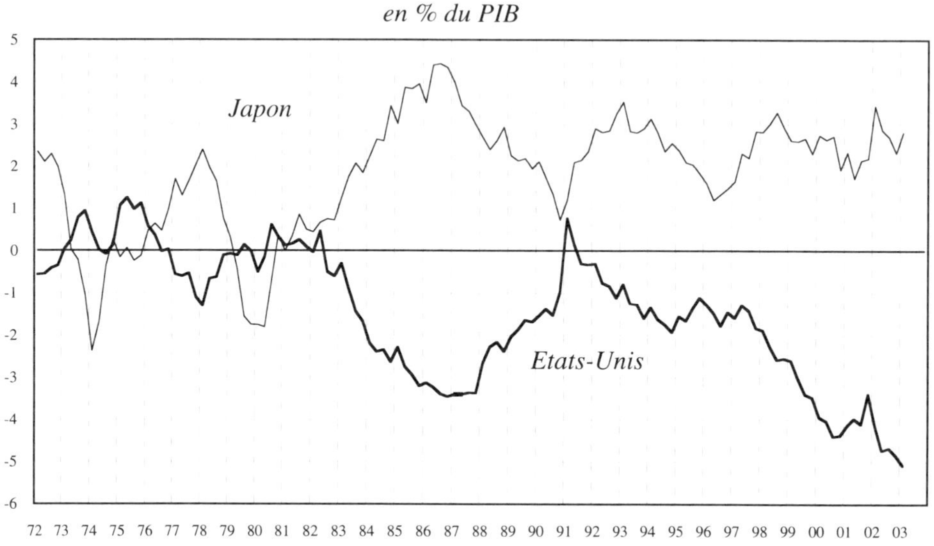


### *f) Balance courante entre deux économies identiques*

Dans la suite du chapitre, nous supposerons les prix constants et égaux à l'unité ($p = p^* = 1$) la compétitivité ne dépendra donc que des variations du taux de change $e$. L'équilibre du marché des biens (Courbe IS s'écrit donc) :

$$(IS) \qquad Q = C(Q - T) + I(Q, r) + G + BC(Q, Q^*, e)\ .$$

Pour faciliter la résolution du modèle décrivant les interdépendances des économies dans la section 2 du chapitre, nous allons retenir des fonctions linéaires. Nous supposerons en outre que le monde est divisé en deux économies identiques : l'économie nationale notée $A$ et le reste du monde noté $B$. Les importations de l'économie nationale s'expriment alors sous la forme suivante :

$$\textit{Importations :} \qquad Im = Im(Q, e) = m\,Q + \frac{\varepsilon}{2}(e - e_0) + cst$$

$m$ est la propension à importer, $\varepsilon/2 > 0$ est la sensibilité des importations au taux de change (une appréciation du change, c'est-à-dire une augmentation de $e$, augmente les importations), le dernier terme est une constante.

De la même façon, nos exportations, qui sont les importations de nos partenaires s'exprimeront par la relation linéaire suivante :

$$\textit{Exportations}: \qquad Ex = Im^*(Q^*, e) = m\,Q^* + \frac{\varepsilon}{2}(e - e_0) + cst$$

En effet, le taux de change de nos partenaires est l'inverse de notre taux de change, soit $1/e$. Au voisinage d'une valeur donnée du change $e_0$, les variations du change du partenaire sont égales, au premier ordre, à l'opposé de $(e - e_0)/e_0$. De sorte que nous pouvons retenir la forme linéaire précédente comme approximation au voisinage de $e_0$.

De ce fait la balance courante s'écrit pour l'économie nationale :

$$BC = Ex - Im = m(Q^* - Q) - \varepsilon(e - e_0) + cst$$

Et la balance courante de nos partenaires est l'opposée de $BC$. Définissons $e_0$ comme la valeur du taux de change qui assure l'équilibre de la balance courante, lorsque $(Q = Q^*)$, $BC$ s'écrira alors :

$$BC = m(Q^* - Q) - \varepsilon(e - e_0)$$

C'est la formulation que nous retiendrons dans la suite de ce chapitre.

## 1.3 Épargne et investissement en économie ouverte

Nous avons vu dans le premier chapitre qu'en économie fermée, l'égalité de l'offre et de la demande globale entraînait celle de l'épargne et de l'investissement. Que devient cette égalité en économie ouverte ? L'équilibre de l'offre et de la demande s'écrit :

$$(13) \qquad \underset{\text{Production}}{Q} + \underset{\text{Importations}}{Im} = \underset{\text{Demande intérieure}}{(C + I + G)} + \underset{\text{Exportations}}{Ex}$$

ou encore en faisant apparaître la balance courante

$$(14) \qquad Q = (C + I + G) + BC$$

L'épargne est la différence entre le revenu national et les dépenses courantes (Consommation $C$ et dépenses publiques $G$), l'équilibre de l'épargne et de l'investissement s'écrit :

$$(15) \qquad \underset{\text{Épargne}}{Q - C - G} = \underset{\text{Investissement}}{I} + \underset{\text{Balance courante}}{BC}$$

FIG. 2 : Épargne et investissement en économie ouverte.

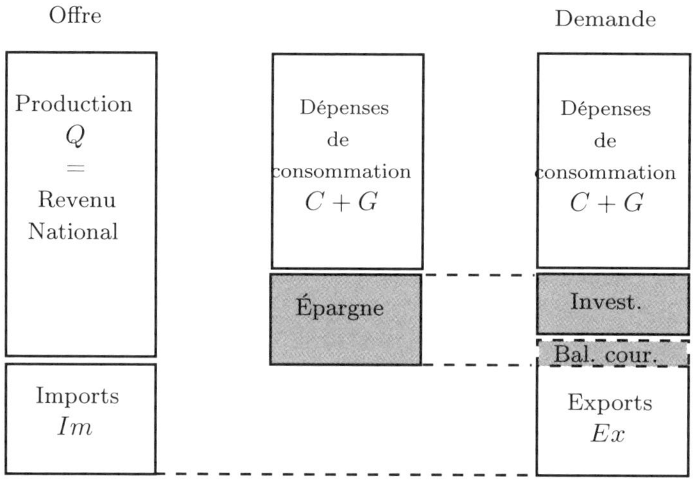


Un excédent extérieur traduit un excès de la production sur la demande intérieure, ou encore un excès de l'épargne sur l'investissement (Figure 2).

Un pays qui connaît un excédent extérieur (le Japon sur longue période, l'Allemagne jusqu'à la réunification et la France depuis le milieu des années 90) contribue au financement de l'investissement ou du déficit public de ses partenaires. Ce financement peut se faire notamment par l'achat de titres publics ou privés sur le marché financier ou par la simple détention de devises étrangères.

L'épargne des ménages comprend en effet l'épargne financière (achats de titres) et l'épargne monétaire (augmentation de l'encaisse monétaire). La composante extérieure de l'épargne, c'est-à-dire l'excédent de la balance courante correspond donc, soit à une épargne financière (placements financiers des ménages à l'étranger ou sorties de capitaux) soit à une augmentation de la détention de monnaie étrangère (devises ou réserves de change) :

$$\textit{Excédent de la balance courante} = \\ \textit{sorties nettes de capitaux} + \textit{augmentation des réserves de change}$$

On peut aussi l'écrire sous la forme suivante qui exprime l'équilibre de la balance des paiements

$$\textit{Balance courante} + \textit{entrées nettes de capitaux} = \textit{variation des réserves}$$

Nous allons y revenir en détail dans la section suivante.

# 2 Marchés financiers, devises, mouvements de capitaux

Introduisons les échanges avec le reste du monde dans le cadre comptable utilisé dans le chapitre 3 (tableau 2). Sur le marché des biens, les exportations apparaissent du côté de la demande, les importations du côté de l'offre. En consolidant les deux (exportations moins importations), la balance courante $BC$ apparaît du côté de la demande. Sur le marché des titres, les Ménages ou la Banque centrale peuvent acheter des titres nationaux ou des titres étrangers. Les achats de titres étrangers, qui constituent de sorties de capitaux sont des recettes pour l'extérieur et apparaissent donc en « ressources » du compte de l'extérieur. De même les agents extérieurs peuvent acheter des titres nationaux (des entreprises ou de l'État) et ces achats, qui sont des entrées de capitaux, apparaissent en demande du compte de l'extérieur. En consolidant les deux, les mouvements de capitaux (entrées nettes de capitaux notées $\Delta O_f^-$) apparaissent du côté de la demande, dans le compte de l'extérieur.

## 2.1 Marchés financiers et mouvements de capitaux

Les flux de capitaux résultent donc de l'achat de titres français par l'extérieur diminués des achats de titres étrangers par les nationaux. Le solde net ($\Delta O_f^-$), correspond à des entrées de capitaux s'il est positif, ou a des sorties s'il est négatif. Ces flux de capitaux dépendent des rendements respectifs des titres nationaux et étrangers, c'est-à-dire de la différence entre les taux d'intérêt nationaux $r$ et étrangers $r^*$ :

$$\Delta O_f^- = f(r - r^*) \qquad (\textit{Mouvements de capitaux})$$

Lorsque les mouvements de capitaux sont totalement libérés, l'élasticité des mouvements de capitaux au taux d'intérêt devient infinie ($f'$ tend vers l'infini et $r = r^*$) : une petite différence entre les taux d'intérêt conduit à de très importants flux de capitaux.

Dans la suite de ce chapitre, nous retiendrons une relation linéaire pour les flux de capitaux en supposant qu'il n'y a pas d'entrées nettes de capitaux lorsque les deux taux d'intérêt sont identiques

$$\Delta O_f^- = \gamma(r - r^*) \quad \text{avec} \quad \gamma > 0$$

## 2.2 La création de monnaie en économie ouverte

Les devises sont détenues par la Banque centrale. La création monétaire résulte donc de la création monétaire interne (en contrepartie de l'achat de titres nationaux)

TAB. 1 : Cadre comptable d'une économie ouverte.

| EMPLOIS/DEMANDES | | | | | | RESSOURCES/OFFRES | | | | |
|---|---|---|---|---|---|---|---|---|---|---|
| Entreprises | Ménages | État | Banque centrale | Extérieur | | Entreprises | Ménages | État | Banque centrale | Extérieur |
| $I$ | $C$ | $G$ | | $BC$ | Biens | $Q$ | | | | |
| $Q$ | | | | | Revenus | | $Q-T$ | $T$ | | |
| | | | $\Delta R$ | | Devises | | | | | $\Delta R$ |
| | $\Delta M^-$ | | | | Monnaie | | | | $\Delta M^+$ | |
| | $\Delta O_m^-$ | | $\Delta O_b^-$ | $\Delta O_f^-$ | Titres | $\Delta O_e^+$ | | $\Delta O_g^+$ | | |

et de la création monétaire externe en contrepartie des réserves :

$$\Delta M^+ = M^+ - M_0 = \Delta O_b^- + \Delta R \qquad \textit{(compte de la Banque centrale)}$$

Si la Banque centrale veut maintenir la masse monétaire constante, elle doit donc compenser toute variation des réserves de change par une création ou une destruction de monnaie interne obtenue par une politique d'open market (variation de $\Delta O_b^-$). On dit alors qu'elle pratique une politique de stérilisation des réserves. Si sa création de monnaie interne $\Delta O_b^-$ est indépendante de la variation des réserves de change, l'offre de monnaie sera la somme d'une création monétaire interne exogène (notée $\overline{M}$) et de la création de monnaie externe correspondant aux réserves de change $R$ :

$$\underset{\text{Offre de monnaie}}{M^+} \;=\; \underset{\text{Monnaie interne}}{\overline{M}} \;+\; \underset{\text{réserves de changes}}{R} \qquad \textit{(offre de monnaie)}$$

## 2.3 Le marché des devises : la Balance des paiements

### *a) La balance des paiements*

Les devises détenues par les agents nationaux ont deux origines : d'une part l'excédent des exportations sur les importation, d'autre part d'autre part l'excédent des entrées sur les sorties de capitaux.

L'augmentation des réserves de change (or et devises) est donc la somme de l'excédent de la balance courante et des entrées nettes de capitaux, ce que retrace l'équilibre comptable de la balance des paiements (ou compte de l'extérieur) :

$$\underset{\text{Balance courante}}{BC} \;+\; \underset{\text{flux de capitaux}}{\Delta O_f^-} \;=\; \underset{\text{variations des réserves}}{\Delta R} \qquad \textit{(Balance des paiements)}$$

### *b) La balance des paiements entre deux économies identiques*

Comme nous l'avons fait pour les flux commerciaux, nous allons supposer que l'économie mondiale est divisée en deux économies identiques $A$ et $B$. Les flux de capitaux du partenaire, sont donc l'opposé des flux de capitaux de l'économie nationale, et il en est donc de même de la variation des réserves de change. En changeant les signes, la relation précédente exprime alors la balance courante du partenaire.

Supposons qu'il n'y ait pas de stérilisation des réserves. L'offre de monnaie de chaque pays est la somme de l'offre de monnaie interne et des réserves de change. La balance courante, les mouvements de capitaux et les variations des réserves de change sont exactement opposées, de sorte que les relations monétaires des deux pays s'écrivent :

| | ***Pays A*** | ***Pays B*** |
|---|---|---|
| *Offre de monnaie :* | $M = \overline{M} + R$ | $M^* = \overline{M} + R^*$ |
| *Balance des paiements :* | $\Delta R = BC + \gamma(r - r^*) = -\Delta R^*$ | |

# 3 L'interdépendance des économies en changes fixes et en changes flexibles

Dans cette section, nous considérons que le monde est divisé en deux économies identiques, liées à la fois par des échanges commerciaux et des flux de capitaux.

## 3.1 La modélisation des interdépendances

Pour chaque économie, nous avons quatre marchés : le marché des biens, le marché de la monnaie nationale, celui des devises – c'est-à-dire la balance des paiements –, et le marché des titres (voir le Tableau Économique d'Ensemble précédent). En vertu de l'identité de Walras, nous pouvons nous limiter à écrire l'équilibre des trois premiers marchés.

Les deux pays étant identiques la balance courante d'un pays est égale à l'opposé de balance courante de l'autre pays, et il en est de même des flux de capitaux. Pour pouvoir résoudre facilement le modèle nous allons le linéariser (en omettant les termes constants, pour alléger la résolution du modèle). Tous les paramètres sont positifs. Notons enfin, comme précédemment $e_0$ le taux de change qui équilibre la balance courante lorsque les deux pays sont dans la même situation ($Q = Q^*$).

| ***Pays A*** | | ***Pays B*** |
|---|---|---|

- *Marché des biens (courbes IS) :*

| | | |
|---|---|---|
| (1) $Q = C + \overline{G} + BC$ | | (1*) $Q^* = C^* + \overline{G}^* - BC$ |
| (2) $C = c(Q - T)$ | *Consommation* | (2*) $C^* = c(Q^* - T^*)$ |
| (3) $I = \alpha\, Q - \sigma\, r$ | *Investissement* | (3*) $I^* = \alpha\, Q^* - \sigma\, r^*$ |
| (4) $T = t\, Q$ | *Fiscalité* | (4*) $T^* = t\, Q^*$ |

*Balance courante* (5) : $BC = m(Q^* - Q) - \varepsilon(e - e_0)$

- *Marché de la monnaie nationale (courbes LM) :*

| | | |
|---|---|---|
| (5) $M^- = \mu\, Q - \dfrac{\beta}{2} r$ | *Demande de monnaie* | (5*) $M^{*-} = \mu\, Q^* - \dfrac{\beta}{2} r^*$ |
| (LM) $M^-(Q, r) = \overline{M} + R$ | | (LM*) $M^-(Q^*, r^*) = \overline{M}^* + R$ |

- *Balance des paiements (marché des devises) :*

(B) $\Delta R = BC + \gamma(r - r^*) = -\Delta R^*$

En ajoutant membre à membre les équations des deux pays, on retrouve le modèle IS-LM d'une économie fermée (l'économie mondiale). $(Q + Q^*)$ est le PIB mondial, $(r + r^*)/2$ le taux d'intérêt moyen mondial :

$$\text{(IS-Monde)} \qquad (1 - c(1 - t) - \alpha)(Q + Q^*) = (\overline{G} + \overline{G}^*) - \sigma(r + r^*)$$

$$\text{(LM-Monde)} \qquad (\overline{M} + \overline{M}^*) = \mu(Q + Q^*) - \frac{\beta}{2}(r + r^*)$$

Nous allons poursuivre l'analyse de l'impact des politiques budgétaires et monétaires en étudiant les deux régimes de change (fixes et flexibles). Les mouvements de capitaux modifient profondément les propriétés du modèle ; aussi étudierons-nous de façon plus détaillée les deux hypothèses extrêmes :

- les mouvements de capitaux sont contrôlés ($\gamma = 0$) ;
- les mouvements de capitaux sont totalement libérés ($\gamma$ tend vers l'infini). Dans ce cas, les taux d'intérêt sont identiques dans les deux pays et l'équation qui traduit l'équilibre de la balance des paiements peut être remplacée par la relation $(r = r^*)$.

La première correspondait à peu près à la situation de l'économie mondiale à l'époque du système de Bretton-Woods. La seconde est celle qui s'applique pratiquement à la situation actuelle.

## 3.2 Interdépendance des politiques économiques en changes fixes

*En changes fixes, le taux de change peut être maintenu constant (par exemple $e = e_0$). C'est alors la variation des réserves de change R qui équilibre la balance des paiements et rétroagit sur l'offre de monnaie des deux pays*, comme le montre la figure 3.

*En l'absence de mouvements de capitaux* ($\gamma = 0$), les politiques budgétaires et monétaires se diffusent au partenaire essentiellement par les flux commerciaux. L'effet multiplicateur sur l'économie nationale est réduit du fait de l'augmentation des importations qui se substituent partiellement à la production nationale, et cette hausse des importations diffuse la relance chez le partenaire. Au total l'effet d'une relance budgétaire sur le PIB mondial est celui que décrit le modèle IS-LM d'une économie fermée, mais comme il se partage entre les deux économies, il est plus faible sur l'économie nationale que ce que donnerait une relance (budgétaire ou monétaire) en économie fermée.

Lorsqu'on introduit l'effet des mouvements de capitaux ($\gamma > 0$), l'impact d'une relance budgétaire et monétaire devient beaucoup plus différencié.

La relance budgétaire entraîne une hausse des taux d'intérêt nationaux qui conduit à des entrées de capitaux et une hausse des réserves de change. L'augmentation de l'offre de monnaie qui en résulte, réduit la hausse des taux d'intérêt et accentue la relance dans l'économie nationale en réduisant l'effet d'éviction financière. Mais l'effet est symétrique chez le partenaire : les sorties de capitaux entraînent une contraction de l'offre de monnaie et une hausse du taux d'intérêt qui exerce un effet dépressif sur l'économie. Lorsque les mouvements de capitaux sont peu élastiques au taux d'intérêt ($\gamma$ *faible*), l'effet de relance par les flux commerciaux domine, et l'effet global de la relance budgétaire reste expansionniste. Lorsque les mouvements de capitaux sont très élastiques ($\gamma$ *élevé*), la relance budgétaire peut exercer un effet dépressif sur l'économie étrangère. On peut vérifier analytiquement que l'effet d'une relance budgétaire sur le partenaire peut s'inverser pour une certaine valeur de $\gamma$ si l'effet d'éviction financière est suffisamment fort (voir plus loin le cas où $\gamma$ est infini).

L'exemple des conséquences de la réunification allemande sur les partenaires de l'Allemagne au début des années quatre-vingt-dix illustre ces deux effets. Les dépenses d'investissement pour reconstruire l'Allemagne de l'Est ont été largement financées par le déficit du budget fédéral. L'effet initial de la forte croissance de la demande intérieure allemande (1989-1991) a été expansionniste sur les partenaires de l'Allemagne. Mais la hausse des taux d'intérêt (accentuée en outre par une politique monétaire restrictive pour lutter contre l'inflation allemande engendrée par la relance) a exercé un effet fortement dépressif qui a conduit, en France, à la récession de 1993. La hausse des taux d'intérêt en France a été en outre accentuée par la volonté des gouvernements français de lutter contre la spéculation engendrée par les perspectives de dépréciation du franc après les dévaluations italienne, anglaise et espagnole.

FIG. 3 : Interdépendances en changes fixes.

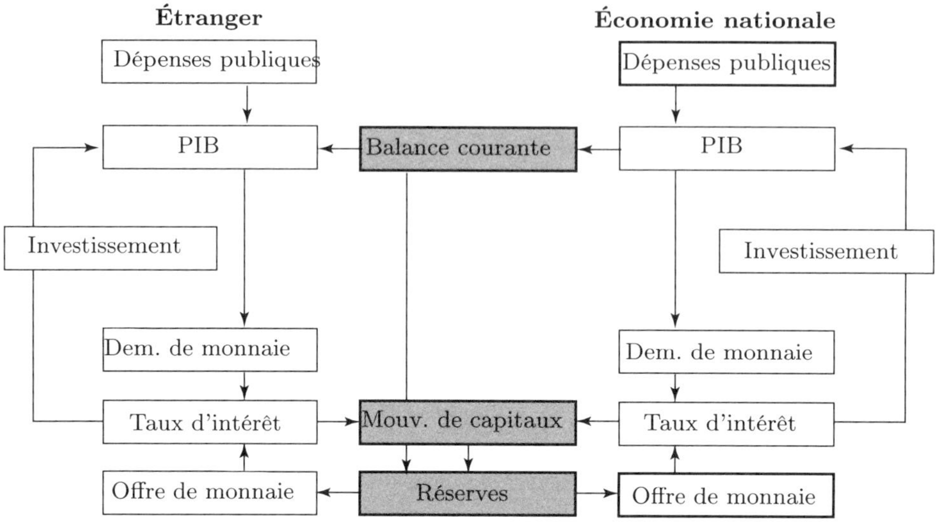


Une relance monétaire entraîne une baisse des taux d'intérêt, des sorties de capitaux et une contraction de l'offre de monnaie qui freine la baisse des taux d'intérêt et par conséquence freine la relance de l'économie nationale. En sens contraire, les entrées de capitaux chez le partenaire vont entraîner une expansion monétaire qui engendre une baisse des taux d'intérêt et diffuse la relance chez le partenaire. Si les mouvements de capitaux sont totalement libérés ($\gamma$ *infini*), une politique monétaire se diffuse de la même façon à l'économie du partenaire. Il n'y a donc plus d'indépendance des politiques monétaires ($r = r^*$).

*L'indépendance des politiques monétaires est donc incompatible avec des changes fixes et des mouvements de capitaux totalement libérés. Un système de change fixe et de libéralisation complète des mouvements de capitaux justifie donc une Union monétaire.*

On peut vérifier analytiquement ces résultats en résolvant le modèle à deux pays. Avec $\gamma$ *infini*, le modèle se simplifie et s'écrit :

$$\text{(IS)} \qquad (1 - c(1-t) - \alpha + m)Q = m\,Q^* + \overline{G} - \sigma\, r$$

$$\text{(IS}^*\text{)} \qquad (1 - c(1-t) - \alpha + m)Q^* = m\,Q + \overline{G}^* - \sigma\, r$$

$$\text{(LM-Monde)} \qquad (\overline{M} + \overline{M}^*) = \mu(Q + Q^*) - \beta\, r$$

Il se met sous la forme :

$$A\,Q = B\,Q^* + \overline{G} + \frac{\sigma}{\beta}(\overline{M} + \overline{M}^*)$$

$$A\,Q^* = B\,Q + \overline{G}^* + \frac{\sigma}{\beta}(\overline{M} + \overline{M}^*)$$

où $A$ est l'inverse du multiplicateur d'une hausse de la demande (nationale ou étrangère) :

$$A = \underbrace{(1 - c(1-t) - \alpha)}_{\textit{Volume}} + \underbrace{m}_{\textit{Éviction importations}} + \underbrace{\mu\frac{\sigma}{\beta}}_{\textit{Éviction financière}} > 0$$

et $B$ est égal à :

$$B = \underbrace{m}_{\textit{Commerce extérieur}} - \underbrace{\mu\frac{\sigma}{\beta}}_{\textit{Éviction financière}}$$

On a : $A + B > 0$ et $A - B > 0$.

On vérifie immédiatement que l'impact d'une politique monétaire se diffuse de façon identique aux deux économies. L'effet d'une politique budgétaire (hausse de $G$ par exemple) dépend du signe du coefficient $B$ qui traduit l'effet total de transmission d'une hausse du PIB sur l'économie du partenaire. Si la relance résultant des flux commerciaux l'emporte sur l'effet d'éviction financière, la transmission de la relance est positive sur le partenaire (négative dans le cas contraire).

## 3.3 Interdépendances en changes flexibles

En changes flexibles, c'est la variation du change qui équilibre la balance des paiements :

$$\text{(B)} \qquad BC(Q^* - Q, e) + \gamma(r - r^*) = 0$$

Les réserves peuvent être maintenues constantes ($R = 0$) et l'offre de monnaie ne dépend que de l'offre de monnaie interne (figure 4).

Les propriétés du modèle dépendent entièrement des mouvements de capitaux.

### *a) En l'absence de mouvement de capitaux la flexibilité du change isole les économies*

Si les mouvements de capitaux sont contrôlés ($\gamma = 0$), ou ce qui revient au même en l'absence de mouvements de capitaux, le taux de change équilibre la balance courante :

$$(5) \qquad BC = m(Q^* - Q) - \varepsilon(e - e_0) = 0$$

FIG. 4 : Changes flexibles.

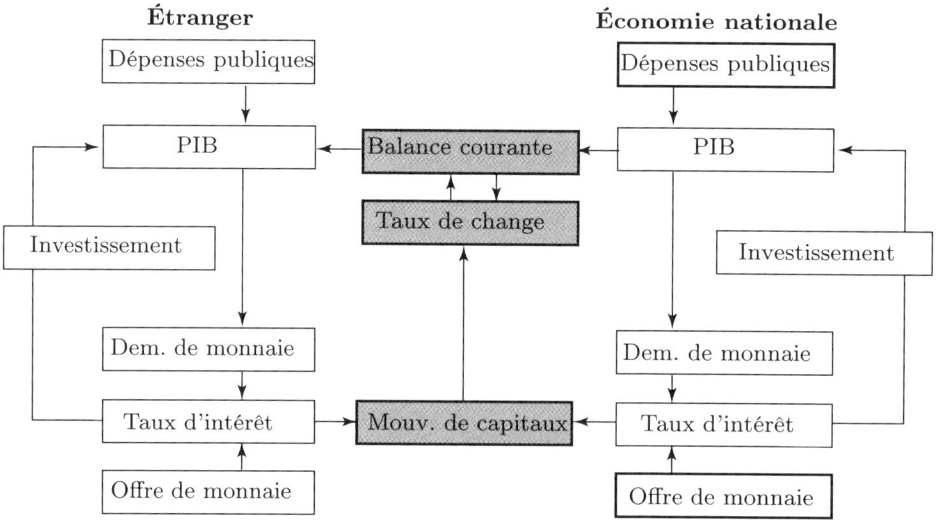


On vérifie alors qu'on retrouve exactement le modèle de deux économies fermées.

*Avec des mouvements de capitaux totalement contrôlés, les changes flexibles isolent les économies.* Par exemple, une relance budgétaire augmente la production $Q$ et dégrade la balance courante, le taux de change se déprécie et rééquilibre la balance courante, il n'y a donc plus d'impact sur le partenaire. *On peut exprimer ce résultat d'une autre façon : les interdépendances des économies en changes flexibles ne résultent que des mouvements de capitaux.*

### b) Les interdépendances résultent des mouvements de capitaux

Une relance budgétaire va entraîner une hausse du PIB qui dégrade la balance courante et tend à déprécier le change. Mais la hausse du taux d'intérêt qu'elle induit entraîne des entrées de capitaux qui apprécient au contraire le change et freinent la relance.

On voit que l'effet d'une relance budgétaire sur le change est ambigu. Le change se déprécie si les mouvements de capitaux sont peu sensibles au taux d'intérêt ($\gamma$ *faible*), il s'apprécie au contraire si les mouvements de capitaux sont très sensibles au taux d'intérêt ($\gamma$ *élevé*). Par exemple la relance budgétaire française de 1981-1982, à une époque où les mouvements de capitaux étaient largement contrôlés a entraînée une dépréciation du change (dévaluations de 1981, 1982, 1983). Au contraire, la relance budgétaire allemande de 1989-1992 a entraînée, à une époque où les mouvements de capitaux étaient très largement libérés, une appréciation du mark.

La résolution du modèle est simple. La balance courante est égale à l'opposé des mouvements de capitaux :

$$\text{(B)} \qquad BC = -\gamma(r - r^*)$$

En remplaçant dans les courbes $IS$ la balance courante par l'opposé des flux de capitaux, et en tenant compte du fait que les courbes $LM$ sont les mêmes qu'en économie fermée (puisque $R = 0$), on obtient, par exemple pour l'économie nationale :

$$\text{(IS)} \qquad [1 - c(1 - t) - \alpha]Q = \overline{G} - (\sigma + \gamma)r + \gamma r^*$$

$$\text{(LM)} \qquad \overline{M} = \mu Q - \frac{\beta}{2} r$$

et des relations analogues pour le partenaire.

On voit notamment qu'à taux d'intérêt du partenaire donné ($r^*$ exogène), l'effet des mouvements de capitaux accentue l'effet d'éviction financière (le coefficient du taux d'intérêt national est augmenté de $\gamma$). Par ailleurs on voit qu'une relance monétaire étrangère (qui se traduit par une baisse du taux d'intérêt $r^*$ a un effet dépressif sur l'économie nationale. *En changes flexibles, il y a toujours une transmission négative de la politique monétaire.* Le mécanisme est le suivant : la baisse du taux d'intérêt étranger engendre des sorties de capitaux qui déprécient la monnaie nationale et relancent la production. Sur le partenaire, l'effet est symétrique : les entrées de capitaux apprécient le change et détériorent la balance courante en exerçant un effet dépressif sur l'économie.

En écrivant les équations IS et LM des deux pays et en éliminant $r$ et $r^*$ entre les 4 équations, on peut calculer la forme réduite du modèle (c'est-à-dire exprimer $Q$ et $Q^*$ en fonction des variables de politiques budgétaires et monétaires), puis déterminer le taux de change en utilisant l'équilibre de la balance des paiements (B). On vérifiera qu'il dépend de la valeur respective de $m$ et de $\gamma$.

***Conclusions pour le système monétaire international.*** La liberté complète des mouvements de capitaux n'est pas compatible avec un système de change fixe de type Bretton Woods, car il impose d'avoir les mêmes politiques monétaires. Les seuls régimes possibles sont les unions monétaires ou des changes flexibles (mais la coordination des politiques monétaires peut éviter des fluctuations excessives du change).

# 4 La coordination des politiques économiques

L'interdépendance des économies peut s'opposer à la mise en oeuvre d'une politique économique optimale, si les économies ne coordonnent pas leurs politiques économiques. Supposons par exemple que deux économies interdépendantes soient confrontées simultanément au chômage et au déficit extérieur. Pour chaque pays, la situation idéale serait que ce soit le partenaire qui relance, car il en résulterait alors une hausse de ses exportations, donc une hausse de la production et une baisse du chômage, en même temps qu'une amélioration de sa balance courante. Comme en outres les recettes fiscales augmentent avec l'augmentation du revenu national, le pays qui ne relance pas verrait son déficit public se réduire, puisqu'il ne modifie pas ses dépenses alors que ses recettes augmentent. Bref, alors que le pays qui relance améliore la situation de l'emploi, mais détériore à la fois ses échanges extérieurs et ses finances publiques, le pays qui ne relance pas gagne sur tous les tableaux (emploi, échanges extérieurs et finances publiques). De ce fait aucun pays n'est incité à pratiquer une politique de relance, alors même qu'une relance coordonnée permettrait de résoudre le problème du chômage.

Nous allons développer cette analyse de façon formalisée en utilisant d'ailleurs des concepts déjà rencontrés dans la partie microéconomique du cours (équilibre non-coopératif ou équilibre de Nash). Nous retiendrons le modèle le plus simple possible (les deux économies sont en situation de chômage keynésien strict). Nous verrons de façon qualitative à la fin de cette section (et de façon quantitative dans le cours d'Économie 2) que les conclusions que l'on peut tirer de cet exemple ne sont pas modifiées dans le cas plus général d'un modèle à prix flexible à la hausse.

## 4.1 L'interdépendance des économies

Considérons deux économies, par exemple la France et l'Allemagne (notée *), qui, à la suite d'un choc dépressif ($Z = Z^* < 0$) se trouvent dans une situation de chômage keynésien. Les deux économies sont identiques (les coefficients des relations sont les mêmes) ; elles sont en union monétaire et la banque centrale européenne contrôle le taux d'intérêt. Ce modèle s'applique également à la situation antérieure du SME avec des mouvements de capitaux parfaitement élastiques ($r = r^*$).

| ***France*** | | ***Allemagne*** |
|---|---|---|
| $Q = C + I + G + Ex - Im$ | (1) *Biens* | $Q^* = C^* + I^* + G^* + Ex^* - Im^*$ |
| $C = c(Q - T)$ | (2) *Consommation* | $C^* = c(Q^* - T^*)$ |
| $I = \alpha Q - \sigma r$ | (3) *Investissement* | $I^* = \alpha Q^* - \sigma r$ |
| $T = tQ$ | (4) *Impôts* | $T^* = tQ^*$ |
| $Ex = Im^* + Z$ | (5) *Exportations* | $Ex^* = Im + Z^*$ |
| $Im = mQ$ | (6) *Importations en provenance du partenaire* | $Im^* = mQ^*$ |

Les dépenses publiques ($G$ et $G^*$) sont exogènes, $0 < c < 1$ est la propension à consommer, $\alpha > 0$ et $\sigma > 0$ les sensibilités respectives de l'investissement à la demande et au taux d'intérêt, $0 < t < 1$ le taux de la fiscalité, $m > 0$ la propension à importer les produits de l'autre pays. $Z$ et $Z^*$ représentent le solde des échanges de chaque pays avec le reste du monde, ou comme nous le verrons dans la suite, les chocs affectant les économies.

En résolvant le modèle pour l'économie française, on obtient :

(7) Production : $$Q = \frac{m\,Q^* + \overline{G} + Z - \sigma\,r}{1 - c(1-t) - \alpha + m}$$

(8) Balance courante : $$BC = Ex - Im = Z + m(Q^* - Q)$$

(9) Solde budgétaire : $$S = tQ - G$$

et des relations du même type pour l'économie allemande.

Dans ce modèle où nous supposons que la banque centrale contrôle le taux d'intérêt, il n'y a pas d'effet d'éviction financière et la transmission des politiques budgétaires résulte uniquement des flux commerciaux. Une relance budgétaire en France ($\Delta G > 0$) augmente la production en France et en Allemagne (mais d'un coefficient plus faible dans le dernier cas), détériore la balance courante française et améliore la balance courante allemande.

Les politiques monétaires sont inchangées. Elles sont nécessairement identiques dans le cas de changes fixes pour maintenir la fixité des changes et unifiées dans le cas de l'Union monétaire.

En tenant compte de la symétrie, on calcule aisément l'effet d'une relance coordonnée ($\Delta G = \Delta G^* > 0$) à politique monétaire inchangée (taux d'intérêt constant). Comme les échanges des deux pays avec le reste du monde sont exogènes, l'effet est nul sur la balance courante des deux pays agrégés, et on retrouve l'effet multiplicateur d'une économie fermée :

(10) $$\Delta Q = \frac{\Delta G}{1 - c(1-t) - \alpha}$$

Cet effet multiplicateur est évidemment plus fort que celui d'une relance isolée. On supposera que cet effet multiplicateur est inférieur à $(1/t)$ de telle sorte qu'une augmentation des dépenses publiques, même coordonnée, entraîne une dégradation du solde budgétaire (si le multiplicateur était supérieur à $1/t$, les rentrées fiscales résultant de la relance $t\Delta Q$ seraient supérieures à l'augmentation des dépenses $\Delta G$ et la relance réduirait le déficit !).

En résumé, on a les effets suivants (résumés également dans la figure 5) :

| | Relance française isolée ($\Delta G > 0$) | Relance coordonnée ($\Delta G = \Delta G^* > 0$) |
|---|---|---|
| PIB et Emploi | Augmentation | Augmentation plus forte |
| Balance courante | • Détérioration en France<br>• Détérioration en Allemagne | Sans effet |
| Solde budgétaire | • Détérioration en France<br>• Détérioration en Allemagne | Détérioration plus faible |

FIG. 5 : L'interdépendance des économies.

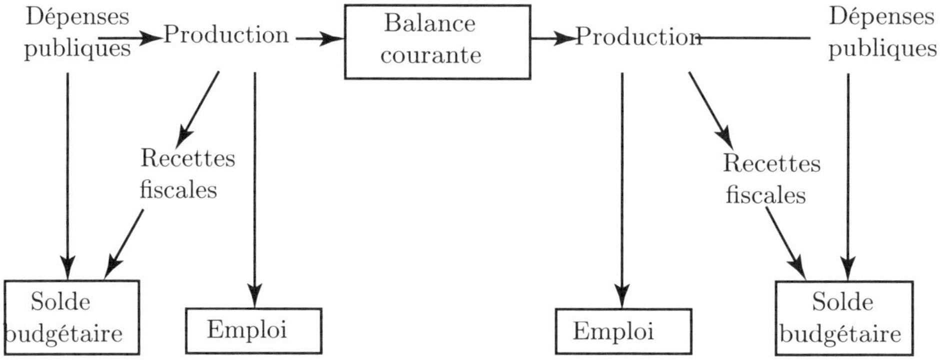


## 4.2 La coordination des politiques économiques

Pour étudier le problème de la coordination des politiques économiques, il nous faut tout d'abord préciser la façon dont un gouvernement arbitre entre différents objectifs de politique économique (emploi, équilibre extérieur, solde budgétaire...).

### *a) Arbitrages de politique économique*

Le niveau de la production, le solde budgétaire, le solde extérieur sont des objectifs de la politique économique. Le gouvernement peut souhaiter atteindre le plein emploi ($Q = f(\overline{N})$, tout en maintenant par exemple l'équilibre des finances publiques ($S = tQ - G = 0$) et l'équilibre extérieur ($BC = 0$). Pour exprimer la pondération respective que le gouvernement accorde à chacun des objectifs, on utilise une fonction de perte qui exprime la perte relative résultant de l'écart à chacun des objectifs. Puisque la perte est minimale (nulle) lorsque les trois objectifs sont atteints, la fonction de perte pourra, au voisinage de l'équilibre être approximée par la fonction quadratique :

$$(1) \qquad L(Q,S,BC) = \left(Q - f(\overline{N})\right)^2 + \omega(S)^2 + \eta(BC)^2$$

$\omega$ et $\eta$ représentent les poids respectifs que le gouvernement attribue à l'équilibre budgétaire et à l'équilibre extérieur relativement à l'écart à la production de plein emploi.

Les trois objectifs dépendent des instruments de la politique économique (notamment dans le cas présent des dépenses publiques). Si le gouvernement a autant d'instruments que d'objectifs, il pourra évidement atteindre ses objectifs et n'aura pas d'arbitrage à réaliser. L'arbitrage entre différents objectifs ne se pose que lorsque le nombre d'instruments est inférieur au nombre d'objectifs.

### *b) Le modèle*

Dans le modèle étudié précédemment, chaque gouvernement dispose d'un instrument de politique économique : les dépenses publiques ($G$ et $G^*$).

Nous supposons, dans la situation initiale où $Z = Z^* = 0$, les deux économies sont à la fois au plein emploi avec une balance courante et un solde budgétaire équilibré (c'était approximativement le cas de la France avant le premier choc pétrolier de 1974). Puisque le modèle qui décrit les interdépendances des deux économies est linéaire, nous pouvons le réécrire en redéfinissant les variables en écart par rapport à cette situation initiale. En le résolvant par rapport aux variables de politique économique ($G$ et $G^*$) et aux chocs extérieurs ($Z$ et $Z^*$), on obtient la forme suivante (où dans la situation initiale, toutes les variables sont nulles) :

$$(2) \qquad Q = a(G+Z) + b(G^* + Z^*)$$

$$(2^*) \qquad Q^* = a(G^* + Z^*) + b(G+Z)$$

$$(3) \qquad BC = m(Q^* - Q) + Z$$

$$(3^*) \qquad BC^* = m(Q - Q^*) + Z^*$$

$$(4) \qquad S = tQ - G$$

$$(4^*) \qquad S^* = tQ^* - G^*$$

$(a+b)$ est le multiplicateur d'une relance concertée, c'est-à-dire le multiplicateur d'une économie fermée (voir relation 10 du paragraphe précédent). $(a-b)$ est positif car une relance de la demande intérieure a un impact plus élevé sur l'économie nationale que sur celle du partenaire.

Nous allons étudier la réaction des politiques nationales face à un choc dépressif affectant les deux économies de façon identique. $Z = Z^* < 0$ représente soit une réduction des exportations résultant par exemple d'une récession dans le reste du monde, soit une hausse des importations en provenance du reste du monde (un choc pétrolier par exemple). Il en résulte dans les deux pays une baisse de la production, une détérioration de la balance courante et une dégradation du solde budgétaire. En tenant compte des équations (2) à (4), on peut réécrire les fonctions de pertes en fonction des instruments de politique économique et des chocs :

$$\text{(1bis)} \qquad L = L\Big(Q(..), S(..), BC(..)\Big) = \mathcal{L}(G, G^*, Z, Z^*)$$

$$\text{(1*bis)} \qquad L^* = L\Big(Q^*(..), S^*(..), BC^*(..)\Big) = \mathcal{L}^*(G, G^*, Z, Z^*)$$

La réaction optimale des politiques économiques s'obtiendra en minimisant les fonctions de perte de chaque pays. Si chaque pays disposait des deux instruments $G$ et $G^*$, l'optimum de chacun s'obtiendrait par les relations :

| *Optimum France* | *Optimum Allemagne* |
|---|---|
| (5) $\dfrac{\partial \mathcal{L}}{\partial G} = 0$ | (5∗) $\dfrac{\partial \mathcal{L}^*}{\partial G^*} = 0$ |
| (6) $\dfrac{\partial \mathcal{L}}{\partial G^*} = 0$ | (6∗) $\dfrac{\partial \mathcal{L}^*}{\partial G} = 0$ |

Si les deux pays agissent de façon indépendante en considérant comme donnée la politique du partenaire, l'équilibre obtenu ne sera pas optimal (équilibre de Nash ou équilibre non coopératif), car seules les équations (5) et (5*) seront satisfaites. Le fait que les dérivées partielles croisées (équations 6) ne soient pas nulles montrent qu'une coopération permettrait d'améliorer la situation de chaque pays. Nous allons voir qu'en l'absence de coopération, les deux pays vont mettre en oeuvre des politiques budgétaires inutilement restrictives soit pour améliorer leur solde budgétaire soit pour améliorer leur balance courante au détriment de leur partenaire.

### *c) Arbitrage chômage – équilibre extérieur*

Supposons que les deux gouvernements arbitrent entre chômage et équilibre extérieur en ayant la fonction de perte suivante :

$$\text{(1')} \qquad L(Q, BC) = Q^2 + \eta\, BC^2$$

L'équilibre non coopératif est défini par les équations (5), soit :

$$\text{(5')} \qquad \frac{\partial Q}{\partial G} + Q + \eta \frac{\partial BC}{\partial G} BC = 0$$

soit encore :

$$\text{(7)} \qquad a\,Q - \eta\, m(a-b)BC = 0$$

Puisque l'équilibre est symétrique ($Z = Z^*$, $Q = Q^*$, $BC = BC^*$), on aura :

$$BC = -Z \qquad \text{et} \qquad Q = Q^* = (a+b)(G+Z)$$

En reportant dans l'équation 7, on en déduit (comme $Z$ est négatif) :

(8) $$Q = \frac{\eta m(a-b)Z}{a} < 0$$

Dans l'équilibre non coopératif, les deux économies restent dans une situation de chômage (la production est inférieure à la production de plein emploi), car chaque pays évite de pratiquer une expansion budgétaire trop forte pour ne pas dégrader sa balance courante. La relation 8 montre que l'écart à la production de plein emploi est d'autant plus fort que le degré d'ouverture de l'économie est élevé ($m$ est fort) et le poids accordé a l'objectif d'équilibre de la balance courante ($\eta$ est élevé.

La relation 3 montre que la politique budgétaire est inefficace pour réduire le déficit de la balance courante puisque l'amélioration de la balance courante ne peut se faire qu'au détriment du partenaire. L'inefficacité de l'équilibre non coopératif apparaît dans le fait que les dérivées croisées sont négatives :

(6) $\dfrac{\partial \mathcal{L}}{\partial G^*} < 0$ (6∗) $\dfrac{\partial \mathcal{L}^*}{\partial G} < 0$

En augmentant simultanément leurs dépenses les deux gouvernements amélioreraient leur situation en réduisant le chômage. Une politique coopérative permettrait donc de résorber le chômage. Il suffit de compenser par la hausse des dépenses publiques l'effet récessif de la diminution de $Z$ :

Politique coopérative : $G = G^* = -Z$ $\qquad Q = Q^* = 0$

Cette politique coopérative s'obtient soit en ignorant ici l'objectif d'équilibre de la balance courante (c'est-à-dire en annulant $\sigma$ dans la fonction de perte), soit en minimisant la fonction de perte globale des deux économies ($L + L^*$). L'inefficacité des politiques non coordonnée résulte du fait que chaque pays refuse d'assumer le coût en terme de déficit extérieur d'une relance budgétaire. Or ce déficit extérieur est impossible à éliminer par une politique budgétaire restrictive, puisque sa réduction ne peut se faire qu'au dépend du partenaire.

### *d) arbitrage chômage – équilibre budgétaire*

Supposons maintenant que les deux gouvernements arbitrent entre chômage et équilibre budgétaire avec la fonction de perte suivante :

(1') $$L(Q, s) = Q^2 + \varpi S^2$$

On laisse au lecteur le soin de vérifier en appliquant la même démarche que l'équilibre de Nash laisse subsister une situation de chômage ($Q < 0$) et de déficit public ($S < 0$).

Les politiques budgétaires non coordonnées sont insuffisamment expansionnistes en réaction au choc dépressif, car chaque pays a intérêt à ce que son partenaire relance puisque cela améliore sa propre situation en réduisant à la fois son chômage et son déficit public.

Ces deux exemples permettent de comprendre les difficultés rencontrées en Europe pour sortir des récessions engendrées soit par les chocs pétroliers (qui ont simultanément dégradé les échanges extérieurs et exercé un effet dépressif sur les économies), soit par un ralentissement de l'activité mondiale. Ce biais restrictif des politiques économiques lié à l'interdépendance des économies européennes est une des causes de la persistance du chômage en Europe. Nous allons analyser de façon qualitative ces évolutions dans la conclusion de ce cours.

## Notions à retenir

*Change fixe, change flexible*

En change fixe, les réserves varient pour équilibrer la balance des paiements et rétroagissent sur l'offre de monnaie. En change flexible, le taux de change équilibre la balance des paiements et les réserves (et l'offre de monnaie) peuvent être maintenues constantes.

*Triangle d'impossibilité de Mundell*

On ne peut pas avoir simultanément des changes fixes, des mouvements de capitaux totalement libérés, et des politiques monétaires indépendantes. Des changes fixes et la libération complète des mouvements de capitaux justifient une union monétaire.

*Changes flexibles*

En l'absence de mouvements de capitaux, la flexibilité du change isole les économies. En change flexible, la transmission des politiques économiques résulte uniquement de leur impact sur les taux d'intérêt et les mouvements de capitaux.

*Coordination des politiques économiques*

Face à des chocs symétriques (qui affectent tous les pays de la même façon) la réponse de politiques économiques non coordonnées peut être inefficace. La raison est qu'aucun pays n'a intérêt à conduire des politiques qui profitent à tous et dont il est seul à assumer le coût.

# Chapitre 5

# La croissance

## Introduction

Dans le chapitre 1, nous avons défini le court terme comme une période de temps suffisamment brève pour que l'on puisse négliger l'impact de l'investissement sur l'augmentation de l'offre de biens. Nous avons ensuite étudié deux modes de réalisation de l'équilibre de court terme : soit les prix et les salaires s'ajustent instantanément et l'économie est toujours dans une situation de plein emploi et de pleine utilisation des capacités de production, soit les prix et les salaires sont rigides et il subsiste des déséquilibres entre les offres et les demandes potentielles des agents. Dans l'équilibre de court terme, l'investissement n'intervient que comme une composante de la demande (effet multiplicateur de l'investissement). Mais, au-delà du court terme, l'investissement va augmenter le capital et permettre une augmentation de l'offre de biens.

Or l'objet des théories de la croissance et des fluctuations économiques est précisément de réconcilier ces deux aspects de l'investissement. Dans les théories de la croissance que nous allons examiner dans ce chapitre, on étudie principalement des *régimes de croissance équilibrée*, c'est-à-dire des régimes où les offres et les demandes potentielles de biens et de travail coïncident et croissent au même taux. Nous supposerons que l'offre de travail est exogène et augmente à taux constant. La croissance démographique et le taux d'activité (le rapport des actifs à la population totale) sont donc supposés indépendants de la situation économique.

Nous retiendrons, d'autre part, la description la plus simple possible de l'économie sans distinguer le secteur privé du secteur public (l'État). Elle est résumée par le schéma introduit dans le chapitre 1 pour représenter l'accumulation du capital (figure 1). L'investissement est, avec la consommation une composante de la demande. C'est aussi la variable qui détermine l'accumulation du capital et la croissance économique.

FIG. 1 : L'accumulation du capital.

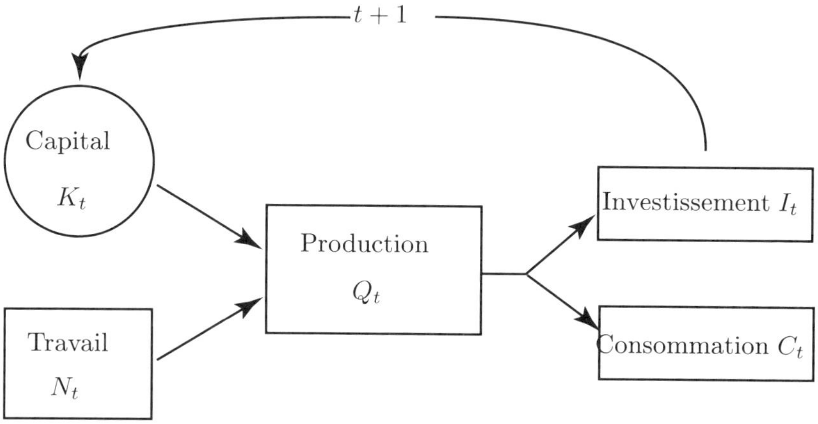


Avant d'analyser le rôle de l'investissement dans l'interaction entre l'offre et la demande (section 2), nous allons approfondir la description des relations entre la production et ses deux facteurs, capital et travail (section 1).

# 1 La croissance de la production et de ses facteurs

Pour étudier l'effet de l'investissement sur l'offre, il nous faut analyser la relation entre l'augmentation du capital, du travail et celle de la production. Nous avons vu dans le chapitre 1 qu'en longue période, le capital croît pratiquement au même rythme que la production ; en d'autres termes le coefficient de capital ($\nu = K/Q$) est approximativement constant. Le tableau 1 montre en effet que ce coefficient de capital a augmenté dans les premières phases de l'industrialisation, mais il varie peu au cours du temps et reste compris entre 2 et 3 dans les pays aujourd'hui industrialisés.

TAB. 1 : Rapport du capital au PIB annuel (coefficient de capital $\nu = K/Q$).

| | 1890 | 1913 | 1950 | 1973 | 1987 |
|---|---|---|---|---|---|
| États-Unis | 2,1 | 2,9 | 2,3 | 2,1 | 2,3 |
| France | nd | 1,6 | 1,7 | 1,8 | 2,4 |
| Allemagne | 2,3 | 2,2 | 2,1 | 2,4 | 3,0 |
| Japon | 0,9 | 1,0 | 1,8 | 1,7 | 2,8 |

*Source* : Maddison (1991)

En revanche, la production – et donc le capital – croissent beaucoup plus vite que la quantité de travail puisque le produit par tête ou par heure travaillée (productivité du travail $Q/N$) croît de façon exponentielle en longue période comme le montre le tableau 2. La production par heure travaillée est en effet 20 fois plus élevée en France qu'un siècle plus tôt et le tableau 2 montre également que la France, l'Allemagne et le Japon qui avaient une productivité du travail plus faible, ont rattrapé progressivement les niveaux de productivité américains, notamment depuis la fin de la seconde guerre mondiale. Cette convergence des niveaux de productivité est illustrée dans le graphique 1.

TAB. 2 : Production par heure travaillée (productivité moyenne du travail).

*En $ de 1985 par heure travaillée*

| | 1870 | 1913 | 1950 | 1987 | Taux de croissance 1987/1870 |
|---|---|---|---|---|---|
| États-Unis | 2,1 | 4,7 | 11,4 | 23,0 | 2,0% |
| France | 1,1 | 2,3 | 4,6 | 21,6 | 2,6% |
| Allemagne | 1,0 | 2,3 | 3,4 | 18,3 | 2,6% |
| Japon | 0,4 | 0,9 | 1,7 | 14,0 | 3,1% |

*Source* : Maddison (1991)

GRAPHIQUE 1 : La convergence des économies 1950-1987.

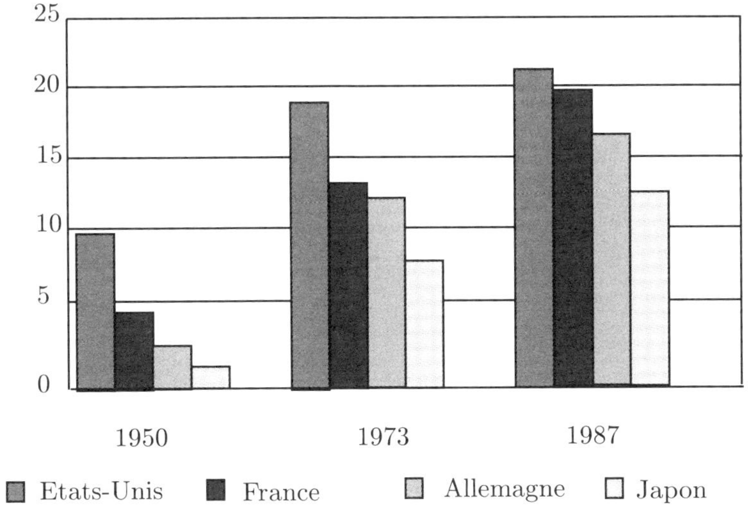

## 1.1 Complémentarité ou substitution des facteurs de production ?

Comment représenter les résultats précédents à l'aide des fonctions de production que nous avons introduites dans le premier chapitre du cours.

Retenons tout d'abord une fonction de production à facteurs complémentaires pour représenter le processus de croissance économique. Nous venons de voir que le capital croit en longue période au même rythme que la production tandis que capital et production croissent beaucoup plus vite que la quantité de travail (la productivité du travail croit de façon exponentielle). Notons $\gamma$ le taux de croissance de la productivité du travail ($\gamma$ représente ce que l'on appellera plus loin le progrès technique améliorant l'efficacité du travail) et $v$ le coefficient de capital. La fonction de production à facteur complémentaire suivante est compatible avec ces observations ;

$$(1) \qquad Q_t^s = \min\left\{\frac{K_t}{\nu}, e^{\gamma} N_t\right\}$$

En produisant de façon efficace, on utilise simultanément le capital et le travail disponible et on voit que le capital et la production croissent au même taux, égal au taux de croissance de l'emploi augmenté du progrès technique $\gamma$ :

$$(2) \qquad Q_t = \frac{K_t}{\nu} = e^{\gamma} N_t \quad \Rightarrow \quad \frac{1}{K_t}\frac{dK_t}{dt} = \frac{1}{Q_t}\frac{dQ_t}{dt} = \frac{1}{N_t}\frac{dN_t}{dt} + \gamma$$

Nous allons commencer par étudier dans la section 2 à quelles conditions, on peut obtenir une croissance équilibrée dans le cadre de ce modèle à facteurs complémentaires. Ces conditions sont très restrictives en raison notamment de l'hypothèse de rigidité des techniques de production.

L'hypothèse d'une fonction de production à facteurs substituables et à rendements d'échelle constants est également compatible avec les observations précédentes :

$$(3) \qquad Q_t = F(K_t\,,\, e^{\gamma} N_t)$$

Lorsque le rapport du capital à la production est constant, le taux de croissance de la production et du capital est égal, comme précédemment au taux de croissance de l'emploi augmenté du progrès technique $\gamma$.

Nous verrons dans la section 3, que cette hypothèse introduit une flexibilité qui permet notamment de décrire des régimes transitoires où la croissance de la productivité du travail peut être plus forte que celle du progrès technique $\gamma$. Dans cette théorie, la politique économique et notamment le choix d'un taux d'épargne (ou d'investissement) affecte le niveau du produit par tête, mais n'a qu'une influence transitoire sur la croissance. Le modèle de croissance correspondant (modèle néoclassique) possède en outre la propriété d'impliquer une convergence à long terme des niveaux de développement (c'est-à-dire du produit par tête) entre les nations, lorsque celles ci ont la même propension à épargner, hypothèse qui correspond à l'évolution observés entre pays développés. Toutefois, cette explication de la croissance reste très limités car la croissance du produit par tête ne résulte, à long terme que du progrès technique exogène $\gamma$.

Que l'on retienne une fonction de production à facteurs complémentaires (section 2) ou une fonction à facteur substituables (section 3), la croissance à long terme du produit par tête (c'est-à-dire de la productivité du travail) résulte en effet uniquement du progrès technique $\gamma$. Pour aller au-delà, il faut abandonner l'hypothèse d'une fonction de production à rendements d'échelle constants.

### 1.2 Le progrès technique est-il exogène ou endogène ?

Pour engendrer une croissance auto-entretenue sans avoir recours à des facteurs exogènes, il faut en effet que les rendements du facteur accumulable (le capital) soient constants, ce qui conduit à des rendements d'échelle (capital et travail) croissants. Ces théories de la croissance endogène présentées dans la dernière section du chapitre fournissent une interprétation intéressante des différents facteurs de la croissance : l'accumulation des connaissances, le rôle des dépenses d'infrastructures... etc. Contrairement au modèle précédent, elles impliquent des effets durables du taux d'épargne (ou d'investissement) sur le rythme de croissance.

Dans l'ensemble de ce chapitre, nous allons étudier des régimes de croissance équilibrée où l'offre de biens est égale à la demande de biens (et l'épargne égale à l'investissement). C'est d'ailleurs par ces notions que nous allons commencer, en partant dans la section 2 des interrogations d'Harrod et Domar sur les possibilité d'une croissance à taux constant.

## 2 L'accumulation du capital et les conditions d'une croissance équilibrée

Les théories contemporaines de la croissance sont nées dans les années quarante d'une reformulation dynamique de la théorie keynésienne centrée sur l'accumulation du capital et les deux aspects de l'investissement que nous avons présentés dans la figure 1. En fait les réflexions d'Harrod et Domar que nous présentons dans cette section et qui vont conduire à la notion de croissance équilibrée, étaient à l'origine une réflexion assez pessimiste sur les possibilités d'une croissance équilibrée de plein-emploi.

Supposons que la fonction de production soit à facteurs complémentaires. L'offre potentielle de biens est égale à :

$$(1) \qquad Q_t^s = \min\left\{\frac{K_t}{\nu}\,,\; e^{\gamma}\, N_t\right\}$$

Si la production est réalisée de façon efficace, c'est-à-dire sans sous-utilisation d'un des facteurs de production, on aura simultanément :

$$(2) \qquad a)\;\; Q_t^s = \frac{K_t}{\nu} \quad \text{et} \quad b)\;\; Q_t^s = e^{\gamma}\, N_t$$

En utilisant l'équation (2a) nous allons tout d'abord étudier à quelle condition l'offre et la demande de biens peuvent croître au même taux. La seconde équation (2b) fournit d'autre part la condition pour que la croissance maintienne le plein emploi. En prenant la dérivée logarithmique de (2b) par rapport au temps et en notant $n$ le taux de croissance de l'offre de travail, on obtient en effet :

$$(3) \qquad \frac{1}{Q_t}\frac{dQ_t}{dt} = \frac{1}{N_t}\frac{dN_t}{dt} + \gamma = n + \gamma$$

## 2.1 La double nature de l'investissement et les conditions d'une croissance équilibrée de l'offre et de la demande de biens

L'investissement exerce une double influence sur l'économie. Par son aspect « demande » (multiplicateur), il détermine le revenu et la demande globale et par son aspect « offre », la capacité de production. À quelle condition l'augmentation de la demande est-elle compatible avec l'accroissement de la capacité de production résultant de l'investissement ?

Dans l'ensemble du chapitre, $I_t = \dfrac{dK_t}{dt}$ désignera l'investissement net. La production $Q_t$ sera par conséquent le produit intérieur net. La demande est composée de la consommation et de l'investissement. Si nous supposons les propensions à consommer et donc à épargner constantes ($C_t = c\,Q_t$), la demande est déterminée par le multiplicateur :

$$(4) \qquad Q_t^d = \frac{I_t}{1-c} = \frac{I_t}{s}$$

Du côté de la demande, c'est donc le montant de l'investissement qui détermine le niveau de la demande. Du côté de l'offre, la relation 2 montre que c'est le montant du capital qui détermine l'offre (ou capacité de production) :

$$(2) \qquad Q_t^s = \frac{K_t}{\nu}$$

Pour que l'offre de biens soit égale à la demande, il faut donc que l'on ait :

$$(5) \qquad Q_t^d = Q_t^s \quad \Rightarrow \quad \frac{I_t}{K_t} = \frac{s}{\nu}$$

Or le ratio de l'investissement au capital n'est autre que le taux de croissance du capital. Et comme, d'une part le coefficient de capital est constant, et qu'il en est de même de la propension à consommer (puisque le taux d'épargne est constant), la production, l'investissement et la consommation croissent également au même taux que le capital. Nous noterons ce taux de croissance de l'économie $g$ :

$$(6) \qquad g = \frac{s}{\nu}$$

La figure 2 résume ces deux aspects de l'investissement. Du côté de l'offre, c'est le niveau de l'investissement qui augmente la capacité de production (on parle d'effet accélérateur pour qualifier cette relation entre la variation de la capacité de production et le niveau de l'investissement) ; du côté de la demande le niveau de l'investissement affecte le niveau de la demande (effet multiplicateur), de sorte que l'augmentation de la demande dépend, elle, de l'augmentation de l'investissement

FIG. 2 : Les deux aspects de l'investissement.

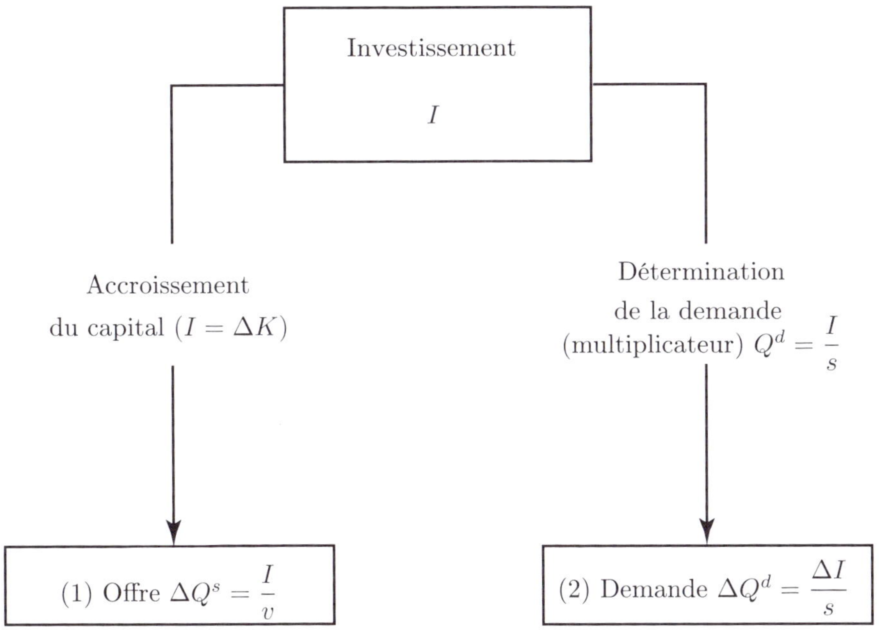


On voit que dès qu'il y a investissement net, il y a un accroissement des capacités de production, et l'équilibre entre l'offre et la demande ne peut être que *dynamique* :

il faut qu'il y ait croissance économique pour maintenir l'équilibre entre l'offre et la demande.

## 2.2 Croissance et plein emploi

Le taux de croissance qui équilibre l'offre et la demande de biens est égal au rapport du taux d'épargne au coefficient de capital (on l'appelle le taux de croissance « garanti » selon la terminologie d'Harrod) :

$$\textit{Équilibre du marché des biens} \quad g = \frac{s}{\nu}$$

Nous avons vu d'autre part que le taux de croissance qui permet d'assurer le plein emploi (appelé taux de croissance naturel) était égal à :

$$\textit{Équilibre du marché du travail} \quad g_n = n + \gamma$$

Les conditions pour que la croissance réalise simultanément le plein emploi et l'équilibre du marché des biens semblent donc bien restrictives : comment faire coïncider les deux taux de croissance ? Harrod, était très pessimiste sur les possibilités d'une croissance équilibrée (il écrivait sur ce thème dans les années quarante). L'évolution postérieure a conduit au contraire les théoriciens de la croissance à assouplir ce modèle pour rendre compte de la période de croissance stable qui s'est établie après la seconde guerre mondiale.

# 3 Croissance et plein emploi : le modèle néoclassique

Les réflexions d'Harrod et Domar étaient une interrogation sur les possibilités d'une croissance régulière de l'économie. C'est à cette interrogation que vont répondre les théories de la « croissance équilibrée » que nous allons examiner maintenant. Développées dans la seconde moitié des années cinquante, elles entérinent de fait la croissance régulière que connaît l'économie mondiale depuis la fin de la seconde guerre mondiale. Nulle crise n'apparaît à la fin des périodes de reconstruction, de sorte que l'objet de la théorie devient l'explication de la croissance équilibrée assurant le plein emploi.

Or, le cadre conceptuel légué par Harrod et Domar, met au contraire l'accent sur la non coïncidence entre le taux de croissance garanti résultant de l'épargne et de la technologie ($g = s/\nu$) et le taux naturel qui maintient le plein emploi ($n + \gamma$). Si la croissance économique égalise de fait ces deux taux, c'est que l'économie est plus flexible que ne le décrit le « modèle Harrod-Domar ».

La théorie néoclassique de la croissance, initiée par SOLOW en 1956, introduira la flexibilité du côté des techniques de production, c'est-à-dire du coefficient de capital $\nu$.

## 3.1 Le modèle de croissance néoclassique

Lorsque les facteurs de production sont substituables, le coefficient de capital devient en effet fonction de l'intensité capitalistique, c'est-à-dire du capital par tête. En l'absence de progrès technique améliorant l'efficacité du capital, la productivité moyenne du capital ($1/\nu$ = inverse du coefficient de capital) ainsi que la productivité marginale du capital sont des fonctions décroissantes de l'intensité capitalistique (capital par tête). Lorsque le taux d'épargne est constant, le taux de croissance garanti ($s/\nu$) est donc lui aussi une fonction décroissante de l'intensité capitalistique. La flexibilité des techniques de production permet alors d'égaliser le taux de croissance garanti et le taux de croissance naturel.

Commençons par examiner le modèle sans progrès technique.

La fonction de production est à rendements d'échelle constants :

(1) $$Q_t = F(K_t, N_t)$$

En divisant par $N$, on obtient une relation entre le produit par tête $q$ et le capital par tête $k$ :

(2) $$q_t = \frac{Q_t}{N_t} = F\left(\frac{K_t}{N_t}\,,\,1\right) = f(k_t) \quad \text{avec} \quad k_t = K_t/N_t$$

La fonction de production étant supposée concave, la productivité marginale du capital et décroissante, de sorte que $f'(k_t) > 0$ et $f''(k_t) < 0$.

Notons $n$ le taux de croissance de la force de travail et $s$ le taux d'épargne. Le taux de croissance du capital (taux garanti) est :

(3) $$\frac{I}{K_t}\frac{dK_t}{dt} = \frac{I_t}{K_t} = s\frac{Q_t}{K_t}$$

et le taux de croissance du capital par tête est :

(4) $$\frac{I}{k_t}\frac{dk_t}{dt} = s\frac{Q_t}{K_t} - n$$

Or, $\dfrac{Q_t}{K_t} = \dfrac{f(k_t)}{k_t}$ (fonction décroissante de $k$, lorsque $f$ satisfait les conditions d'Inada : $f'' < 0$, $f'(0) = \infty$, $f'(\infty) = 0$).

L'équation différentielle qui détermine l'évolution du capital par tête est donc :

$$(5) \qquad a) \quad \frac{I}{k_t}\frac{dk_t}{dt} = s\frac{f(k_t)}{k_t} - n \quad \text{ou} \quad b) \quad \frac{dk_t}{dt} = s\,f(k_t) - n\,k_t$$

La solution stationnaire correspond à une valeur $k$ déterminée par l'égalité du taux garanti et du taux naturel :

$$(6) \qquad \underset{\textit{taux garanti}}{s\frac{f(k)}{k}} \quad = \quad \underset{\textit{taux naturel}}{n}$$

La dynamique correspondant à l'équation 5 peut être représentée dans un diagramme (figure 3) qui fait apparaître le taux de croissance du capital (taux garanti) et le taux de croissance du travail (taux naturel).

Le taux de croissance du capital par tête est égal à l'écart entre le taux garanti et le taux naturel. Le taux garanti est une fonction décroissante du capital par tête, le taux naturel une droite horizontale.

FIG. 3 : La croissance du capital par tête dans le modèle néoclassique.

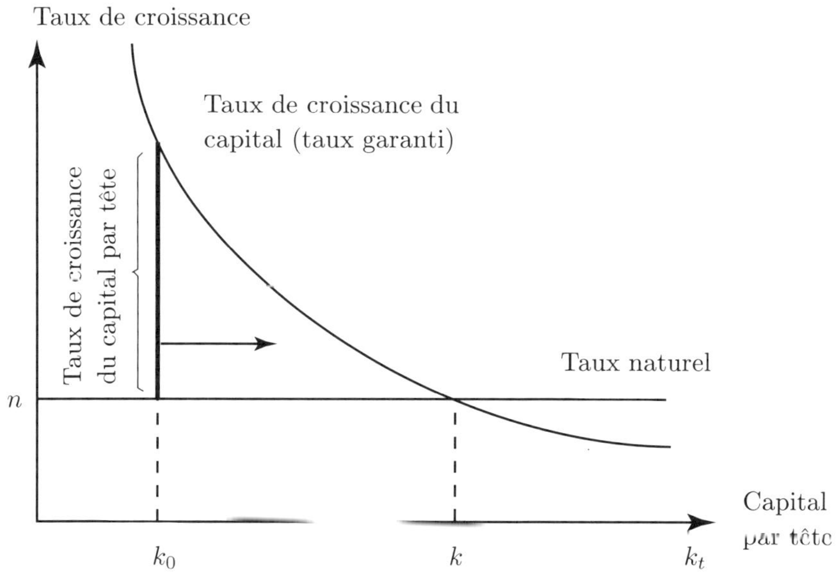


Si, initialement, l'économie a un capital par tête trop faible, le taux de croissance garanti – c'est-à-dire le taux de croissance du capital – est supérieur au taux de croissance de la force de travail et le capital par tête augmente, de sorte que l'économie tend vers la croissance équilibrée (point E). C'est évidemment l'inverse lorsque le capital par tête initial est supérieur à la valeur d'équilibre.

Ce modèle de croissance (appelé modèle néoclassique) décrit ainsi l'ajustement du taux garanti (le taux qui équilibre le marché des biens) et du taux naturel (qui équilibre le marché du travail) par la flexibilité des techniques de production qui permet d'ajuster progressivement le coefficient de capital ($\nu = k/f(k)$) au taux de croissance naturel.

## 3.2 Hausse du taux d'épargne et règle d'or

Le modèle de croissance néoclassique a plusieurs implications que nous examinerons plus loin. Mais la plus déconcertante, du point de vue de la théorie de la croissance, est que la hausse du taux d'épargne ne change pas le rythme de croissance de l'économie : elle ne fait qu'accélérer transitoirement la croissance de la production et du capital pour rejoindre un sentier de croissance plus capitalistique, c'est-à-dire un sentier où le capital par tête est plus élevé. Dans la figure 4, le relèvement du taux d'épargne de $s_0$ à $s_1$ conduit à une accélération transitoire de la croissance jusqu'à ce que l'accumulation du capital ait conduit au nouveau régime de croissance équilibrée plus capitalistique ($k_1$).

Sur ce nouveau sentier de croissance, le niveau de production par tête $f(k_1)$ est également plus élevé. Mais, en raison des rendements décroissants de l'accumulation du capital ($f'' < 0$), le produit par tête n'augmente pas dans les mêmes proportions que l'investissement et le capital par tête. En d'autres termes, l'augmentation du taux d'épargne devient de moins en moins efficace en terme d'augmentation du produit par tête.

### *a) La règle d'or*

Quel est alors le niveau optimal du taux d'épargne et d'intensité capitalistique ? Pour répondre à la question, il faut examiner comment varie la consommation par tête du sentier de croissance avec le taux d'épargne. La consommation par tête (que nous notons $c_t$) est égale à la production par tête multipliée par la propension à consommer $(1 - s)$ :

(7) $$c_t = (1 - s)f(k_t) = f(k_t) - s\, f(k_t)$$

En croissance équilibrée le capital par tête est constant $k_t = k$ et tel que le taux garanti soit égal au taux naturel :

(8) $$s\frac{f(k)}{k} = n\, k \quad \Rightarrow \quad s\, f(k) = n\, k$$

FIG. 4 : Impact d'une hausse du taux d'épargne.

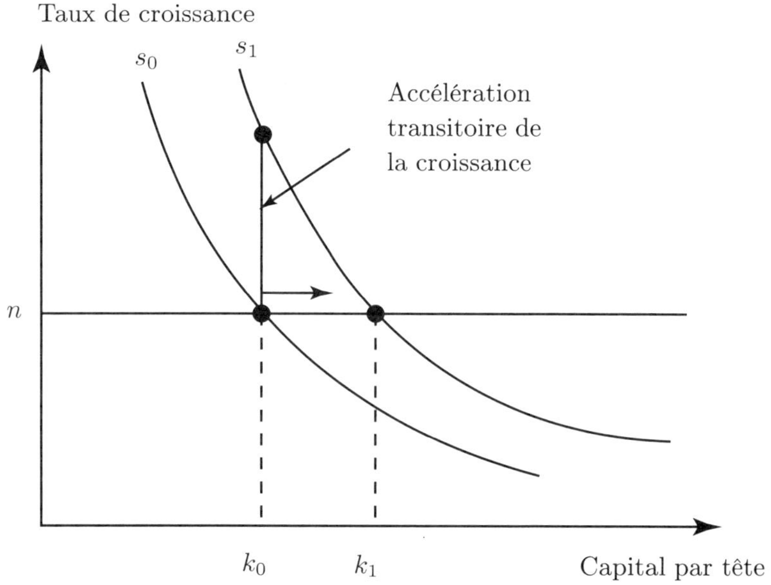


En remplaçant $s\,f(k)$ dans la relation 7, la consommation par tête qui est fonction du capital par tête devient :

$$c(k) = f(k) - n\,k \tag{9}$$

On en déduit que la consommation par tête est maximale lorsque la productivité marginale du capital est égale au taux de croissance : $f'(k) = n$.

Telle est la propriété connue sous le nom de règle d'or. Or, en concurrence parfaite, et avec des rendements d'échelle constants, la productivité marginale du capital est égale au taux de profit. En effet, la maximisation du profit à court terme ($K$ donné) et en concurrence parfaite ($p$ et $w$ donnés pour l'entreprise) conduit à égaliser le salaire réel et la productivité marginale du travail :

$$\max[\Pi = p\,F(K,N) - w\,N] \quad \Rightarrow \quad F'_N = \frac{w}{p} \tag{10}$$

Or, comme les rendements d'échelle sont constants, la relation d'Euler implique que le taux de profit $r$ (égal au rapport du profit au capital) est égal à la productivité marginale du capital :

$$F(K,N) = K\,F'_K + N\,F'_N \quad \Rightarrow \quad r = \frac{\Pi}{pK} = F'_K(K,N) = f'(k) \tag{11}$$

En d'autre termes, le niveau le plus élevé de consommation par tête s'obtient lorsque le taux de croissance est égal au taux de profit. Lorsque le taux de profit est supérieur au taux de croissance, une hausse du taux d'épargne augmente le capital par tête et la consommation par tête. Dans la situation inverse, il y a sur-accumulation du capital et il faut au contraire réduire le taux d'épargne pour augmenter la consommation par tête.

## 3.3 Progrès technique

Pour décrire l'évolution de l'économie réelle, il faut naturellement prendre en compte le fait que le produit par tête croît en longue période : c'est précisément ce qu'exprime le progrès technique. Pour qu'existe un régime de croissance équilibrée à taux d'épargne constant, il faut que le progrès technique augmente uniquement la productivité du travail. Dans cette hypothèse, le capital par tête, le produit par tête et la consommation par tête croissent au taux du progrès technique. L'analyse précédente peut être alors entièrement conservée en corrigeant le travail du progrès technique, c'est-à-dire en le mesurant en unités efficaces.

Introduisons le progrès technique sous la forme d'une augmentation au cours du temps de l'efficacité du travail ($e^{\gamma t}$). La fonction de production devient :

$$(12) \qquad Q_t = F(K_t, N_t \, e^{\gamma t})$$

Notons $\tilde{N}_t = N_t \, e^{\gamma t}$ le travail mesuré en unités efficaces.

En divisant les deux membres de l'équation (12) par le travail mesuré en unités efficaces, on est ramené au modèle précédent, moyennant le changement de variable :

$$(13) \qquad \tilde{q}_t = F(\tilde{k}_t, 1) = f(\tilde{k}_t) \quad \text{avec} \quad \tilde{q}_t = q_t \, e^{-\gamma t} \qquad \tilde{k}_t = k_t \, e^{-\gamma t}$$

La relation d'accumulation du capital (14) devient en effet :

$$(14) \qquad \frac{1}{\tilde{k}_t}\frac{d\tilde{k}_t}{dt} = s\frac{f(\tilde{k}_t)}{\tilde{k}_t} - (n + \gamma)$$

Le seul changement est que le taux naturel incorpore maintenant la croissance de la productivité du travail. La figure 5 illustre le modèle de croissance néoclassique avec progrès technique. La courbe qui décrit l'accumulation du capital est inchangée avec les grandeurs mesurée en unité efficace, et la croissance exogène est accrue du progrès technique $(n + \gamma)$. Le produit par tête, le capital par tête, la consommation par tête croissent au taux du progrès technique.

FIG. 5 : Modèle avec progrès technique, variables corrigées.

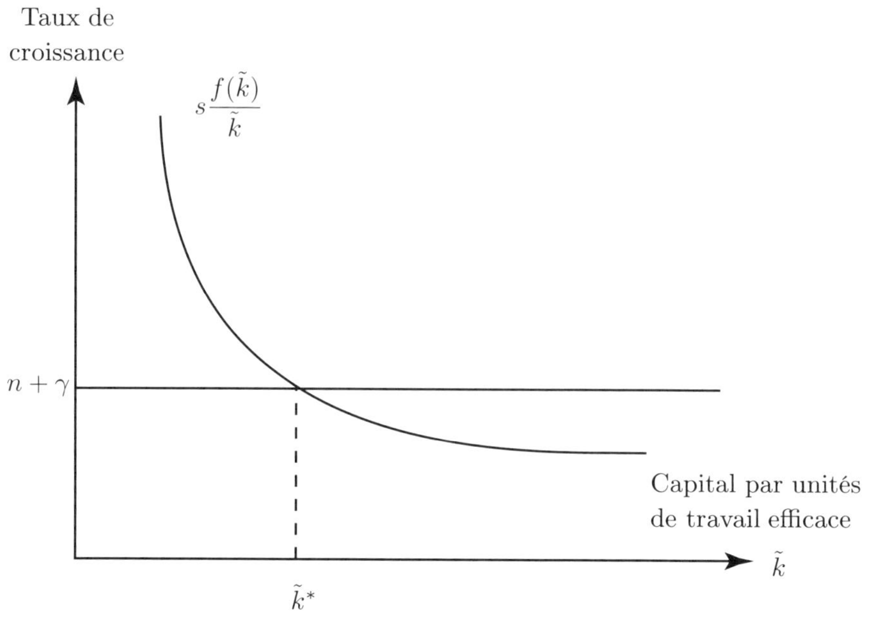


## 3.4 La convergence des économies

Le modèle néoclassique conduit à une propriété importante relative au rythme de développement des économies. Si les différents pays ne diffèrent que par la dotation initiale en capital, la croissance sera plus élevée dans le pays « pauvre » et les économies convergeront vers le même niveau de capital par tête et de produit par tête.

Ce résultat est illustré dans la figure 6 où $k_0^P$ et $k_0^R$ représentent respectivement le capital initial des pays pauvre et riche. Le taux de croissance du capital par tête et du produit par tête sont en effet des fonctions monotones de l'écart à la valeur d'équilibre. Il y a donc toujours convergence des économies comme on peut le vérifier avec une fonction de production Cobb-Douglas :

$$(15) \qquad Q_t = (K_t)^{\alpha}(N_t)^{1-\alpha}$$

On obtient, en variables réduites :

$$(16) \qquad q_t = f(k_t) = k_t^{\alpha} \qquad 0 < \alpha < 1$$

Le taux de croissance du capital par tête résulte de l'équation :

$$\frac{1}{k_t}\frac{dk_t}{dt} = s\,k_t^{-(1-\alpha)} - n \tag{17}$$

et, en utilisant la fonction de production (16), on en déduit le taux de croissance du produit par tête :

$$\frac{1}{q_t}\frac{dq_t}{dt} = \alpha\left[s\,q_t^{-\frac{1-\alpha}{\alpha}} - n\right] \tag{18}$$

FIG. 6 : Convergence dans le modèle néoclassique.

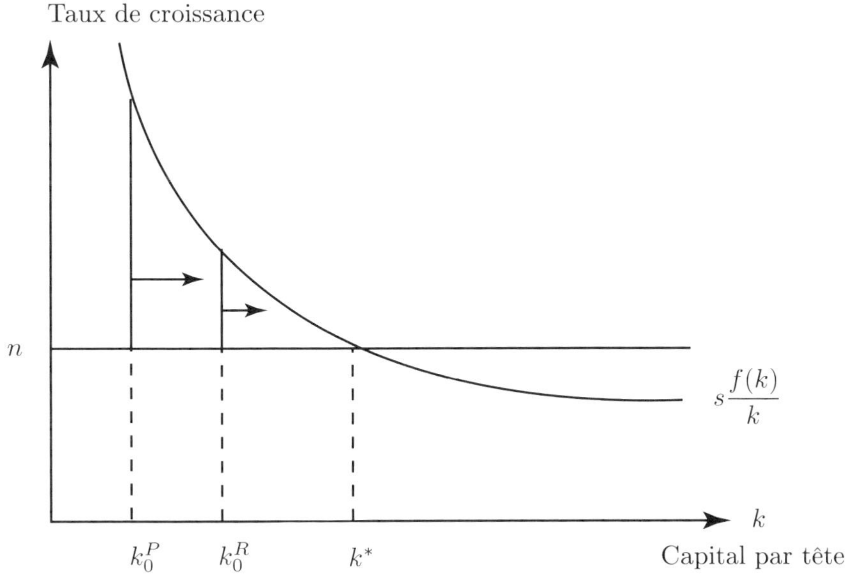


L'étude empirique de la convergence des économies montre qu'il y a effectivement une tendance à la convergence entre pays industrialisés ou entre les différentes régions ou états d'une même nation. Barro et Sala-I-Martin (1990) mettent en évidence une relation décroissante entre le taux de croissance du revenu par tête et le niveau initial du revenu par tête des états américains sur la période 1880-1988. Des résultats comparables peuvent être trouvés entre les régions françaises ou entre les États européens. Le graphique 1 en introduction du chapitre montre que la productivité du travail, en Allemagne, en France et au Japon avait rejoint progressivement les niveaux de productivité américain au cours des cinquante dernières années.

Toutefois, les pays en voie de développement n'ont pas connu en général une croissance plus rapide que les pays industrialisés au cours des vingt dernières années.

D'autres facteurs comme, par exemple, la différence dans les taux d'épargne peuvent expliquer, dans le cadre du modèle néoclassique, que le taux de croissance des pays pauvres puisse être inférieur à celui des pays riches.

## 3.5 Convergence lorsque les taux d'épargne diffèrent

Nous avons vu que si le taux d'épargne influence le niveau du produit par tête et du capital par tête, il n'a pas d'impact sur le rythme de croissance à long terme de l'économie. La figure 7 illustre l'effet d'un relèvement du taux d'épargne : la croissance est accélérée temporairement, mais l'économie tend à long terme vers le taux de croissance naturel (le produit par tête et le capital par tête augmentent au rythme du progrès technique). La hausse du taux d'épargne engendre donc seulement une accélération transitoire de la croissance de l'économie pour la conduire vers un sentier plus capitalistique. Nous avons vu cependant que pour qu'il en résulte une hausse de la consommation par tête, le taux d'épargne doit être inférieur à celui qui correspond à la règle d'or. Dans cette hypothèse, la consommation par tête commence par diminuer du fait de la hausse de l'épargne puis l'augmentation du produit par tête permet de rejoindre un sentier de croissance où le niveau de la consommation par tête est plus élevé. Le choix d'un taux d'épargne correspond donc à un arbitrage entre la consommation présente et la consommation future.

Le taux d'épargne déterminant le niveau du produit par tête, on en déduit que si deux économies diffèrent à la fois par la dotation initiale en capital ($k_0^P < k_0^R$) et par le niveau du taux d'épargne ($s_0^P < s_0^R$) il n'y a plus de convergence absolue entre les deux économies, (c'est-à-dire de convergence des niveaux) mais seulement une convergence relative (en taux de croissance). Si le pays riche en capital a également un taux d'épargne supérieur à celui du pays pauvre, le taux de croissance du pays riche peut être supérieur – dans la période transitoire – à celui du pays pauvre, comme l'illustre la figure 8.

Ce modèle peut donc décrire des situations où, pendant une certaine période, un pays moins développé peut croître moins vite qu'un pays développé. Mais à long terme, la croissance des différentes économies devrait converger. Mais ce résultat est du au caractère exogène de la croissance à long terme sur lequel nous allons revenir maintenant.

## 3.6 Les sources de la croissance dans le modèle néoclassique

Le caractère exogène de la croissance dans le modèle néoclassique peut être illustré graphiquement (figure 9). Si, au lieu de mesurer les grandeurs en unités efficaces pour faire disparaître le progrès technique, comme nous l'avons fait dans le paragraphe 3.3,

FIG. 7 : Impact d'une hausse du taux d'épargne.

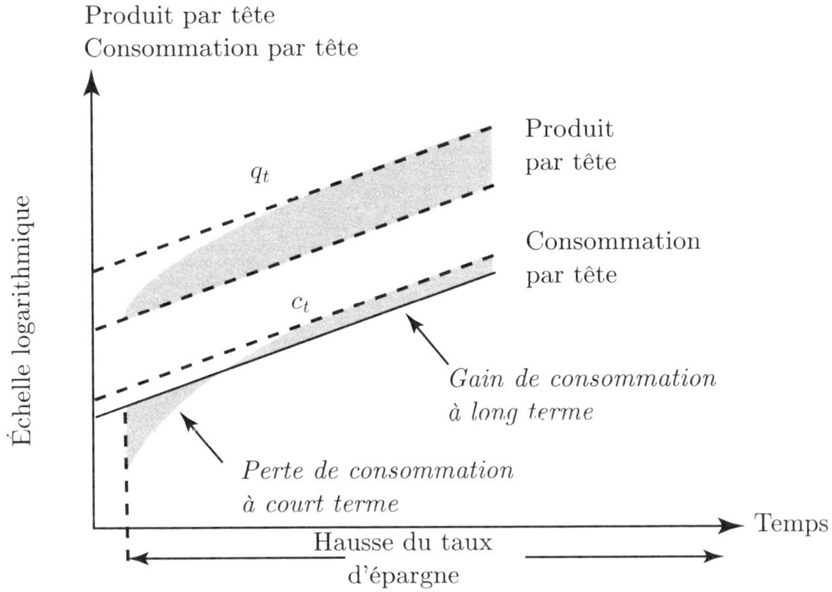


on conserve les variables réelles $q_t$ et $k_t$, on obtient en divisant les deux membres de la relation 12 par l'emploi :

$$q_t = F(k_t, e^{\gamma t}) \tag{19}$$

À partir du point A, l'accumulation du capital réduit le rythme de croissance le long de la courbe AB. La croissance devrait donc ralentir, mais du fait du progrès technique exogène, la courbe représentant le taux garanti se déplace continuellement vers la droite, de sorte que de $t$ à $t+1$ on passe de A à C, ce qui permet de maintenir en permanence une croissance du capital par tête et du produit par tête égale à $\gamma$

Prenons l'exemple d'une fonction Cobb-Douglas :

$$Q_t = (K_t)^{\alpha}\,(N_t\,e^{\gamma t})^{1-\alpha} \tag{20}$$

Exprimée en variables réduites, on obtient :

$$q_t = (k_t)^{\alpha}\,e^{(1-\alpha)\gamma t} \tag{21}$$

En prenant la dérivée logarithmique par rapport au temps de l'équation (21), on obtient la relation en taux de croissance :

$$\frac{1}{q_t}\frac{dq_t}{dt} = \alpha\left(\frac{1}{k_t}\frac{dk_t}{dt}\right) + (1-\alpha)\gamma \tag{22}$$

FIG. 8 : Convergence lorsque les taux d'épargne diffèrent.

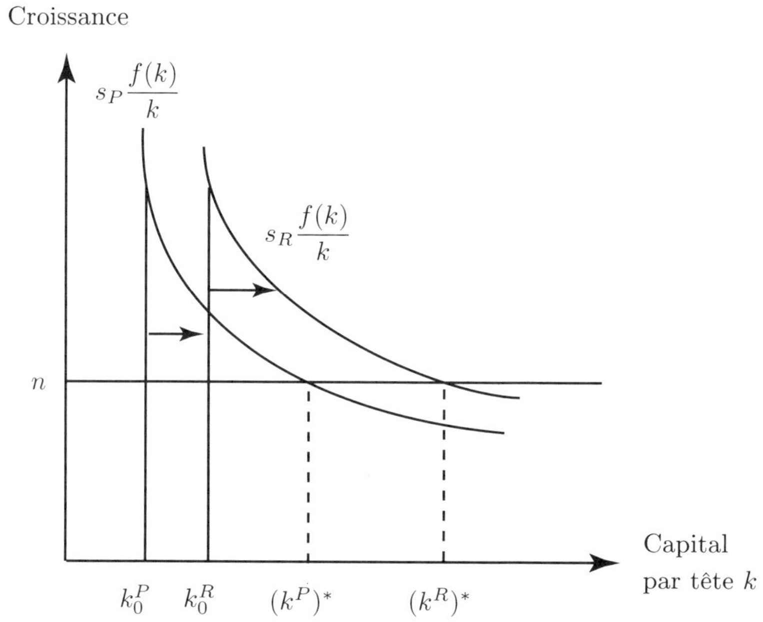


Du fait des rendements décroissants de l'accumulation du capital ($\alpha < 1$), une augmentation du capital par tête engendre toujours une croissance plus faible du produit par tête ; sans facteur exogène de croissance, il n'est donc pas possible d'obtenir une croissance au même taux du produit par tête et du capital par tête (sauf lorsque ce taux de croissance est nul). L'équation (22) montre que $q_t$ et $k_t$ peuvent croître aux taux $\gamma$ parce que le progrès technique compense exactement l'effet de la baisse de la productivité du capital. Le capital par tête croît au taux $\gamma$, ce qui engendre une croissance du produit par tête de $\alpha\gamma$, mais le progrès technique exogène ajoute la fraction $(1-\alpha)\gamma$ qui permet de faire croître le produit par tête au même rythme que le capital par tête.

Le modèle néoclassique de croissance est ainsi une théorie de la dynamique transitoire d'une économie autour d'un sentier de croissance fondamentalement exogène. Ni la politique économique, ni le comportement d'épargne n'affectent la croissance à long terme. Nous allons voir que les modèles de croissance endogène répondent en grande partie aux insuffisances de la théorie traditionnelle que nous venons d'illustrer.

FIG. 9 : Modèle néoclassique avec progrès technique, variables réelles.

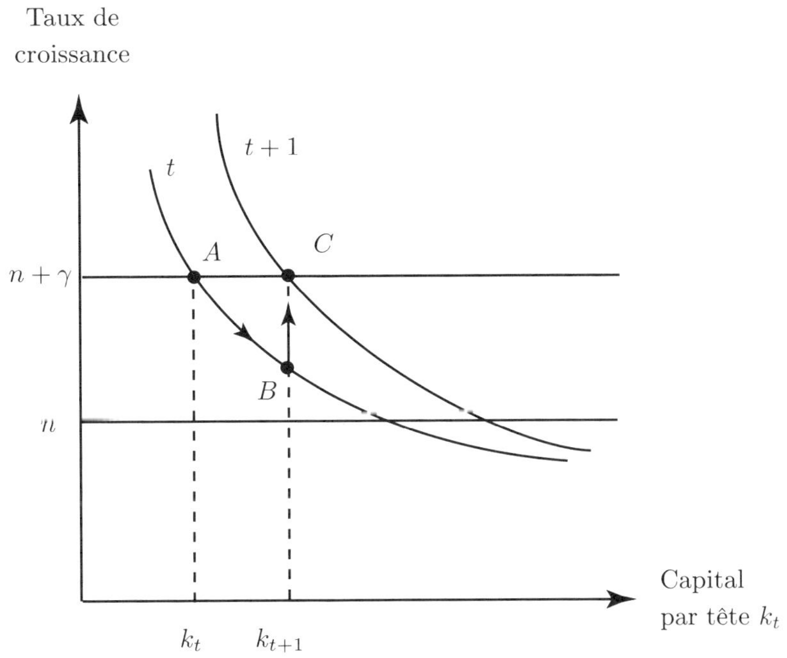


# 4 Une introduction à la croissance endogène

## 4.1 Croissance endogène et rendements des facteurs accumulables

Pour faire apparaître le processus qui inhibe la croissance dans le modèle néoclassique, nous partirons de l'équation différentielle du modèle de Solow qui permet de mettre en évidence la convergence du capital par tête vers la valeur qui correspond au sentier de croissance équilibrée :

$$\frac{1}{k_t}\frac{dk_t}{dt} = s\,\frac{f(k_t)}{k_t} - n \tag{1}$$

Cette équation admet-elle un régime de croissance à taux constant du capital par tête $k_t$ ? Si tel est le cas, le nombre de gauche de l'équation (1) est constant. On en déduit donc en dérivant les deux membres de cette équation par rapport au temps ($n$ est constant) :

$$(2) \qquad 0 = s\frac{f'(k_t)}{k_t}\frac{dk_t}{dt} - s\frac{f(k_t)}{k_t^2}\frac{dk_t}{dt}$$

d'où :

$$(3) \qquad s\left(\frac{1}{k_t}\frac{dk_t}{dt}\right)\left(f'(k_t) - \frac{f(k_t)}{k_t}\right) = 0$$

L'équation (3) montre que si la productivité marginale du capital $f'(k_t)$ diffère de la productivité moyenne $\frac{f'(k_t)}{k_t}$, la seule solution de croissance à taux constant est une croissance nulle du capital par tête. Or, dans le modèle de croissance néoclassique, la productivité marginale du capital est décroissante et, avec les hypothèses habituelles relatives à la fonction de production [conditions d'Inada $f(0) = 0$, $f'(\infty) = 0$, $f'(0) = \infty$], la productivité moyenne est toujours supérieure à la productivité marginale comme le montre la figure 10a. Par exemple, avec une fonction Cobb-Douglas on a :

$$(4) \qquad f(k_t) = k_t^\alpha \quad , \quad f'(k_t) = \alpha \quad , \quad k_t^\alpha > \frac{f(k_t)}{k_t} = k_t^\alpha$$

Ainsi, dans le modèle néoclassique, en raison de l'hypothèse de rendements d'échelle constants, donc de rendements strictement décroissants du capital, la seule solution de croissance à taux constant du capital par tête est une croissance nulle. Certes l'introduction d'un taux de progrès technique exogène permet aux grandeurs par tête de croître à taux constant, mais ceci n'est pas le résultat du modèle lui même.

L'équation (3) montre toutefois qu'il existe une possibilité de croissance à taux constant non nul si la productivité moyenne du capital est toujours égale à la productivité marginale :

$$(5) \qquad f'(k_t) = \frac{f(k_t)}{k_t} \quad \Rightarrow \quad \frac{1}{k_t}\frac{dk_t}{dt} \neq 0$$

La fonction de production est alors linéaire par rapport au stock de capital, comme le montre la figure 10b.

*Ainsi, la seule hypothèse qui engendre une croissance auto-entretenue est un rendement constant par rapport au capital accumulé.*

## 4.2 Rendements constants du capital accumulé

Le modèle le plus simple avec rendements constants du capital accumulable consiste à supposer que la production dépend uniquement du capital total avec des

FIG. 10 : Productivité moyenne et marginale du capital.

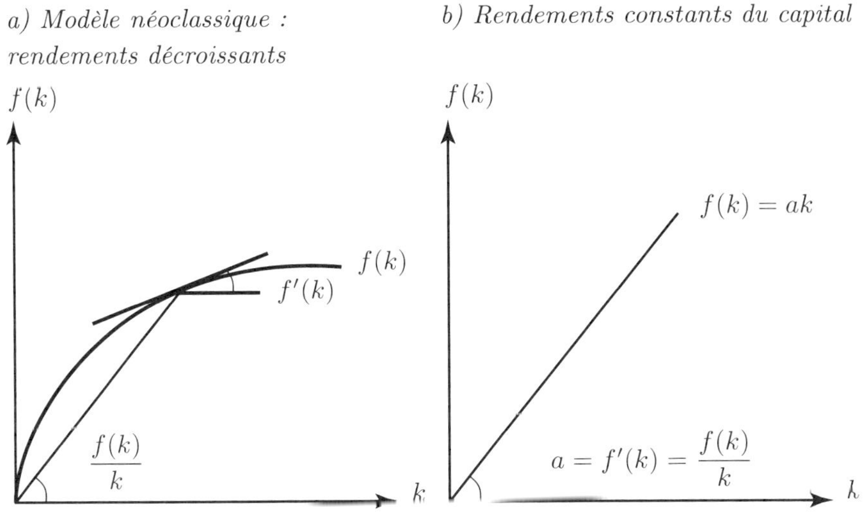


coefficients fixes. Le capital total peu inclure, par exemple, non seulement le capital physique, mais aussi le capital humain. La fonction de production est :

(6) $$Q_t = \frac{1}{\nu} K_t$$

ou, sous forme réduite :

(7) $$q_t = \frac{1}{\nu} k_t$$

La relation décrivant la dynamique du capital par tête s'écrit alors :

(8) $$\frac{1}{k_t}\frac{dk_t}{dt} = \frac{s}{\nu} - n$$

On voit que le capital et par conséquent le produit par tête croissent à taux constant et qu'à la différence du modèle néoclassique avec rendements décroissants du capital, la hausse du taux d'épargne accélère durablement la croissance économique.

## 4.3 Les facteurs de la croissance endogène

Reprenons le modèle de croissance étudié dans la section 3. La fonction de production est à rendements d'échelle constants. En désignant par $a_t$ le progrès technique

FIG. 11 : Croissance endogène.

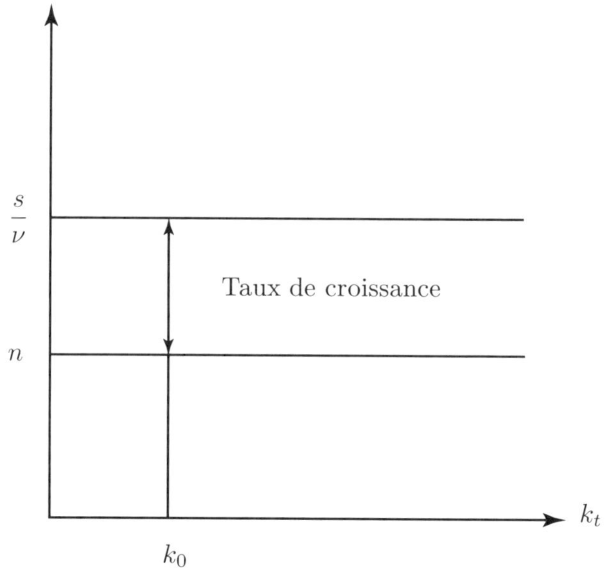


améliorant l'efficacité du travail, elle s'écrit :

(9) $$Q_t = F(K_t\,,\, a_t\, N_t)$$

soit sous forme réduite (en divisant par $N_t$) :

(10) $$q_t = F(k_t, a_t)$$

À l'échelle de la firme, le progrès technique $a_t$ est une donnée qui dépend du niveau de développement de l'économie. De sorte que la relation (10) dans laquelle l'évolution de $a_t$ est exogène (par exemple $a_t = e^{\gamma t}$) décrit bien la fonction de production qui s'applique aux firmes individuelles. En revanche, à l'échelle de l'ensemble de l'économie, il n'y a aucune raison de supposer que l'évolution du progrès technique soit indépendante du niveau de développement. Le progrès technique dépend notamment du stock de connaissances accumulées. Supposons que ce stock de connaissances augmente proportionnellement au stock de capital par tête moyen de l'économie ($a_t = a(k_t)$). À l'échelle de la firme, la relation entre le produit par tête et le capital par tête sera à rendements décroissants (relation 10). En revanche, à l'échelle macroéconomique, la relation sera à rendements constants, puisque $F$ et $a$ sont homogènes et de degré un :

(11) $$q_t = F[k_t, a(k_t)]$$

Puisque dans l'ensemble de l'économie, les rendements sont constants par rapport au stock de capital accumulable, le modèle engendre bien une croissance auto-entretenue.

L'externalité résulte du fait qu'en contribuant à son propre développement, chaque firme contribue au développement du stock global de connaissances. Elle a des conséquences importantes pour la croissance économique que nous aborderons plus en détail dans le cours d'Économie 2, en étudiant les déterminants du taux d'épargne $s$. Mais on peut en donner une idée intuitive ici.

La croissance de l'économie est d'autant plus forte que le taux d'épargne $s$ est élevé. Or le taux d'épargne d'une économie est d'autant plus élevé que la rentabilité du capital est forte. Nous avons vu que ce taux de rentabilité (ou taux de profit) était égal à la productivité marginale du capital. À l'échelle de la firme, cette productivité marginale du capital est égale à $F'_k(k_t, a_t)$ puisque $a_t$ est exogène pour la firme.

La productivité marginale du capital dans l'ensemble de l'économie est en revanche plus élevée que celle qui est perçue par la firme, puisqu'il faut tenir compte du fait que l'accumulation du capital entraîne une accumulation des connaissances qui augmente la productivité de l'économie ($a_t = a(k_t)$). Cette productivité marginale globale est en effet égale à $[F'_k(k_t, a_t) + F'_a(k_t, a_t)\, a'(k)]$. De ce fait, le taux d'épargne (et donc le taux de croissance) résultant d'une optimisation publique qui prend en compte l'externalité est plus élevé que celui qui résulte de l'équilibre concurrentiel. On retrouve la propriété traditionnelle de non optimalité de l'équilibre concurrentiel en présence d'effets externes.

Puisque $a_t = a(k_t)$ dans l'ensemble de l'économie, la productivité marginale globale du capital est constante (il en est de même de la productivité moyenne), ce qui permet une croissance auto-entretenue.

Outre la prise en compte des effets externes, l'État peut avoir une influence directe sur la croissance économique par l'intermédiaire des dépenses d'infrastructures (moyens de communication, télécommunications) qui contribuent à améliorer l'efficacité du secteur privé. C'est ainsi que le modèle proposé par Barro [1990] intègre à fois le capital public $g$ (infrastructures) et le capital privé $k$ dans la fonction de production des firmes, avec des rendements constants par rapport aux facteurs accumulables. Comme l'accumulation du capital public résulte de l'impôt, toute augmentation du capital privé $k$ engendrera automatiquement une augmentation du capital public $g(k)$ et on retrouve exactement les mêmes propriétés que dans l'exemple précédent. Les firmes ne prenant pas en compte dans leur optimisation l'externalité résultant de l'accumulation conjointe du capital public, l'équilibre concurrentiel conduit à une croissance trop faible. La figure 12 présente les mécanismes de la croissance endogène et les trois principaux facteurs de la croissance, autres que l'accumulation du capital physique :

- accumulation des connaissances,
- infrastructures,
- capital humain (éducation et formation).

Ces trois facteurs de conduisent a des externalités et à des propriétés comparables à celle que nous avons décrite pour le stock de connaissances.

FIG. 12 : Quelques modèles de croissance endogène.

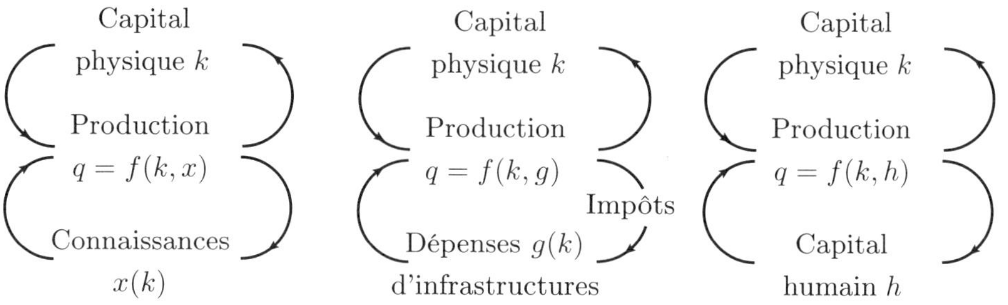


Le renouveau des théories de la croissance dans la seconde moitié des années quatre-vingts a fortement stimulé la recherche sur les sources et les facteurs de la croissance économique. Il reste cependant un long chemin à parcourir pour confirmer ou infirmer les conclusions les plus controversées auxquelles ont conduit ces nouvelles théories. La politique économique modifie-t-elle seulement transitoirement le rythme de croissance, comme le suppose la théorie traditionnelle (modèle néoclassique étudié dans la section 3) ou durablement comme le suggèrent les théories de la croissance endogène (section 4) ? Les chocs temporaires positifs ou négatifs affectant l'accumulation du capital physique ou humain laissent-ils des traces durables sur le niveau de développement d'une économie ou n'ont ils qu'un effet temporaire, comme le suggère la théorie traditionnelle ? Il faudra sans doute de longues années pour que les théories récentes de la croissance dont nous venons d'évoquer quelques aspects dans cette dernière section conduisent à des résultats empiriques suffisamment robustes pour guider les politiques économiques.

## Notions à retenir

*Convergence*

Dans le modèle de croissance traditionnel (néoclassique), des économies qui ont le même taux d'épargne ont tendance à converger vers les mêmes niveaux de productivité. Si les taux d'épargnent diffèrent les niveaux de productivité diffèrent également, mais elles convergent vers le même rythme de croissance à long terme.

*Croissance endogène*

Dans le modèle de croissance traditionnel (néoclassique), la croissance de la productivité du travail résulte d'un progrès technique exogène. Les modèles de croissance endogène décrivent au contraire l'impact de l'accumulation des connaissances ou du capital humain sur la croissance de la productivité du travail.

*Impact d'une hausse de l'épargne*

Dans le modèle de croissance néoclassique, une hausse du taux d'épargne n'a qu'un effet transitoire d'accélération de la croissance et conduit à un sentier de croissance plus capitalistique. Dans un modèle de croissance endogène, une hausse du taux d'épargne conduit durablement à un taux de croissance plus élevé.

*Externalités*

En présence d'externalités (par exemple impact du développement économique sur le stock de connaissances) une politique publique prenant en compte ces externalités permet d'obtenir une croissance plus forte.

# Conclusion générale : un survol de l'évolution économique des cinquante dcrnières années

Dans l'introduction de ce cours nous avons insisté sur la persistance du chômage qui a caractérisé les pays européens pendant près de deux décennies alors que les États-Unis qui ont subis les même chocs sont revenus rapidement au plein emploi et que l'Europe avait été pendant les trente années qui précédaient, une zone de croissance forte et de plein emploi (graphique 1)

GRAPHIQUE 1 : Évolution des taux de chômage en Europe, en France et aux États-Unis.

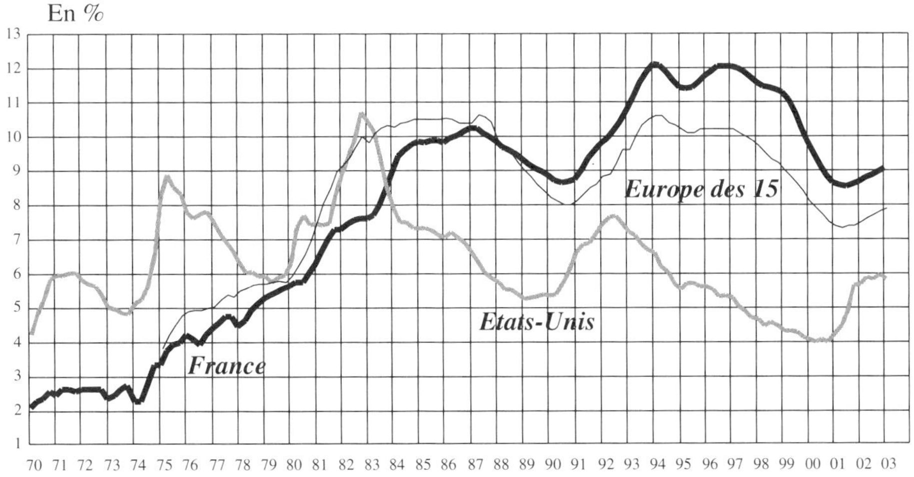

La thèse que nous allons illustrer dans la conclusion de ce cours est que cette longue période de difficultés qui a caractérisé l'Europe est née en partie du décalage qui s'est produit depuis l'éclatement du système de Bretton Woods, entre l'interdépendance croissante des économies européennes et le fait que les instruments de politique économique soient restés – jusqu'à l'union monétaire – à l'échelle nationale, soumis de ce fait à toutes les inefficacités décrites dans le chapitre 4.

Nous allons passer rapidement en revue les grandes étapes de ce demi siècle au regard des enseignements des chapitres qui précèdent.

**Les trente glorieuses : croissance forte et plein emploi dans un contexte de changes fixes et d'ajustement négociés (Bretton-Woods) et de rattrapage.**

Dans les années qui suivirent la seconde guerre mondiale, l'Europe a connu une croissance forte, tout particulièrement dans les pays qui ont souffert des destructions de la $2^{ème}$ guerre mondiale (France, l'Italie et l'Allemagne ... ). La reconstruction des économies détruites par la guerre, aidée par les financements internationaux émanant du plan Marshall a engendré des taux d'investissement et des gains de productivité très élevés. Dans cette période (que l'on a parfois qualifiée d'ère des « miracles économiques » par opposition aux années trente marquées par la grande crise et la stagnation), la croissance économique a souvent buté en France, sur des pénuries de main d'œuvre, malgré une immigration relativement importante en provenance des pays du Sud de l'Europe.

Dans les années soixante, l'arrivée progressive sur le marché du travail des générations nombreuses nées après la guerre a été absorbée sans difficulté grâce au rythme élevé de croissance économique. Dans l'ensemble des pays industrialisés, les années soixante ont été en effet caractérisées par une croissance forte, de plein emploi, et à tendance inflationniste en fin de période. En Europe, le développement du Marché Commun et l'ouverture des économies a donné un second souffle à la croissance, après l'épuisement des miracles économiques de l'après-guerre, conduisant à la poursuite du phénomène de rattrapage et de convergence vers les niveaux de productivité américains analysée dans le chapitre 5. Le rythme élevé des créations d'emploi permettait de maintenir le plein emploi avec des taux de chômage frictionnels qui restaient très faibles (autour de 2% en moyenne). L'économie américaine, soutenue par des politiques d'expansion de la demande, a crû également à un rythme élevé au regard des évolutions antérieures et le chômage y a atteint son point le plus bas dans la deuxième moitié de la décennie 60. Le Japon a connu une évolution similaire aux économies européennes avec une croissance forte conduisant à un rattrapage progressif des niveaux de productivité américains.

**Les chocs pétroliers et l'éclatement du système de Bretton-Woods.**

Si l'épuisement du phénomène de rattrapage devait conduire en Europe au ralentissement des gains de productivité du travail, et à un ralentissement progressif de la croissance, la rupture brutale de croissance qui engendra une longue période de montée du chômage en Europe à partir du milieu des années soixante dix fut la conséquences des chocs qui modifièrent profondément les conditions dans lesquelles s'exerçaient les politiques économiques. Ces chocs furent l'éclatement du système de Bretton-Woods lorsque le dollar abandonna sa convertibilité avec l'or (Août 1971) puis devint flottant (mars 1973), puis les chocs pétroliers qui affectèrent simultanément tous les pays industrialisés en dégradèrent l'ensemble les objectifs de la politique économique.

Nous allons voir que les chocs pétroliers ne permettaient pas de réponse simple des politiques économiques. Mais le phénomène qui eut sans doute la répercussion la plus durable fut la disparition du système de Bretton Woods dans un contexte où l'ouverture accrue des économies les rendaient de plus en plus interdépendantes.

En dégradant simultanément les quatre objectifs habituels des politiques économiques (plein emploi, stabilité des prix, équilibre des finances publiques et équilibre extérieurs), ils engendrèrent une situation à laquelle les gouvernements nationaux étaient peu préparés et qui ne se prêtait guère à une solution simple. Le tableau 3 présente l'évolution de ces quatre objectifs (carré magique) dans l'Europe des douze au moment des deux chocs pétroliers et le graphique 2 indique l'évolution de ces mêmes grandeurs sur longue période.

La croissance économique, qui était de 5% en moyenne dans les deux années qui précédaient le premier choc pétrolier, devint nulle en 1974-1975, ce qui entraîna une forte hausse du chômage ; l'inflation passa de 7,5% à 13,5% ; les échanges extérieurs qui étaient excédentaires avant le choc devinrent déficitaires et le déficit des finances publiques se creusa fortement (de 1,4% à 3,8% du PIB) en raison des pertes de rentrées fiscales résultant du ralentissement de la croissance. Le même phénomène se reproduisit lors du second choc pétrolier de 1979.

TAB. 3 : La détérioration du carré magique (Europe des douze)

| | 1er choc pétrolier | | 2ème choc pétrolier | |
|---|---|---|---|---|
| | 1972-1973 | 1974-1975 | 1978-1979 | 1980-1981 |
| Croissance (%) | 5,2 | 0,3 | 3,2 | 0,3 |
| Inflation (%) | 7,5 | 13,5 | 9,0 | 12,2 |
| Balance courante (% PIB) | 0,5 | -0,5 | 0,4 | -1,0 |
| Solde budgétaire (% PIB) | -1,4 | -3,8 | -3,8 | -4,5 |

*Sources* : OCDE, Eurostat.

S'il était relativement facile de répondre à une croissance inflationniste par une politique restrictive, à un déficit extérieur par une dévaluation ou un plan de stabilisation, à une hausse du chômage par une politique expansionniste, il n'existe aucune réponse simple, isolée ou coordonnée, à une dégradation simultanée de la croissance (donc de l'emploi), de l'inflation et des équilibres extérieurs et publics.

**Premier choc pétrolier : politiques expansionnistes**

Les gouvernements réagirent au premier choc pétrolier par des relances budgétaires et des politiques monétaires expansionnistes. Au cours de l'année 1975, la France met en place une relance budgétaire en deux temps (avril puis septembre) comportant un soutien à la consommation et au logement des ménages, accompagné d'une forte augmentation de l'investissement public et d'un aide fiscale à l'investissement des entreprises. De 1974 à 1979, l'Allemagne mettra en oeuvre successivement trois plans de relance de l'activité économique. Le premier (1974-1975) combine une relance de l'investissement et des allègements d'impôts sur le revenu des ménages, le second (1977) accélère le programme initialement prévu d'augmentation des dépenses et réduit à nouveau l'impôt sur les ménages. Le troisième a été décidé à la suite du sommet de Bonn réunissant en juillet 1978 les sept grands pays industrialisés (G7). Les 7 pays s'étaient engagés à mettre en oeuvre des politiques de stimulation coordonnée de la croissance et l'Allemagne devait jouer —- en raison de sa situation financière favorable et de son excédent extérieur -— le rôle de « locomotive ». Cette dernière relance interviendra peu avant le second choc pétrolier et l'Allemagne connaîtra pour la première fois depuis les années cinquante un déficit de la balance courante en 1979.

Le résultat de ces politiques fut une reprise rapide et une inflation persistante. En raison de la forte croissance du PIB nominal, la dette publique exprimée en % du PIB ne connut pratiquement pas d'augmentation, malgré le creusement des déficits publics. Nous avons vu en effet dans le chapitre 1 (page 29), que l'évolution du ratio d'endettement ($b_t$ rapport de la dette au PIB en valeur) dépend du déficit public ($d_t$ exprimé en % du PIB) diminué du produit de la dette par la croissance du PIB nominal :

$$(1) \qquad \frac{db_t}{dt} = d_t - b_t(\overset{o}{Q} + \overset{n}{p})$$

Au moment du premier choc pétrolier, la dette publique était faible dans les pays européens (environ 30% du PIB). Malgré des déficits publics qui ont atteint entre 3 et 4% du PIB à la suite du choc pétrolier, la dette publique n'a pratiquement pas augmenté en % du PIB car la croissance du dénominateur - PIB nominal - était forte (comprise entre 10 et 15 %). La relation 1 montre qu'avec une croissance de 10 % du PIB nominal, une dette de 30% du PIB n'augmente pas si le déficit n'excède pas 3% du PIB et une dette de 60% du PIB n'augmente pas si le déficit n'excède pas 6% du PIB. La forte inflation engendrée par le choc pétrolier et tolérée par une politique monétaire très expansionniste (le graphique 3 présentant le taux d'intérêt réel dans le chapitre 4 montre que celui-ci était négatif à l'époque) a limité l'effet défavorable du creusement des déficits sur l'endettement.

**Le début des années 80 : des politiques budgétaires et monétaires trop restrictives en Europe accentuent la dépression**

La réaction des politiques économiques fut radicalement différente lors du second choc pétrolier. Les gouvernements adoptèrent des politiques monétaires et budgétaires restrictives pour lutter contre l'inflation et pour tenter de réduire les déficits extérieurs et publics. Il en résulta une forte désinflation (graphique 2), mais au prix d'un chômage qui augmenta fortement et durablement en Europe (graphique 1) et d'une faible croissance qui s'opposa à la réduction effective des déficits publics.

GRAPHIQUE 2 : Croissance, inflation et déficit public dans l'Europe des 15.

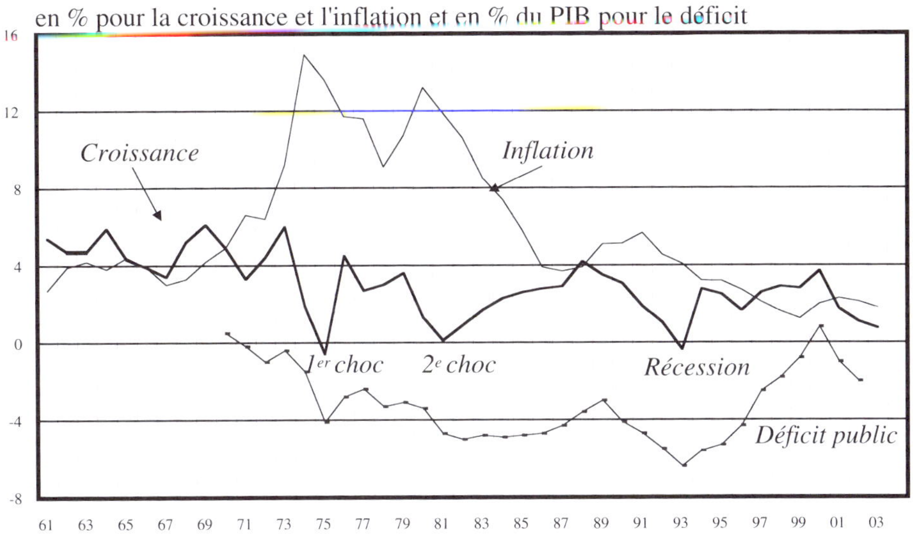


Des politiques budgétaires non coordonnées en réponse au choc dépressif eurent en effet pour conséquence des politiques beaucoup trop restrictives au regard des objectifs de réduction des déficits extérieurs et publics. Comme nous l'avons vu dans la section 4 du chapitre 4, dans une telle configuration où chaque pays pratique une politique budgétaire restrictive pour rétablir son solde budgétaire et/ou son solde extérieur, les difficultés sont reportées sur le partenaire : la réduction de ses exportations aggrave son déficit extérieur et exerce un effet dépressif qui creuse également son déficit budgétaire. En raison du fort ralentissement de la croissance et des pertes de recettes fiscales en résultant, les politiques budgétaires restrictives furent inefficaces sur la réduction des déficits budgétaires qui restèrent élevés.

Au total, le seul impact positif de ces politiques fut la forte désinflation qui, dès le milieu des années quatre-vingt effaça l'impact des chocs pétroliers sur l'inflation. Cette désinflation fut le résultat de la faiblesse de la demande qui pesa sur les prix ainsi que de la montée du chômage qui pesa sur l'évolution des salaires. Mais la désinflation contribua fortement à la hausse de l'endettement car les déficits publics européens n'étaient pas à cette époque ajustés à une faible inflation. Des déficits publics de l'ordre de 4% du PIB (voir graphique 2) qui étaient compatibles avec une stabilité de la dette lorsque la croissance nominale était de 10% (cas de la seconde moitié des années soixante-dix) ne l'étaient plus lorsque la croissance nominale tomba à 5% dans les années quatre-vingt. Il en résulta une tendance permanente à la hausse de l'endettement (graphique 3) qui ne prit fin que lorsque les déficits passèrent au dessous du critère de Maastricht, lors de la convergence vers l'union monétaire à la fin des années 90.

GRAPHIQUE 3 : Évolution de la dette publique (en % du PIB).

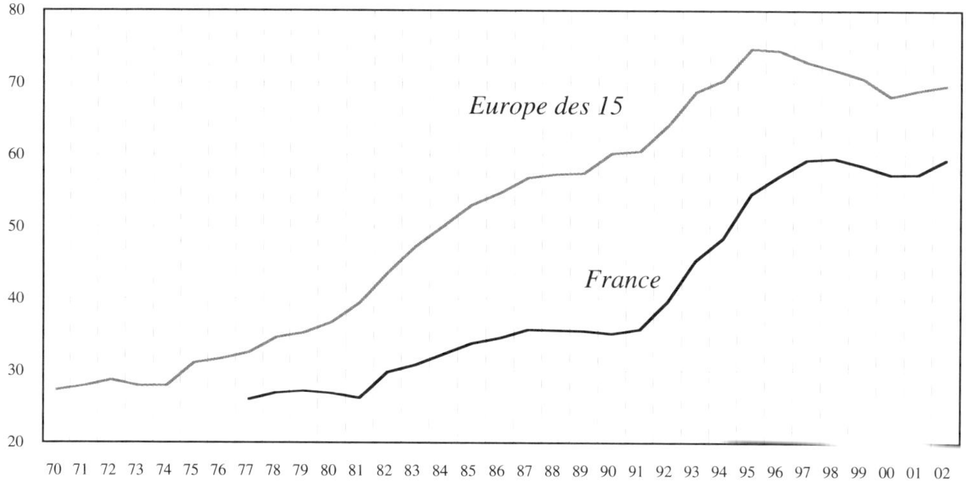


Les politiques furent cependant très différentes des deux cotés de l'Atlantique. Alors que l'Europe abandonna les politiques expansionnistes, les États-Unis utilisèrent massivement la politique budgétaire pour sortir de la récession du début des années quatre-vingt, et tout aussi massivement la politique monétaire pour stimuler la reprise après la récession du début des années quatre-vingt-dix. Au début des années quatre-vingt dix, l'Europe souffrit à nouveau fortement d'un déficit de coordination des politiques économiques, mais cette fois ci du coté des politiques monétaires, au sein d'un SME devenu, avec la libération quasi complète des mouvements de capitaux, incompatible avec des politiques monétaires indépendantes, comme l'a illustré le chapitre 4.

### La récession de 93 en Europe

En 1991, les États-Unis connaissent une récession. La banque centrale américaine (la Federal Reserve) va alors baisser fortement ses taux d'intérêt à court terme dans l'année qui suit (graphique 4) pour les amener au niveau de l'inflation – c'est-à-dire les annuler en termes réels –, afin de permettre le redémarrage rapide de l'économie. La phase de croissance qui suivit cette récession sera particulièrement forte et longue puisqu'elle ne s'épuisera que dix ans plus tard avec l'éclatement de la bulle internet.

GRAPHIQUE 4 : Taux d'intérêt réels à court terme.

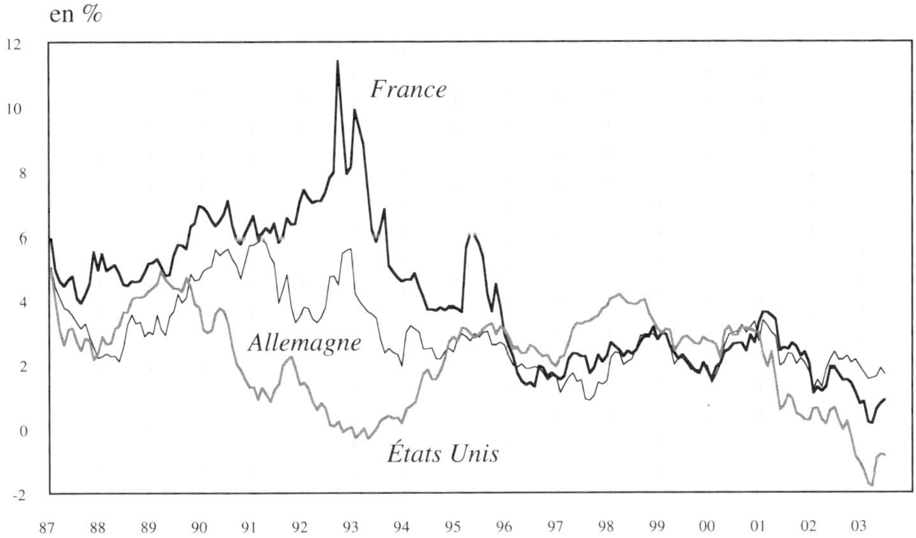


Deux ans plus tard en 1993, les pays européens membres du SME vont connaître une récession, qui a son origine dans l'inadéquation complète entre les politiques monétaires nationales et la réalité conjoncturelle et illustre parfaitement le triangle d'impossibilité de Mundell vu au chapitre 4 : « *on ne peut avoir simultanément des changes fixes, des mouvements de capitaux totalement libérés et des politiques monétaires indépendantes* ».

Après la réunification allemande de 1989, l'Allemagne a connu en effet une croissance très forte avec une accélération de l'inflation qui a conduit la Bundesbank à relever ses taux d'intérêt à court terme jusqu'en 1992. Or, à la même époque les partenaires de l'Allemagne et notamment la France étaient confrontés à un ralentissement économique qui nécessitait au contraire une politique monétaire expansionniste. Mais, dans le SME où les mouvements de capitaux sont très sensibles aux taux d'intérêts, les taux des partenaires de l'Allemagne dont la monnaie est moins crédible que le Mark ne peuvent pas être plus faibles que les taux allemands comme le fait apparaître le graphique 5. Entre les taux d'intérêt des deux pays, on a en effet la relation :

Taux français = Taux allemand + appréciation anticipée du Mark/Franc

GRAPHIQUE 5 : Taux d'intérêt nominal court terme en France et en Allemagne.

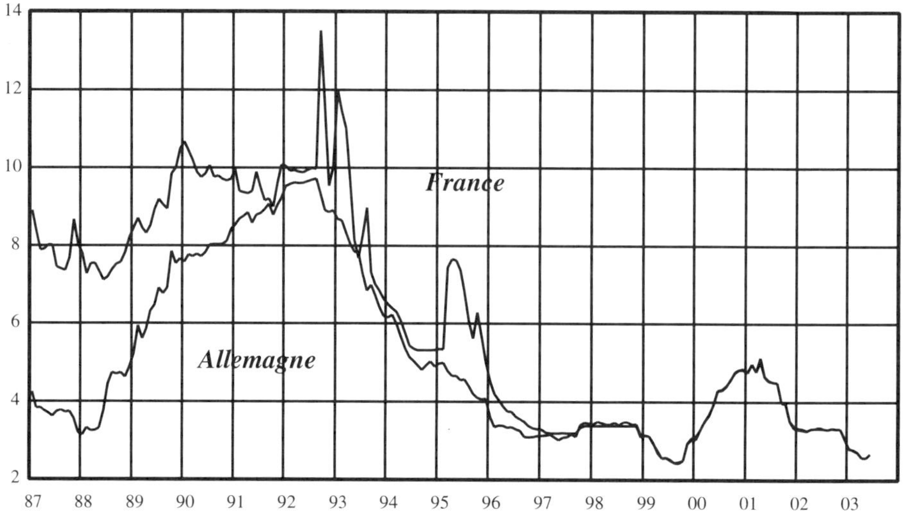


GRAPHIQUE 6 : Taux de change Franc-mark.

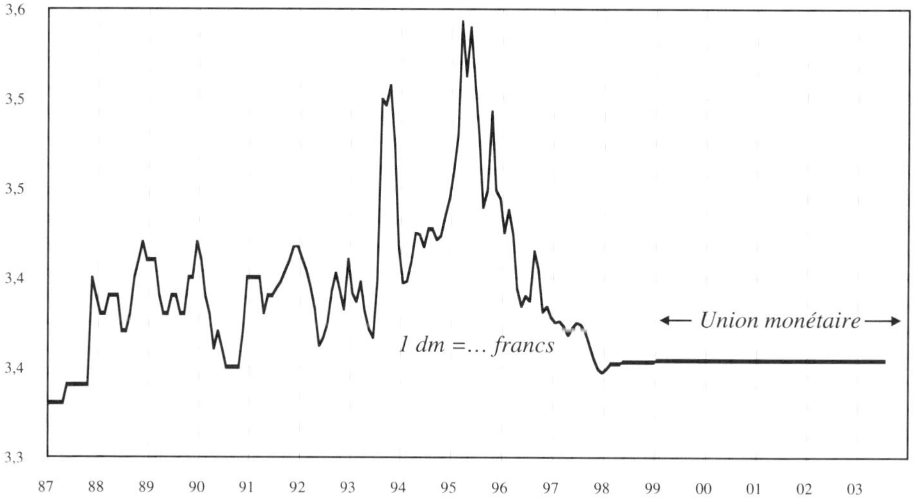

La seule façon d'obtenir des taux d'intérêt à court terme plus faibles que les taux allemand aurait été de baisser brutalement les taux d'intérêt en laissant le Franc se déprécier suffisamment pour que les marchés anticipent une appréciation dans le futur corrigeant la dépréciation initiale, stratégie qui fut suivie par le Royaume-Uni à la même époque. Pour maintenir leur parité avec le Mark, les partenaires de l'Allemagne ont du au contraire relever leurs taux d'intérêt à court terme, en pratiquant de ce fait des politiques monétaires restrictives au moment où l'inverse eût été nécessaire. En outre les attaques contre le Franc lors des crises spéculatives de 1993 et 1995 (cf. graphique 6) on conduit à un fort relèvement des taux d'intérêt français pour compenser le risque de dépréciation.

Avec des mouvements de capitaux totalement libérés, le SME était devenu un système de change pervers, obligeant les partenaires de l'Allemagne à suivre la politique monétaire allemande alors même que leur conjoncture pouvait différer et les conduisant à augmenter fortement leur taux d'intérêt lors des crises spéculatives. L'Union monétaire aurait permis une meilleure gestion de cette situation, même si elle n'est pas a priori le système le plus adapté à la résolution des chocs asymétriques. Les taux d'intérêt auraient été fixés en fonction de la conjoncture de la zone euro et auraient donc baissé dans la phase de ralentissement ; en outre la montée des taux liée à la lutte contre la spéculation n'aurait pas existé. De fait, les graphiques 5 et 6 montrent que depuis l'union monétaire, les taux d'intérêt sont très bas en Europe et n'ont jamais été aussi bas d'ailleurs en France (y compris en termes réels) depuis le début des années 80.

L'Union monétaire offre aujourd'hui le cadre adéquat aux politiques macroéconomiques dans un espace économique européen qui s'est affranchi depuis de nombreuses années des frontières nationales. Pour être pleinement efficace, il reste toutefois à coordonner plus étroitement la politique monétaire de l'union avec les politiques budgétaires nationales, de façon à ajuster le policy-mix (la combinaison des politiques budgétaires et monétaires) à la conjoncture de l'union. Il est clair, par exemple, que dans la phase de ralentissement de 2002-2003 où les soldes budgétaires se sont creusés à nouveau, où l'Euro s'est fortement apprécié par rapport au dollar et où l'inflation reste faible dans la zone euro, la politique monétaire est l'instrument le plus adapté au soutien de l'économie européenne.

# Annexes

# Exercices et problèmes

## Problème 1 : Exercices sur le modèle keynésien

### Exercice 1 : Deux versions dynamiques du multiplicateur keynésien

***1. Modèle keynésien statique***

Dans une situation de sous emploi keynésien, la production est déterminée par la demande. Négligeons les dépenses publiques et supposons l'investissement exogène, le modèle s'écrit :

$$Q = C + I$$
$$C = c\,Q \qquad \textit{Consommation}$$
$$E = Q - C \qquad \textit{Épargne}$$

Calculer l'effet multiplicateur sur le PIB d'un accroissement $(\Delta I)$ de l'investissement et vérifier que l'épargne augmente du même montant que l'investissement.

***2. La consommation s'ajuste au revenu avec un retard d'une période***

$$Q_t = C_t + I_t \qquad \textit{Production}$$
$$C_t = c\,Q_{t-1} \qquad \textit{Consommation (avec } c = 0,5)$$
$$E_t = Q_t - C_t \qquad \textit{Épargne}$$

Dans la situation initiale, l'investissement est constant ($I_t = I_0$ lorsque $t \leq 0$). L'investissement augmente de $\Delta I =$ *10 milliards* à partir de la date 0 ($I_t = I_0 + \Delta I$ lorsque $t \geq 1$).

*a)* En déduire l'évolution de la production, de la consommation et de l'épargne en écart par rapport à la situation initiale ($\Delta Q_t = Q_t - Q_0 \ldots$), en résolvant le modèle et en complétant numériquement le tableau suivant :

| Périodes | Investissement | Production | Consommation | Épargne |
|---|---|---|---|---|
| 1 | 10 | | | |
| 2 | 10 | | | |
| 3 | 10 | | | |
| $\infty$ | 10 | | | |

*b)* Commentez les évolutions.

***3. La production s'ajuste à la demande avec un retard d'une période.***

Pour cela il faut introduire des stocks $S_t$ dont les variations ($S_t - S_{t-1}$) absorbent l'écart entre la production de la période et la demande de la période. Le modèle s'écrit :

$Q_t = C_t + I_t + S_t - S_t - 1$

$Q_t = C_t - 1 + I_{t-1}$ *Ajustement de la production à la demande*$(t-1)$

$C_t = c\,Q_{t-1}$ *Consommation (avec* $c = 0,5$*)*

$E_t = Q_t - C_t$ *Épargne*

*a)* Comment s'écrit dans ce modèle l'équilibre de l'épargne et de « l'investissement » ?

*b)* On suppose comme précédemment que l'investissement est constant dans la situation initiale et les stocks sont nuls. L'investissement augmente de 10 milliards à partir de la date 1. Déterminer l'évolution de la production, des stocks, de la consommation et de l'épargne en complétant le tableau suivant :

| Périodes | Investissement | Stocks | Production | Consommation | Épargne |
|---|---|---|---|---|---|
| 1 | 10 | | | | |
| 2 | 10 | | | | |
| 3 | 10 | | | | |
| $\infty$ | 10 | | | | |

*c)* Commentez les évolutions.

## Exercice 2 : Le rôle stabilisateur de la politique budgétaire

Cet exercice illustre le rôle stabilisateur des finances publiques. On considère le modèle suivant d'une économie en sous-emploi keynésien où Z désigne les composantes exogènes de la demande (investissement et échanges extérieurs) :

$$Q = C + G + Z \qquad \textit{Production}$$
$$C = c(Q - T) \qquad \textit{Consommation}$$
$$T = t\,Q \qquad \textit{Fiscalité}$$
$$D = G - T \qquad \textit{Déficit budgétaire}$$

On suppose que les fluctuations économiques résultent de la variable $Z$ et on compare deux règles de comportement des autorités budgétaires :

- elles maintiennent un objectif de dépenses ($G$ constant)
- elles maintiennent un objectif de déficit public ($D$ constant).

Quelle est la règle la plus pertinente pour stabiliser les fluctuations économiques. Commentez.

## Exercice 3 : Relance et inflation

### *1. Les entreprises*

On suppose que la fonction de production à court terme est de la forme :

$$Q = f(N) \quad \text{avec } f(N) = N^{\alpha} \quad \text{et } 0 < \alpha < 1$$

où $Q$ est la production, $N$ l'emploi. On note $p$ le prix de la production et $w$ le salaire nominal. Exprimer en fonction du salaire réel l'offre de biens $Q_c$ et la demande de travail $N_c$ qui maximisent le profit de l'entreprise en concurrence parfaite.

### *2. Équilibre concurrentiel*

On suppose que l'offre de travail des ménages est une fonction croissante du salaire réel ($B$ et $\delta$ sont des constantes positives) :

$$N^{+} = B\left(\frac{w}{p}\right)^{\delta}$$

On néglige l'investissement. La demande de biens est la somme de la consommation et des dépenses publiques ($C + G$). La consommation est fonction du revenu disponible et de l'encaisse monétaire réelle selon la relation :

$$C = c(Q - T) + \beta \frac{M_0}{p}$$ *Demande de consommation (= Consommation réalisée)*

*a)* Écrire les équations d'équilibre des marchés des biens et du travail. Que déterminent chacune de ces équations ?

*b)* Quel est l'impact d'une hausse des dépenses publiques sur la production et les prix (une interprétation qualitative suffit) ?

***3. Prix flexible et salaire nominal rigide***

On suppose que le prix est flexible et le salaire nominal rigide. Le modèle s'écrit :

| | | |
|---|---|---|
| (1) | $w = \overline{w}$ | *Salaire rigide* |
| (2) | $Q = f(N)$ avec $f(N) = N^\alpha$ | *Fonction de production* $(0 < \alpha < 1)$ |
| (4) | $N^+ = B\left(\frac{w}{p}\right)^\delta$ | *Offre de travail des ménages* |
| (4) | $Q^+ = \min[Q_c(w/p), f(N^+)]$ | *Offre de biens (potentielle)* |
| (5) | $C = c(Q - T) + \beta \frac{M_0}{p}$ | *Demande de consommation (= Consommation réalisée)* |
| (6) | $Q = C + G$ | *Équilibre des biens et services (offres et demandes réalisées)* |

*a)* Montrer graphiquement dans un diagramme $(Q, p)$ que ce modèle a deux régimes.

*b)* Quel est l'impact d'une relance budgétaire (hausse de $G$) sur la production et les prix dans chacun des régimes. Interprétez.

# Problème 2 : L'impact des politiques budgétaires et monétaires sur le PIB et l'inflation

On étudie dans ce problème l'impact des politiques budgétaires et monétaires sur la production $Q$ et sur l'inflation (prix $p$). La première partie (économie fermée) est une illustration directe du modèle à salaire nominal rigide et prix flexible étudié dans le cours. La deuxième étudie l'inflation importée. La troisième (économie ouverte en changes flexibles) montre que l'effet inflationniste des politiques budgétaires et monétaires est beaucoup plus contrasté en économie ouverte en raison de l'impact de la politique monétaire sur le taux de change et de l'inflation importée qui en résulte.

On suppose dans l'ensemble du problème que le salaire nominal est rigide ($w = \overline{w}$) et le prix $p$ flexible (à la hausse et à la baisse).

## 1. Économie fermée

On désigne par $Q$ la production. Pour produire, les entreprises utilisent du travail $N$ selon la relation suivante (fonction de production) :

$$Q = f(N) \qquad \text{avec } f(N) = N^{\alpha} \qquad \text{et } 0 < \alpha < 1$$

*1.* Calculer l'offre potentielle de biens $Q_c(w/p)$ (la production qui maximise le profit de l'entreprise pour $w$ et $p$ donnés). L'exprimer sous la forme d'une relation croissante entre le prix et la production que l'on écrira : $p = p(Q, \overline{w})$. Vérifier que la relation entre $p$ et $Q$ est linéaire si $\alpha = 1/2$.

*2.* On considère une économie fermée où le salaire nominal est rigide et le prix flexible (à la hausse et à la baisse). La banque centrale contrôle le taux d'intérêt nominal $r$. On suppose que le taux d'inflation à long terme anticipé est constant de sorte que l'investissement dépend du taux nominal. Les fonctions de consommation et d'investissement sont linéarisées et on retient pour la fonction de production $\alpha = 1/2$ qui conduit à une fonction d'offre linéaire entre $p$ et $Q$. Le modèle est résumé par les équations suivantes :

| | | |
|---|---|---|
| (1) | $w = \overline{w}$ | *Salaire rigide* |
| (2) | $Q = f(N)$ avec $f(N) = N^{\alpha}$ et $\alpha = 1/2$ | *Fonction de production* |
| (3) | $Q^{+} = \min[Q_c(w/p), f(\overline{N})]$ | *Offre de travail des ménages* |
| (4) | $C = c\,Q - b\,p$ | *Consommation* |
| (5) | $I = a\,Q - \sigma\,r$ | *Investissement* |
| (6) | $Q = C + I + G$ | *Équilibre des biens et services (offres et demandes réalisées)* |

$Q$ désigne la production, $N$ l'emploi, $\overline{N}$ l'offre de travail (plein emploi), $I$ désigne l'investissement, $C$ la consommation, $r$ le taux d'intérêt ; $c, b, a, \sigma, \alpha = 1/2$, sont des constantes positives avec $0 < a + c < 1$.

*a)* Résoudre le modèle en traçant dans un diagramme $(p, Q)$ les courbes d'offre globale et de demande globale et vérifier que le modèle possède deux régimes : chômage (avec équilibre de l'offre et de la demande de bien) et plein emploi inflationniste.

*b)* Commenter graphiquement l'effet d'une politique expansionniste, budgétaire (hausse de $G$) ou monétaire (baisse du taux d'intérêt $r$), dans chacun des régimes.

*c)* Dans la situation de chômage, calculer l'impact d'une politique budgétaire ($\Delta G > 0$) sur la production, les prix et la consommation et commenter les résultats.

*d)* Dans ce modèle d'une économie fermée, l'impact relatif sur l'inflation et le PIB d'une politique monétaire est-il différent de celui d'une politique budgétaire ?

## 2. Inflation importée : étude de la courbe d'offre

Pour étudier le mécanisme de l'inflation importée, on introduit dans la fonction de production, les matières premières importées $E$. Pour produire, il faut maintenant du travail et des matières premières importées, de sorte que la fonction de production s'écrit :

$$Q = f(N, E) = N^{\alpha} E^{\beta} \qquad \text{avec } \alpha + \beta > 1$$

On désigne toujours par $p$ le prix de la production nationale (en euros). On note $e$ le taux de change défini par 1 Euro $= e\,\$$ (lorsque l'Euro se déprécie $e$ diminue) et par $p_e$ le prix des produits étrangers en \$. Le prix des matières premières importées en euro est donc $(p_e/e)$.

*1.* En résolvant le programme de maximisation du profit des entreprises :

$$\begin{cases} \max \left\{ pQ - \overline{w}N - \dfrac{p_e}{e} E \right\} \\ Q = N^{\alpha} E^{\beta} \\ 0 < \alpha + \beta < 1 \\ p, \overline{w}, p_e, e \quad \textit{donnés} \end{cases}$$

déterminer l'offre potentielle de biens $Q_c\left(\overline{w}, p, \dfrac{p_e}{e}\right)$ et l'exprimer sous la forme d'une relation $p = p\left(Q, \overline{w}, \dfrac{p_e}{e}\right)$

*2.* Quel est l'impact sur les prix nationaux d'une hausse de la production $Q$, d'une hausse du salaire $w$, d'une hausse du prix étranger $p_e$, d'une dépréciation du change $e$. Commenter. En utilisant la différentielle logarithmique de la relation précédente calculer l'impact d'une variation de 1% du prix étranger sur les prix nationaux. Même question pour une variation de 1% du salaire.

## 3. Économie ouverte dans une situation de chômage

On étudie l'impact d'une politique budgétaire et monétaire en économie ouverte et change flexible dans la situation de chômage. Pour cela, on complète le modèle précédent en introduisant la courbe d'offre de la $2^{\text{ème}}$ partie, les échanges extérieurs et les mouvements de capitaux. La balance courante est une fonction croissante de la compétitivité des produits nationaux, c'est à dire du rapport des prix étrangers aux prix nationaux exprimés tous deux en euros ou tous deux en devises (dans les deux cas : $p_e/e\,p$). Les flux de capitaux (entrées nettes de capitaux) sont une fonction croissante de l'écart entre le taux d'intérêt national $r$ et étranger $r_e$. Pour simplifier le modèle on néglige l'impact des prix sur la consommation et celui du PIB sur la balance courante.

Le modèle s'écrit

| | | |
|---|---|---|
| (1) | $w = \overline{w}$ | *Salaire rigide* |
| (2) | $N < \overline{N}$ | *Chômage* |
| (3) | $Q^+ = Q_c\left(\overline{w}, p, \dfrac{p_e}{e}\right) \Leftrightarrow p = p\left(Q, \overline{w}, \dfrac{p_e}{e}\right)$ | *Offre de biens* |
| (4) | $C = c\,Q$ | *Consommation* |
| (5) | $I = a\,Q - \sigma r$ avec $c + a < 1$ | *Investissement* |
| (6) | $BC = \varepsilon \dfrac{p_e}{e\,p}$ avec $\varepsilon > 0$ | *Balance courante* |
| (7) | $Q = C + I + G + BC$ | *Équilibre des biens et services (offres et demandes réalisées)* |
| (8) | $BC + \gamma(r - r_e) = 0$ avec $\gamma > 0$ | *Balance des paiements (changes flexibles réalisées)* |

*1.* Commenter l'équation 3 et les équations 6, 7 et 8..

*2.* En utilisant les équations 4 à 8 déterminer la production en fonction des dépenses publiques et du taux d'intérêt (courbe IS ou courbe de « demande ») :

(IS) $$Q = Q^d(G, r)$$

Pourquoi ne dépend-elle pas des prix ? Cela serait-il le cas si l'on était en changes fixes ?

*3.* En utilisant les 3 relations :

(IS) $$Q = Q^d(G, r)$$

(3) $$p = p\left(Q, \overline{w}, \frac{p_e}{e}\right)$$

(8) $$BC(p_e/ep) + \gamma(r - r_e) = 0$$

*a)* étudier l'impact d'une politique budgétaire expansionniste (hausse de $G$) sur le PIB, le taux de change $e$ et l'inflation $p$ et commenter les effets (il n'est pas nécessaire de résoudre le modèle pour répondre à la question).

*b)* Même question pour une politique monétaire expansionniste (baisse de $r$).

*c)* Comparer au modèle de l'économie fermée de la question 1. En quoi l'impact inflationniste d'une politique monétaire diffère-t-il ici de celui d'une politique budgétaire ?

# Problème 3 : Le choix entre politique budgétaire et politique monétaire et l'affectation des instruments (règle de Mundell)

Ce problème étudie le choix entre politique budgétaire et politique monétaire en changes fixes et en changes flexibles face notamment à un choc dépressif. On considère une économie dans laquelle prix et salaires sont rigides. On suppose que la Banque centrale contrôle le taux d'intérêt $r$ et l'État la politique budgétaire. Les deux instruments de politique économique sont donc les dépenses publiques $G$ et le taux d'intérêt $r$.

*La question 4 (changes flexibles) est indépendante des questions 2 et 3 (changes fixes).*

## 1. Le modèle

On résume le modèle par les équations suivantes. Pour alléger le modèle, on a omis les termes constants des relations de consommation et d'investissement qui ont été linéarisées.

*Courbe de demande (ou courbe IS) :*

| | | |
|---|---|---|
| (1) | $Q = C + I + G + BC$ | *Production réalisée = demande globale* |
| (2) | $C = c\,(Q - T)$ | *Consommation (avec* $0 < c < 1$*)* |
| (3) | $I = \alpha\,Q - \sigma\,r$ | *Investissement (avec* $\sigma > 0$ *et* $0 < c + \alpha < 1$*)* |
| (4) | $BC = Z - m\,Q - \varepsilon\,e$ | *Balance courante* ($m > 0, \varepsilon > 0$) |
| (5) | $T = t\,Q$ | *Impôts* ($0 < t < 1$, *taux de pression fiscale)* |
| (6) | $S = T - G - \delta\,r$ | *Solde budgétaire* |

$Z$ est une variable exogène qui caractérise la croissance mondiale, $e$ est le taux de change (défini par 1 Euro $= e\,\$$).

$\delta$ est la dette publique et $\delta\,r$ les charges d'intérêts, $G$ les dépenses publiques hors charges d'intérêts de la dette.

*Balance des paiements*

| | | |
|---|---|---|
| (7) | $BC + f(r) = R - R_0$ | *Balance des paiements* |
| (8) | $f(r) = \gamma\,r$ | *flux de capitaux* ($\gamma > 0$) |

$R$ sont les réserves de change, $R_0$ les réserves de change initiales (exogènes).

*1.* Commentez les équations du modèle (moins de 10 lignes au total).

*2.* Dans tout le problème, on fait l'hypothèse que la banque centrale contrôle le taux d'intérêt. Que signifie cette hypothèse pour l'offre de monnaie ?

## 2. Impact de la croissance mondiale et des politiques budgétaires et monétaires en changes fixes

On suppose l'économie en changes fixes. Le taux de change ($e$) est constant et les réserves de change $R$ équilibrent la balance des paiements.

*1.* En utilisant les équations 1 à 6, déterminer la production $Q$ en fonction des variables de politique économique ($G, r$ et taux de change $e$). Commentez l'impact de la demande mondiale $Z$ et de chacune de ces 3 variables sur la production.

*2.* On suppose que l'économie mondiale connaît une récession ($\Delta Z < 0$). Vérifier que la politique monétaire ($r$) ou la politique budgétaire ($G$) permettent d'annuler l'effet dépressif de cette récession sur la production ($Q$). Commentez dans chacun des cas (réaction par la politique monétaire ou par la politique budgétaire), l'impact sur le solde des finances publiques et sur les réserves de change ?

## 3. L'affectation des instruments budgétaires et monétaires aux objectifs de plein emploi et d'équilibre de la balance des paiements en changes fixes

Dans le régime de change fixes du paragraphe précédent, on étudie les objectifs à assigner aux politiques budgétaire et monétaire.

*1.* L'action sur les dépenses publiques et le taux d'intérêt permet de contrôler deux objectifs : la production $Q$ et les réserves de change $R$. Le modèle peut en effet se résumer par les relations suivantes :

$$Q = AG + Br + C$$

$$R = A'G + B'r + C$$

où $A$, $B$, $A'$ et $B'$ sont des paramètres que l'on explicitera.

*2. a)* Vérifier que l'action du taux d'intérêt est relativement plus efficace sur la balance des paiements et celle des dépenses publiques relativement plus efficace sur la production, c'est à dire que l'on a :

$$|A/B| > |A'/B'|$$

*b)* Dans un diagramme ($G$ en abscisse et $r$ en ordonnée), les deux droites qui représentent les combinaisons de politiques qui assurent le plein emploi ($Q = Q_0$) et l'équilibre de la balance des paiements (c'est-à-dire des réserves de change constantes $R = R_0$) ont la configuration suivante :

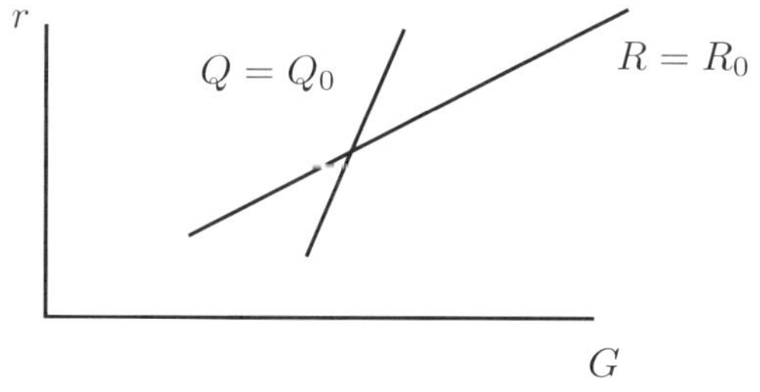


À quelle situation du marché du travail (chômage ou sur-emploi) et de la balance des paiements (excédent $R > R_0$ ou déficit $R < R_0$) correspondent les 4 zones définies par les deux courbes ?

*3.* On suppose que l'économie est en sous-emploi et en déficit des paiements

*a)* Quelles politiques faut-il mener pour revenir au plein emploi ? même question pour revenir à l'équilibre de la balance des paiements. On pourra représenter ces politiques par des flèches sur le graphique à partir d'un point $M$ situé dans la zone de sous-emploi et de déficit.

*b)* On suppose que l'État (qui contrôle $G$) et la banque centrale (qui contrôle $r$) agissent tour à tour pour atteindre leur objectif propre. Représenter géométriquement le processus dynamique correspondant pour les deux affectations possibles des objectifs aux instruments (l'état vise le plein emploi et la banque centrale l'équilibre des paiements, ou l'inverse). Quelle affectation est souhaitable et quelle relation doit il y avoir entre l'affectation des objectifs et l'efficacité relative des instruments.

### 4. Impact de la croissance mondiale et des politiques budgétaires et monétaires en changes flexibles

On suppose l'économie en changes flexibles. Le taux de change équilibre la balance des paiements et les réserves de changes sont maintenues constantes ($R = R_0$). On a donc :

(7) $$BC(Z, Q, e) + f(r) = 0$$

*1. a)* En utilisant notamment cette relation entre balance courante et flux de capitaux, résoudre le modèle en exprimant la production en fonction des variables de politique économique $G$ et $r$. Commenter l'impact des politiques économiques.

*b)* Une récession mondiale ($\Delta Z < 0$) a-t-elle un impact sur la production ? Pourquoi ?

*2.* Quel est l'impact d'une relance budgétaire ($G$ augmente) et monétaire ($r$ diminue) sur le taux de change. Commentez notamment selon l'importance des mouvements de capitaux (valeur de $\gamma$) .

## Problème 4. Policy-Mix et coordination des politiques budgétaires en Union monétaire face à des chocs de demande

Ce problème étudie la détermination du policy-mix c'est à dire la combinaison des politiques budgétaires et monétaires en union monétaire lors d'une récession mondiale. On suppose la zone Euro constituée de deux économies identiques la France et l'Allemagne. Les mouvements de capitaux sont parfaitement élastiques au sein de la zone Euro de sorte que taux d'intérêt nominal $r$ est le même dans les deux pays. La politique monétaire est déterminée par la Banque centrale européenne qui fixe le taux d'intérêt.

On étudie un équilibre de court terme où l'inflation anticipée est exogène et identique dans les deux pays (le taux d'intérêt réel varie comme le taux d'intérêt nominal de sorte qu'on assimile taux d'intérêt réel et taux nominal). Le salaire nominal est rigide et les prix ($p$ et $p^*$) sont flexibles. On suppose que les deux économies, sont initialement au plein emploi ($\overline{Q}$ est la production de plein emploi identique dans les deux économies) et qu'elles se retrouvent en sous emploi à la suite de chocs dépressif. La courbe d'offre fait dépendre les prix nationaux des prix du partenaire et de la production nationale (voir problème 2 : inflation importée 2.). On retient une relation linéaire pour la courbe d'offre.

Les échanges extérieurs de l'Union monétaire avec le reste du monde sont exogènes et intégrés dans les variables $Z$ et $Z^*$ qui représentent les chocs de demande qui peuvent affecter les deux pays. On néglige l'effet des variations de l'euro et des mouvements de capitaux sur la zone euro : l'extérieur n'intervient que par les échanges extérieurs exogènes intégrés dans les variables $Z$ et $Z^*$. Le modèle décrivant les interdépendances des deux économies de la zone est le suivant :

| ***France*** | ***Allemagne*** |
|---|---|
| | ***Marché des biens*** |
| (1) $Q = C + I + G + BC + Z$ | (1$*$) $Q^* = C^* + I^* + G^* + BC^* + Z^*$ |
| | ***Composantes de la demande*** |
| *Consommation $C$($Q$ est le PIB ou revenu national, $T$ la fiscalité) :* | |
| (2) $C = c\,(Q - T)$ | (2$^*$) $C^* = c\,(Q^* - T^*)$ |
| *Investissement $I$ (fonction du taux d'intérêt $r$) :* | |
| (3) $I = a\,Q - \sigma r$ | (3$^*$) $I^* = a\,Q^* - \sigma\, r$ |
| *Balance courante franco-allemande $BC$ (exportations moins importations) :* | |
| (4) $BC = m\,(Q^* - Q) + \varepsilon(p^* - p)$ | (4$^*$) $BC^* = -BC$ |
| | ***Courbe d'offre*** |
| (5) $p = \nu\, Q + \rho\, p^* \quad (Q < \overline{Q})$ | (5$^*$) $p^* = \nu\, Q^* + \rho\, p \quad (Q^* < \overline{Q})$ |
| | ***Soldes budgétaires et fiscalité*** |
| (6) $S = G - T + \delta\, r$ | (6$^*$) $S^* = G^* - T^* + \delta\, r$ |
| (7) $T = t\,Q$ | (7$^*$) $T^* = t\,Q^*$ |

$0 < c < 1$ et $a, \sigma, \varepsilon, m, \nu, 0 < \rho < 1, 0 < t <$ et $\delta$ sont des constantes positives.

## 1. Résolution du modèle

*1.* Commenter en quelques lignes les équations du modèle. En utilisant la question 2 du problème 2, expliquer pourquoi le coefficient $\rho$ est compris entre 0 et 1.

*2.* On suppose que, dans la situation initiale, les deux économies sont au plein emploi sans inflation avec $Z = Z^* = 0$ et on étudie la situation de sous-emploi engendrée par un choc dépressif ($Z < 0$ et/ou $Z^* < 0$). Exprimer pour chaque pays les courbes de demande et d'offre dans cette situation de sous-emploi.

*3.* Exprimer le volume du PIB de la zone euro $(Q + Q^*)$ en fonction des variables de politique économique (dépenses publiques, taux d'intérêt) et des chocs exogènes $Z$ et $Z^*$. Même question pour le prix $(p + p^*)/2$ de la zone euro (les deux économies étant identiques, l'indice des prix de la zone euro est la moyenne des deux indices de prix nationaux).

*4.* Calculer les différences entre les PIB $(Q - Q^*)$ et des prix $(p - p^*)$ et, en utilisant les sommes et les différences, exprimer les PIB de chaque pays sous la forme :

$$Q = A(G + Z) + B(G^* + Z^*) + D\,r + \textit{ constante } \leq \overline{Q} \tag{8}$$

$$Q^* = A(G^* + Z^*) + B(G + Z) + D\,r + \textit{ constante } \leq \overline{Q} \tag{9}$$

en explicitant les coefficients $A, B$ et $D$. Vérifier que $A > B$.

*5.* On suppose dans la suite du problème que $t\,A < 1$ et $t(A + B) < 1$.

Commenter l'effet sur le PIB et le déficit public des deux pays :

– d'une hausse du taux d'intérêt de la banque centrale (politique monétaire restrictive $\Delta r > 0$)

– d'une relance budgétaire isolée $(\Delta G > 0, \Delta G^* = 0)$

– d'une relance budgétaire concertée $(\Delta G = \Delta G^* > 0)$

## 2. Réponse à un choc dépressif symétrique $(Z = Z^* < 0)$

On suppose que, dans la situation initiale, les deux économies sont au plein emploi, sans inflation et que les déficits budgétaires sont inférieurs à 3% du PIB.

L'union monétaire est frappée par une récession mondiale qui affecte de la même façon les deux pays $(Z = Z^* < 0)$.

L'objectif des gouvernements est de maintenir le plein emploi dans les deux économies sans dégrader le solde budgétaire au delà d'un déficit de 3% du PIB. L'objectif de la banque centrale et de maintenir une inflation nulle dans l'union : $\Delta(p+p^*)=0$ et, éventuellement, de contribuer au maintien du plein emploi.

*1.* Les gouvernements de l'Union ne modifient pas leur politique budgétaire ($\Delta G = \Delta G^* = 0$). Montrer qu'une intervention de la banque centrale (variation de $r$) peut annuler l'effet dépressif du choc. Cette politique est-elle compatible avec l'objectif de stabilité de l'inflation ? Quel est l'effet global sur les déficits budgétaires ?

*2.* On suppose que la Banque centrale n'intervient pas ($\Delta r = 0$) et que la situation des soldes publics permet à chaque pays d'utiliser la politique budgétaire sans dépasser le critère de Maastricht. Vérifier qu'une politique budgétaire coordonnée permet d'annuler l'effet du choc sur la production et calculer l'effet global sur les déficits budgétaires.

*3.* On suppose que la Banque centrale n'intervient pas, mais que les gouvernements arbitrent dans l'utilisation de la politique budgétaire, entre le plein emploi et la non dégradation des finances publiques, ce que l'on traduit par la fonction d'utilité suivante :

$$U = -\frac{1}{2}\Big((\Delta Q)^2 + \overline{\omega}(\Delta S)^2\Big) \tag{8}$$

où $\Delta G$ et $\Delta S$ représentent les écarts des grandeurs à la situation initiale (on retient une relation identique pour l'Allemagne).

*a)* Montrer que l'équilibre de Nash (symétrique) où chaque gouvernement fixe sa politique budgétaire en considérant l'autre comme donnée est déterminé par trois équations linéaires reliant $\Delta Q$, $\Delta S$ et $\Delta G$ (utiliser la symétrie).

*b)* Vérifier que cet équilibre correspond à une situation où subsiste un effet dépressif et un déficit budgétaire.

*c)* Calculer l'impact de $G^*$ sur $U$ (et de $G$ sur $U^*$). En déduire que les deux pays peuvent améliorer leur situation en infléchissant leur politique budgétaire dans un sens que l'on déterminera. Quelle valeur de $\overline{\omega}$ permettrait d'obtenir le résultat du paragraphe 2. ?

*4.* Quelles conclusions peut-on en tirer quant à la mise en œuvre des politiques budgétaires et monétaires en Union monétaire face à ce type de choc ?

## 3. Choc dépressif asymétrique ($Z < 0, Z^* = 0$)

On suppose maintenant que le choc dépressif n'affecte qu'un seul pays, la France et que les déficits budgétaires initiaux soient suffisamment faibles pour que chaque pays puisse utiliser la politique budgétaire sans contrainte. La situation initiale est le plein emploi dans chaque pays.

*1.* À politiques budgétaires inchangées, la banque centrale réagit de façon à maintenir une inflation nulle dans l'union : $\Delta(p+p^*)=0$. Quel est l'impact du choc sur le PIB, le prix et le solde budgétaire de chacun des pays.

*2.* La Banque centrale et les gouvernements se concertent pour trouver la réaction la plus simple et la plus efficace face au choc. Quelle est-elle ?

*3.* Que peut-on en déduire pour l'utilisation des politiques budgétaires en union monétaire face aux chocs asymétriques ?

## CORRIGÉ DES EXERCICES ET PROBLÈMES

# Exercices sur le modèle keynésien

## Exercice 1. Deux versions dynamiques du multiplicateur keynésien

### *1. Modèle keynésien statique*

$$Q = c\,Q + I$$

On en déduit l'effet multiplicateur sur le PIB d'un accroissement ($\Delta I$) de l'investissement :

$$\Delta Q = \frac{\Delta I}{1-c}$$

L'épargne étant égale à l'investissement $E = Q - C = I$ augmente du même montant.

### *2. La consommation s'ajuste au revenu avec un retard d'une période*

$$\begin{aligned} Q_t &= C_t + I_t && \textit{Production} \\ C_t &= c\,Q_{t-1} && \textit{Consommation (avec } c = 0,5) \\ E_t &= Q_t - C_t && \textit{Épargne} \end{aligned}$$

Dans la situation initiale, l'investissement $I$ étant constant et égal à $I_0$ toutes les grandeurs sont constantes et déterminées par le modèle statique précédent :

$$\begin{aligned} Q_0 &= C_0 + I_0 && \textit{Production} \\ C_0 &= c\,Q_0 && \textit{Consommation (avec } c = 0,5) \\ E_0 &= Q_0 - C_0 && \textit{Épargne} \end{aligned}$$

En retranchant membre à membre les équations correspondantes, on obtient le modèle écrit en écart par rapport à la situation initiale (ce qui revient simplement à mettre $\Delta$ devant chaque variable du modèle dynamique).

*a)* L'évolution de la production, résulte de la relation de récurrence (pour $t \geq 1$) :

$$\Delta Q_t = c\,\Delta Q_{t-1} + \Delta I \quad \Rightarrow \quad \Delta Q_t = (1 + c + c^2 + \cdots + c^{t-1})\Delta I + c^t\,\Delta Q_0$$

On en déduit l'évolution de la consommation $\Delta C_t = c\,\Delta Q_{t-1}$ et de l'épargne $\Delta E_t = \Delta I$.

Lorsque $t$ tend vers l'infini, on retrouve l'effet multiplicateur du modèle statique :

$$\Delta Q_{\infty} = \frac{\Delta I}{1 - c}$$

Soit en complétant le tableau avec $c = 0,5$

| Périodes | Investissement | Production | Consommation | Épargne |
|---|---|---|---|---|
| 1 | 10 | 10 | 0 | 10 |
| 2 | 10 | 15 | 5 | 10 |
| 3 | 10 | 17,5 | 7,5 | 10 |
| $\infty$ | 10 | 20 | 10 | 10 |

*b)* Comme la consommation réagit avec retard, il n'y pas d'effet multiplicateur la première période, le supplément de revenu résultant de l'augmentation de la production (10) est totalement épargné. Au cours des périodes suivantes, ont voit apparaître les différents flux de consommation engendrés par la hausse du revenu de la période précédente.

### *3. La production s'ajuste à la demande avec un retard d'une période*

Le modèle s'écrit :

$Q_t = C_t + I_t + S_t - S_{t-1}$

$Q_t = C_{t-1} + I_{t-1}$ *Ajustement de la production à la demande* $(t-1)$

$C_t = c\,Q_t$ *Consommation (avec* $c = 0,5$*)*

$E_t = Q_t - C_t$ *Épargne*

*a)* Dans ce modèle, l'équilibre de l'épargne et de « l'investissement » incorpore les variations de stocks, du côté de l'investissement :

$$E_t = Q_t - C_t = I_t + S_t - S_{t-1}$$

L'investissement au sens large a en effet deux composantes : l'augmentation du stock de capital fixe $I_t$ et l'augmentation du stock de capital circulant $S_t - S_{t-1}$.

*b)* À la date 1, la production n'augmente pas et la hausse de l'investissement résulte de la baisse des stocks. Dans les périodes suivantes, l'évolution de la production résulte de la relation de récurrence (pour $t \geq 2$) :

$$\Delta Q_t = c\,\Delta Q_{t-1} + \Delta I \quad \Rightarrow \quad \Delta Q_t = (1 + c + c^2 + \dots c^{t-2})\Delta I + c^{t-1}\Delta Q_0$$

On en déduit l'évolution de la consommation $\Delta C_t = c\,\Delta Q_t$ et celle des différentes grandeurs.

| Périodes | Investissement | Stocks | Production | Consommation | Épargne |
|---|---|---|---|---|---|
| 1 | 10 | $-10$ | 0 | 0 | 0 |
| 2 | 10 | $-5$ | 10 | 5 | 5 |
| 3 | 10 | $-2,5$ | 15 | 7,5 | 7,5 |
| $\infty$ | 10 | 0 | 20 | 10 | 10 |

*c)* Au cours de la première période, la production n'augmente pas et la demande d'investissement est satisfaite par la diminution des stocks ($-10$). Il n'y a aucun effet macroéconomique puisque la production n'augmentant pas, le revenu et ses composantes (consommation et épargne) restent constantes. À la seconde période les entreprises ajustent leur production ($+10$), ce qui accroît le revenu et cet accroissement se partage en consommation ($+5$) et épargne ($+5$). À partir de la 2$^{\text{ème}}$ période, la hausse de la production est supérieure à celle de la demande et les stocks se reconstituent. À long terme les stocks se sont reconstitués (la variation des stocks est nulle) et on retrouve les multiplicateurs du modèle statique.

## Exercice 2. Le rôle stabilisateur de la politique budgétaire

$$Q = C + G + Z \qquad \textit{Production}$$
$$C = c\,(Q - T) \qquad \textit{Consommation}$$
$$T = t\,Q \qquad \textit{Fiscalité}$$
$$D = G - T \qquad \textit{Déficit budgétaire}$$

En résolvant le modèle, on détermine le PIB en fonction des variables exogènes ($Z$ et $D$) ou ($Z$ et $G$) :

$$Q = \frac{G + Z}{1 - c(1-t)} = \frac{Z + D}{(1-c)(1-t)}$$

On en déduit l'effet multiplicateur sur le PIB d'un choc de demande selon que la dépense est constante ou le déficit est constant (on a également introduit, bien que cela ne soit pas demandé dans l'énoncé, le multiplicateur où l'ensemble des paramètres budgétaires y compris la fiscalité sont constants $1/(1-c)$) :

$$\left(\frac{\partial Q}{\partial Z}\right)_{G=\text{const}} = \frac{1}{1 - c(1-t)} < \frac{1}{1-c} < \left(\frac{\partial Q}{\partial Z}\right)_{D=\text{const}} = \frac{1}{(1-c)(1-t)}$$

On voit que lorsque la dépense est constante ($G$ constant), le multiplicateur est plus faible que lorsque le déficit ($D$) est constant, on amortit donc mieux les fluctuations de la demande avec un objectif de dépense. Le mécanisme est le suivant. Le multiplicateur d'un choc de demande lorsque aucun élément du budget ne varie est $1/(1-c)$. Par rapport à cette situation ($T$ exogène), le fait que les impôts fluctuent comme la production ($T = t\,Q$) amortit les fluctuations de la demande ; par exemple les rentrées fiscales baissent lors d'une récession ce qui contribue à soutenir le revenu des ménages et la consommation. Au contraire si l'on veut maintenir le déficit $D$ constant, on accentue l'effet sur le PIB des fluctuations de la demande. Par exemple lors d'une récession, on compense la baisse des impôts par une réduction des dépenses du même montant, ce qui accentue la récession.

## Exercice 3. Relance et inflation

### *1. Les entreprises*

La maximisation du profit en concurrence parfaite :

$$\max\{p\,Q - w\,N = p\,f(N) - w\,N\} \quad \Rightarrow \quad f'(N) = w/p$$
$$\text{avec} \quad f(N) = N^{\alpha} \quad \text{et} \quad 0 < \alpha < 1$$

conduit à la demande de travail et à l'offre de biens fonctions décroissantes du salaire réel :

$$N^- = N_c\left(\frac{w}{p}\right) = \left(\frac{w}{\alpha\,p}\right)^{-\frac{1}{1-\alpha}}$$

$$Q^+ = Q_c\left(\frac{w}{p}\right) = \left(\frac{w}{\alpha\,p}\right)^{-\frac{\alpha}{1-\alpha}}$$

### *2. Équilibre concurrentiel*

*a)* L'équilibre du marché du travail détermine le salaire réel $(w/p)$ :

$$N^- = \left(\frac{w}{p}\right) = N^+ = \left(\frac{w}{p}\right) \quad \Rightarrow \quad \left(\frac{w}{\alpha\,p}\right)^{-\frac{1}{1-\alpha}} = B\left(\frac{w}{p}\right)^{\alpha}$$

ce qui fixe le niveau de la production et de l'emploi.

L'équilibre du marché des biens détermine alors le niveau général des prix :

$$Q_c\left(\frac{w}{p}\right) = G + c\,(Q - T) + \beta\frac{M_0}{p}$$

*b)* La production et l'emploi étant fixés par l'équilibre du marché du travail, une hausse des dépenses publiques ne change pas la production et augmente les prix de telle sorte que la baisse de la consommation compense la hausse des dépenses publiques (éviction totale de la demande privée par la dépense publique).

### *3. Prix flexible et salaire nominal rigide*

Il y a équilibre du marché des biens, mais le marché du travail n'est pas équilibré. On obtient deux régimes. Comme dans le cours, on peut résoudre le modèle graphiquement par l'intersection d'une courbe d'offre et de demande.

– La courbe de demande résulte des équations 5 et 6. Elle décroît avec $p$ :

$$Q = \frac{G - cT + \beta \frac{M_0}{p}}{1-c} \qquad \textit{Courbe de demande}$$

– La courbe d'offre résulte des équations 1 à 4. Elle comprend deux branches l'une décroissante avec le salaire réel, l'autre croissante :

$$Q^{+} = \min\left[Q_c(w/p)\,,\, f(N^{+}[w/p])\right] \qquad \textit{Courbe d'offre}$$

Comme le salaire nominal $w$ est constant, l'offre de biens est une fonction tout d'abord croissante des prix, puis décroissante. En effet lorsque l'offre de biens est limitée par le plein emploi, une hausse des prix diminue le salaire réel et réduit l'offre de travail des salariés.

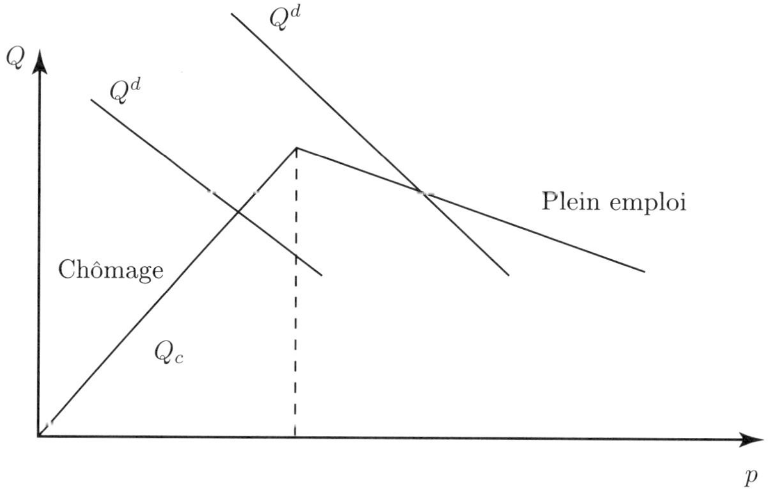


L'intersection des courbes d'offre et de demande détermine la production et les prix.

# Problème 2 : Impact des politiques budgétaires et monétaires sur la relance et l'inflation

## 1. Économie fermée

### *1. Offre de biens*

La maximisation du profit en concurrence parfaite :

$$\max \{p\,Q - w\,N = p\,f(N) - w\,N\} \quad \Rightarrow \quad f'(N) = w/p$$
$$\text{avec} \quad f(N) = N^{\alpha} \quad \text{et} \quad 0 < \alpha < 1$$

conduit à une offre de biens décroissante du salaire réel :

$$Q^{+} = Q_c\left(\frac{w}{p}\right) = \left(\frac{w}{\alpha p}\right)^{-\frac{\alpha}{1-\alpha}}$$

avec $\alpha = 1/2$ la relation entre $p$ et $Q$ est linéaire : $p = 2w\,Q$.

*2. a)* La *courbe de demande* globale résulte des équations 4 à 6. C'est une fonction décroissante des prix et du taux d'intérêt $r$ et croissante de $G$ :

$$(1 - c - a)\,Q = G - \sigma\,r - b\,p \quad \text{avec} \quad 0 < c + a < 1$$

La courbe d'offre comprend deux branches :

$$Q^{+} = \min\,[Q_c(\overline{w}/p)\,,\, f(\overline{N})] \qquad \textit{Courbe d'offre}$$

L'intersection des courbes d'offre et de demande détermine la production et les prix.

Dans la première situation ($p < p^{*}$, courbe d'offre croissante), il y a chômage avec équilibre du marché des biens. Dans la seconde situation $p > p^{*}$ l'économie bute sur le plein emploi.

*b)* Une hausse de $G$ ou une baisse du taux d'intérêt augmente la production ( à prix constant) et déplace donc la courbe de demande vers le haut. Il en résulte une hausse de la production et des prix dans la situation de chômage avec équilibre du marché des biens et seulement une hausse des prix dans la situation de plein emploi inflationniste.

*c)* Dans la situation de chômage avec équilibre du marché des biens, on a :

$$Q = \frac{p}{2\overline{w}} = \frac{G - \sigma\,r - b\,p}{1 - a - c}$$

soit en résolvant :

$$Q = \frac{p}{2\overline{w}} = \frac{G - \sigma\, r}{1 - a - c + 2b\overline{w}}$$

Une relance augmente les production et les prix et la hausse des prix réduit l'effet multiplicateur du modèle à prix fixes (terme $2b\,w$ au numérateur). On a :

$$\Delta Q = \frac{\Delta p}{2\overline{w}} = \frac{\Delta G}{1 - a - c + 2b\overline{w}}$$

L'effet de sens contraire de la hausse du revenu $\Delta Q$ et des prix a pour conséquence que la relance budgétaire a un effet ambigu sur la consommation :

$$\Delta C = \frac{(c - 2\overline{w}\, b)\Delta G}{1 - a - c + 2b\overline{w}}$$

*d)* Il n'y a pas de différence qualitative entre une politique budgétaire et monétaire. Le partage entre relance et inflation est identique dans les deux cas.

## 2. Inflation importée

$$\max \left\{ p\, N^{\alpha}\, E^{\beta} - \overline{w}\, N - \frac{p_e}{e} E \right\} \quad \text{avec} \quad (\alpha + \beta) < 1$$

En annulant les dérivées partielles par rapport à $N$ et $E$, on obtient :

$$\alpha \frac{pQ}{N} = w \quad \text{et} \quad \beta \frac{pQ}{E} = \frac{p_e}{e}$$

d'où l'on déduit :

$$p = Q^{\frac{1}{\alpha+\beta} - 1}\, (\overline{w})^{\frac{\alpha}{\alpha+\beta}} \left( \frac{p_e}{e} \right)^{\frac{\beta}{\alpha+\beta}}$$

***1.*** Une hausse de la production $Q$, du salaire $w$ et des prix étrangers $p_e$, ainsi qu'une dépréciation du change (baisse de $e$) augmente l'inflation. Les deux derniers phénomènes représentent l'inflation importée. En prenant la différentielle logarithmique de l'expression précédente on obtient :

$$\frac{dp}{p} = \frac{1 - (\alpha + \beta)}{\alpha + \beta} \frac{dQ}{Q} + \frac{\alpha}{\alpha + \beta} \frac{d\overline{w}}{\overline{w}} + \frac{\beta}{\alpha + \beta} \left( \frac{dp_e}{p_e} - \frac{de}{e} \right)$$

Une hausse de 1% du prix étranger (ou une dépréciation de 1% du taux de change) augmente l'inflation interne d'un montant $\beta/(\alpha + \beta)$% qui est inférieur à 1%. Il en est de même d'une hausse du salaire nominal.

## 3. Économie ouverte dans une situation de chômage

*1.* En situation de chômage, la courbe d'offre (3) est l'offre potentielle $Q_c\left(\overline{w}, p, \frac{p_e}{e}\right)$.

La balance courante (6) dépend de la compétitivité (on néglige l'effet du revenu sur les importations). Elle intervient dans la demande globale (7) et dans la balance des paiements (8). En changes flexibles les réserves sont constantes (la variation des réserves est nulle).

*2.* En remplaçant $BC$ par l'opposé des mouvements de capitaux dans la courbe de demande, on obtient :

$$Q = \frac{G - (\sigma + \gamma)r + \gamma\, r_e}{1 - a - c}$$

En changes fixes, la courbe de demande dépendrait des prix (une hausse des prix dégraderait la balance courante et réduirait la production). En changes flexibles les variations du change compensent toute variation des prix.

*3. a)* Une hausse des dépenses publiques accroît la production (courbe IS ou courbe de demande). Il en résulte une hausse des prix (impact de $Q$ dans la courbe d'offre, 3). La hausse des prix dégrade la compétitivité ainsi que la balance courante, comme le fait apparaître l'équilibre de la balance des paiements (8). Mais comme le taux d'intérêt est inchangé, la balance courante ne varie pas et est rééquilibrée par la dépréciation du change qui accentue l'inflation. Au total on a un effet de relance avec une inflation par la demande (effet de $Q$ sur $p$) et par l'inflation importée résultant de la dépréciation de l'euro ($e$ baisse).

*b)* Une politique monétaire expansionniste (baisse de $r$) relance doublement la production. Par son impact sur l'investissement (terme $\sigma$) et par la dépréciation du change (terme $\gamma$) car les sorties de capitaux entraînent une dégradation du change et une relance de la production. Dépréciation du change et hausse de la production entraînent comme précédemment une inflation importée et par la demande.

*c)* Dans les deux cas, on a une inflation par la demande et une inflation importée, mais la politique monétaire a un impact plus fort parce que la dépréciation du change doit être suffisamment forte pour engendrer une amélioration de la balance courante.

# Problème 3 : Le choix entre politique budgétaire et politique monétaire et l'affectation des instruments de politique économique

## 1. Le modèle

*1.* Le modèle décrit une économie en sous-emploi (modèle keynésien) où la fiscalité est endogène. La consommation dépend du revenu disponible, l'investissement est fonction croissante de la production (par l'intermédiaire des perspectives de débouché) et décroissante du taux d'intérêt $r$. La balance courante dépend négativement du PIB par l'influence de ce dernier sur les importations ($m$ est la propension à importer). Elle dépend également de la compétitivité : une appréciation du change ($e$ augmente) dégrade la balance courante. $\gamma > 0$ traduit la sensibilité des mouvements de capitaux au taux d'intérêt (le taux d'intérêt étranger est négligé).

*2.* Le taux d'intérêt $r$ étant exogène, l'offre de monnaie s'ajuste à la demande de monnaie (elle résulte de la courbe LM).

## 2. Impact de la croissance mondiale et des politiques budgétaires et monétaires en changes fixes

*1.* En résolvant :

$$Q[1 - c(1-t) - \alpha + m] = G - \sigma\, r + Z - \varepsilon\, e$$

$$Q = \frac{G - \sigma\, r + Z - \varepsilon\, e}{1 - c(1-t) - \alpha + m}$$

Une augmentation de la demande mondiale $Z$ ou des dépenses publiques $G$ relance la production. Une hausse du taux d'intérêt exerce un effet dépressif sur l'investissement et la production ; une appréciation du change ($e$ augmente) réduit la compétitivité, dégrade la balance courante et réduit la production.

*2.* Si la demande mondiale diminue, une hausse des dépenses publiques ($\Delta G = -\Delta Z > 0$) ou une baisse du taux d'intérêt ($\Delta r = \Delta Z/\sigma < 0$) en annulent l'effet sur la production.

Dans le cas d'une relance budgétaire le solde se dégrade ($\Delta S = -\Delta G = \Delta Z < 0$) et les réserves de change se dégradent également mais du seul fait de la récession mondiale ($\Delta R = \Delta Z < 0$).

Dans le cas d'une relance monétaire, le solde des finances publiques s'améliore en raison de la baisse du taux d'intérêt ($\Delta S = (\delta/\sigma)\Delta Z < 0$), et les réserves de change se dégradent plus, car à la baisse des exportations résultant de la récession mondiale s'ajoutent les fuites de capitaux dues à la réduction du taux d'intérêt :

$$\Delta R = \Delta Z + (\gamma/\sigma)\Delta Z < 0$$

## 3. L'affectation des instruments budgétaires et monétaires aux objectifs de plein emploi et d'équilibre de la balance des paiements en changes fixes

***1.*** On a vu à la question ***2.1*** que :

$$Q = \frac{G - \sigma\, r + Z - \varepsilon\, e}{1 - c(1-t) - \alpha + m}$$

$$Q = AG + B\,r + \textit{constante} \text{ avec } A = \frac{1}{1 - c(1-t) - \alpha + m} > 0 \text{ et } B = -\sigma\, A < 0$$

Les réserves de change sont déterminées par :

$$R - R_0 = BC + \gamma\, r = (Z - m\,Q - \varepsilon\, e) + \gamma\, r = -mQ + \gamma\, r + \text{ constante}$$

En remplaçant $Q$ par son expression en fonction de $G$ et $r$, on obtient :

$$R = A'\,G + B'\,r + \textit{ constante avec } A' = -m\,A < 0 \text{ et } B' = -m\,B + \gamma > 0$$

***2.*** *a)* Les relations précédentes montrent que :

$$\frac{A'}{B'} = \frac{-mA}{-mB + \gamma} \quad \Rightarrow \quad \frac{A'}{B'} = \frac{A}{B - (\gamma/m)}$$

comme $B$ est négatif, on a bien :

$$|A/B| > |A'/B'|$$

*b)* Dans un diagramme ($G$ en abscisse et $r$ en ordonnée). On a donc la configuration suivante :

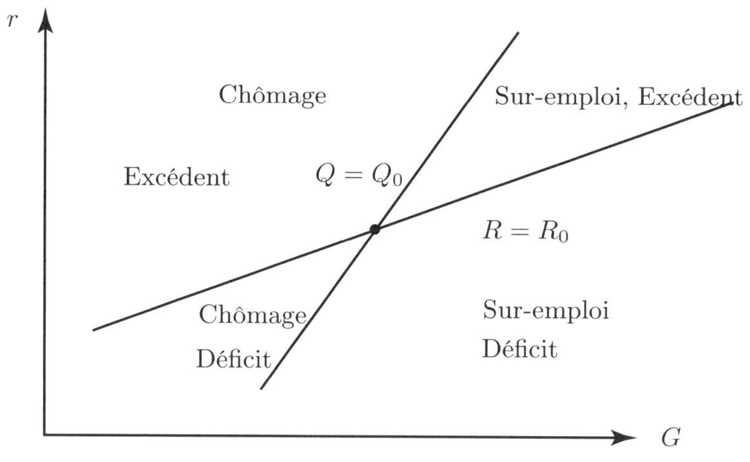


*3. a)* Au point M, pour revenir au plein emploi il faut soit baisser le taux d'intérêt soit augmenter les dépenses publiques.

De même pour revenir à l'équilibre de la balance des paiements, il faut baisser les dépenses publiques ou augmenter le taux d'intérêt

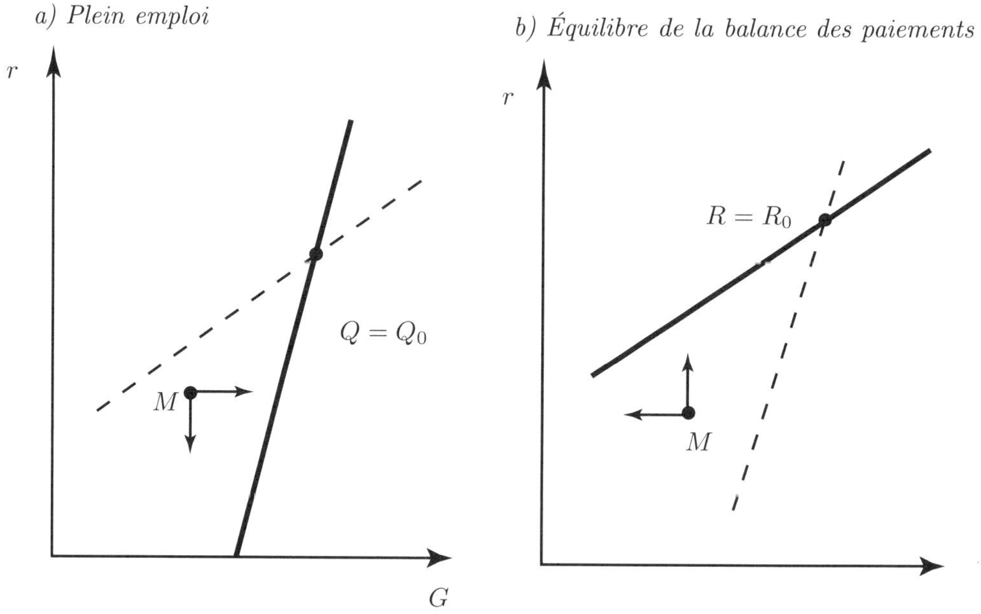


*b)* Si la Banque centrale vise le plein emploi et l'État l'équilibre de la balance des paiements, le taux d'intérêt va baisser ainsi que les dépenses publiques et l'économie va diverger (graphique 2).

Si au contraire la banque centrale vise l'équilibre de la balance des paiements et l'État le plein emploi (Graphique 1) l'économie converge vers l'équilibre.

*1. G vise Q et r vise R* *2. G vise R et r vise Q*

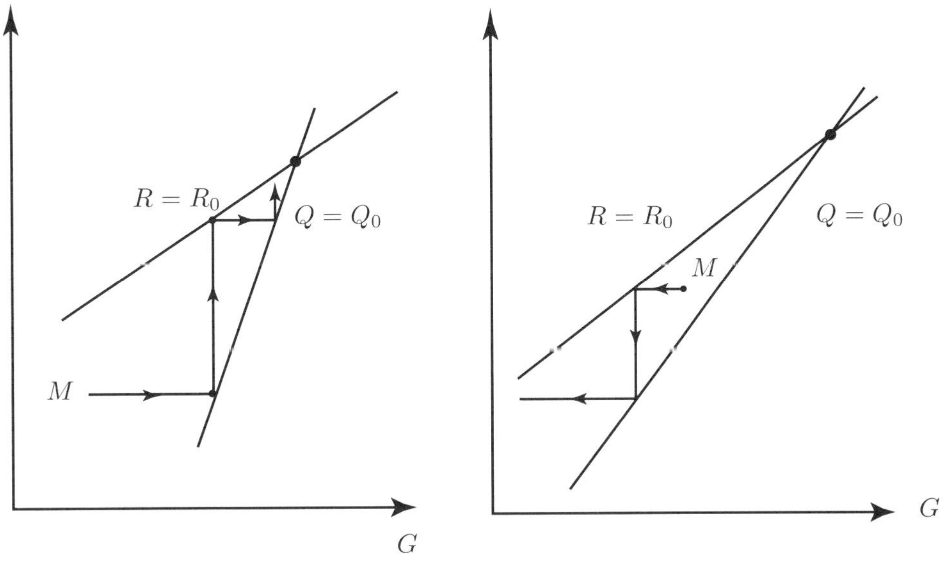


*Conclusion* : il faut affecter les instruments aux objectifs pour lesquels ils sont – relativement – les plus efficaces (Dépenses publiques pour le plein emploi, taux d'intérêt pour l'équilibre des paiements). Cette règle est connue sous le nom de règle de Mundell.

## 4. Impact de la croissance mondiale et des politiques budgétaires et monétaires en changes flexibles

**On suppose l'économie en changes flexibles.** Le taux de change équilibre la balance des paiements et les réserves de changes sont maintenues constantes ($R = R_0$). On a donc :

$$BC(Z, Q, e) + f(r) = (Z - m\,Q - \varepsilon e) + \gamma\, r = 0$$

***1.*** En remplaçant dans la courbe de demande, la balance courante par l'opposé des flux de capitaux, on obtient :

(1bis) $$Q[1 - c(1-t) - \alpha] = G - (\sigma + \gamma)r$$

On retrouve le modèle d'une économie fermée où l'impact des mouvements de capitaux augmente la sensibilité de la production au taux d'intérêt. Une hausse des dépenses publiques augmente la demande et la production (cet effet multiplicateur n'est pas réduit par la propension à importer $m$ comme en changes fixes). Une baisse du taux d'intérêt augmente la production par deux effets :

- l'impact sur l'investissement (terme $\sigma$)
- l'impact sur les mouvements de capitaux (sorties de capitaux et dépréciation du change qui augmente la compétitivité (terme $\gamma$).

*a)* Une récession mondiale ($\Delta Z < 0$) n'a pas d'effet sur la production car son impact sur la balance courante est automatiquement compensé par une variation du change (dépréciation ici).

***2. Le taux de change***

L'équilibre de la balance des paiements :

(2bis) $$(Z - m\,Q - \varepsilon\, e) = -\gamma r$$

combinée à la relation (1bis) détermine le change :

$$e = \frac{Z}{\varepsilon} - \frac{\left(\frac{m}{\varepsilon}\right) G}{1 - c(1-t) - \alpha} + \left[\gamma + \frac{\frac{m(\sigma+\gamma)}{\varepsilon}}{1 - c(1-t) - \alpha}\right] r$$

Une relance budgétaire ($G$ augmente) dégrade la balance courante et le change se déprécie pour rééquilibrer la balance des paiements. Le taux d'intérêt étant fixe, il n'y a pas d'impact sur les mouvements de capitaux.

Une relance monétaire ($r$ diminue) déprécie également le taux de change. Si les mouvements de capitaux ont peu d'influence ($\gamma$ faible), c'est, comme précédemment, l'effet de la relance sur la dégradation de balance courante qui engendre la dépréciation du change pour rééquilibrer la balance des paiements. Mais la baisse du taux d'intérêt agit aussi directement sur les mouvements de capitaux : la fuite des capitaux entraîne également une dépréciation du change pour rééquilibrer la balance des paiements.

# Problème 4 : Policy-mix et coordination des politiques économiques en union monétaire

## 1. Résolution du modèle

*1.* La consommation dépend du revenu disponible ($Q - T$), l'investissement est une fonction croissante du PIB et décroissante du taux d'intérêt réel (et donc du taux nominal $r$ puisque les anticipations d'inflation à long terme sont exogènes) et la balance courante franco-allemande dépend de l'écart entre les revenus nationaux $(Q^* - Q)$ avec une propension à importer $m$ et de la compétitivité $(p^* - p)$. Nous avons vu dans le paragraphe 2.2 du problème 2, qui introduit deux facteurs de production (le travail et les matières premières importées), que l'élasticité des prix nationaux aux prix étranger dans la courbe d'offre est inférieure à l'unité. Dans la fonction d'offre linéarisée, le coefficient $\rho$, égal à cette élasticité est donc compris entre 0 et 1. Enfin, le solde budgétaire est l'écart entre les dépenses et les recettes ($t$ est le taux de pression fiscale). Les dépenses comprennent les dépenses en biens et services $G$ et les charges d'intérêt qui sont le produit de la dette par le taux d'intérêt nominal $(\delta\, r)$.

*2.* En résolvant les équations (1) à (6) et en tenant compte de (7), on détermine la courbe de demande (ou courbe IS), qui par l'effet-compétitivité est une fonction décroissante du prix national :

$$\text{(IS)} \qquad Q(1 - c(1-t) - a + m) = G - \sigma\, r + mQ^* + \varepsilon(p^* - p) + Z$$

La courbe d'offre est :

$$\text{(P)} \qquad p = \nu Q + \rho\, p^* \ \textit{si}\ Q < \overline{Q} \text{ ou } Q = \overline{Q} \text{ si l'on est au plein-emploi .}$$

*3.* En ajoutant membre à membre, les courbes de demande des deux pays, les balances courantes s'éliminent et on obtient la production globale de la zone euro par le multiplicateur usuel :

$$\text{(IS } \textit{zone euro}\text{)} \qquad (Q + Q^*)(1 - c(1-t) - \alpha) = (G + G^*) + (Z + Z^*) - 2\,\sigma\, r$$

La courbe d'offre globale est une relation croissante entre la production et les prix :

$$\text{(P } \textit{zone euro}\text{)} \qquad (1 - \rho)(p + p^*) = \nu(Q + Q^*)$$

*4.* En différences, on obtient

$$(Q - Q^*)[1 - c(1-t) - a + 2m + 2\varepsilon\nu/(1+\rho)] = (G + Z) - (G^* + Z^*)$$

On en déduit :

$$\text{(8)} \qquad Q = A(G + Z) + B(G^* + Z^*) + Dr \leq \overline{Q}$$

$$\text{avec } A = \frac{1}{1 - c(1-t) - a} + \frac{1}{1 - c(1-t) - a + 2m + \frac{2\varepsilon\nu}{1+\rho}}$$

$$0 < B = \frac{1}{1 - c(1-t) - a} - \frac{1}{1 - c(1-t) - a + 2m + \frac{2\varepsilon\nu}{1+\rho}} < A$$

$$D = \frac{1}{1 - c(1-t) - a} = -\sigma(A + B) < 0$$

Comme on pouvait s'y attendre, l'impact sur l'économie nationale de la demande nationale $(G + Z)$ est plus fort que celui de la demande étrangère $(G^* + Z^*)$ qui transite par l'effet des revenus et de la compétitivité sur les importations (et donc sur les exportations du partenaire) et la hausse des taux d'intérêt freine l'activité économique.

*5.* On suppose dans la suite du problème que $t\,A < 1$ et $t\,(A + B) < 1$.

Une hausse du taux d'intérêt de la banque centrale (politique monétaire restrictive $\Delta r > 0$) réduit la production (et les prix) dans les deux pays. La baisse de la production entraîne des pertes de recettes fiscales auxquelles viennent s'ajouter la hausse des intérêts payés pour dégrader le solde des finances publiques.

Une relance budgétaire isolée ($\Delta G > 0$, $\Delta G^* = 0$) augmente la production dans les deux pays, elle aggrave le déficit public dans le pays qui relance et l'améliore au contraire (du fait des recettes fiscales induites par la croissance) dans le pays qui ne fait rien.

Une relance budgétaire concertée ($\Delta G = \Delta G^* > 0$) a un impact plus fort et partage le coût budgétaire entre les deux pays.

## 2. Réponse à un choc dépressif symétrique $(Z = Z^* < 0)$

*1.* La banque centrale peut annuler l'effet dépressif du choc en diminuant le taux d'intérêt pour relancer l'investissement et l'activité ; il faut $\Delta r = Z/\sigma < 0$.

Cela n'a pas d'effet inflationniste puisque en stabilisant la production $\Delta(Q+Q^*) = 0$, on stabilise aussi l'inflation $\Delta(p + p^*) = 0$, comme le montre la courbe d'offre de la zone euro. Cette politique n'a que des effets favorables sur les soldes budgétaires puisqu'en annulant l'effet dépressif, elle maintient les recettes fiscales et réduit les intérêts payés.

*2.* Une politique budgétaire coordonnée consiste, compte tenu de la symétrie, à annuler l'effet dépressif dans chaque pays :

$$\Delta G = \Delta G^* = -Z = -Z^*$$

il en résulte un creusement des déficits budgétaires dans chaque pays.

*3.* *a)* La France choisit $\Delta G$ en maximisant :

$$U = -\frac{1}{2}\Big((\Delta Q)^2 + \varpi(\Delta S)^2\Big) \tag{8}$$

avec

$$\Delta Q = A(\Delta G + Z) + B(\Delta G^* + Z^*)\ ; \tag{9}$$

$$\Delta S = \Delta G - t\,\Delta Q \text{ et en considérant } \Delta G^* \text{ donné .} \tag{10}$$

En annulant la dérivée de (8) par rapport à $G$, on obtient :

$$-A\,\Delta Q + \varpi \Delta S(1 - t\,A) = 0 \tag{11}$$

en tenant compte de la symétrie ($\Delta G = \Delta G^*$ et $Z = Z^*$), (9) s'écrit :

$$\Delta Q = (A + B)(\Delta G + Z)\ ; \tag{9bis}$$

Les 3 équations linéaires (11), (9bis) et (10) déterminent $\Delta S$, $\Delta G$ et $\Delta Q$.

*b)* L'équation (11) montre que $\Delta Q$ et $\Delta S$ sont de même signe et la résolution du système conduit à la relation suivante :

$$\left( \underset{>0}{\frac{A(A+B)}{1-tA}} + \underset{>0}{\varpi[1 - t(A+B)]} \right) (\Delta G + Z) = \varpi\, Z \tag{12}$$

On en déduit que $(\Delta G + Z)$ est négatif ; il en est de même de $\Delta Q$ et donc de $\Delta S$.

Face au choc dépressif, les politiques de relance non coordonnées ne sont pas assez expansionniste pour maintenir le plein emploi. Si $\varpi$ est très élevé, on peut même avoir des politiques budgétaires restrictives qui aggravent la récession.

*c)* La dérivée de $U$ par rapport à $G^*$ est :

$$\frac{\partial U(\Delta G, \Delta G^*)}{\partial(\Delta G^*)} = -B\,\Delta Q - \varpi\, t\, B\,\Delta S > 0 \tag{13}$$

Lorsque l'Allemagne augmente ses dépenses publiques, l'utilité de la France augmente. Les deux pays peuvent donc améliorer leur situation en conduisant des politiques budgétaires plus expansionnistes. Si $\varpi = 0$ on retrouve les résultats du paragraphe 2 où les politiques budgétaires éliminent l'effet dépressif en acceptant un creusement des déficits.

*4.* Face à un choc dépressif symétrique, la politique la plus appropriée est la politique monétaire (baisse des taux d'intérêt). Des politiques budgétaires peuvent être également efficaces si elles sont coordonnées.

BIBLIOTHEQUE
UNIVERSITAIRE
LA ROCHELLE

## 3. Choc dépressif asymétrique ($Z < 0$, $Z^* = 0$)

*1.* Pour maintenir une inflation nulle dans l'Union il faut $\Delta(p + p^*) = 0$, ce qui implique que des taux d'inflation de signe contraire. La baisse des taux d'intérêt n'a pas d'effet sur le PIB allemand puisque l'Allemagne qui n'a pas de choc dépressif direct reste au plein emploi, mais il en résulte une hausse des prix en Allemagne et donc une baisse en France qui ne peut résulter que d'un effet dépressif sur la demande non éliminé par la politique monétaire.

On peut calculer (ou vérifier sans calcul) directement les effets à partir des courbes d'offre et de demande de chaque pays (en tenant compte du fait que : $\Delta p^* = -\Delta p$) :

(1) *Courbe d'offre en Allemagne (plein emploi) :* $\Delta Q^* = 0$

(2) *Courbe de demande en Allemagne :* $0 = -\sigma \, \Delta r + m \, \Delta Q + 2\varepsilon \, \Delta p$

(3) *Courbe d'offre en France :* $(1 + \rho)\Delta p = \nu \, \Delta Q$

(4) *Courbe de demande en France :* $\Delta Q = -\sigma \, \Delta r - 2\varepsilon \, \Delta p + Z$

La relation (3) montre que $\Delta Q$ et $\Delta p$ sont de même signe et la relation (2) montre qu'ils diminuent tous les deux. La politique monétaire laisse donc subsister un effet dépressif et déflationniste en France alors qu'elle engendre une inflation en Allemagne.

La politique monétaire n'est donc pas l'instrument pertinent face au choc asymétrique.

*2.* La réponse adéquate est que la France utilise la politique budgétaire pour éliminer le choc : $\Delta Q = \Delta G + Z = 0$. Il n'y a alors aucun effet inflationniste et aucun effet induit sur le partenaire. Le seul inconvénient est l'augmentation du déficit budgétaire dans le pays touché par le choc.

*3.* En Union monétaire, les politiques budgétaires nationales sont donc le moyen le plus naturel et le plus efficace pour répondre à des chocs de demande asymétriques. Cela suppose que le déficit soit suffisamment faible pour ne pas buter sur la contrainte de 3%.

# Bibliographie

## Chapitres 1 à 4

Cette introduction s'appuie sur les ouvrages suivants :

BENASSY J.P. (1984), *Macroéconomie et théorie du déséquilibre*, Dunod.

MALINVAUD E. (1980), *Réexamen de la théorie du chômage*, Calmann-Levy.

MUET P.A. (1992), *Théories et modèles de la macroéconomie*, Economica, 4$^{\text{ème}}$ édition.

MUNDELL R. (1968), *International Economics*, Mac Millan.

## Chapitre 5

On trouvera une introduction aux théories de la croissance dans :

MUET P.A. (1993), *Croissance et cycles : théories contemporaines*, Economica, (Économie poche).

SALA-I-MARTIN X. (1990), *Lecture notes on Economic Growth*, NBER Working Paper Series, n° 3563 et 3564.

Les principaux articles sur les théories de la croissance (Harrod, Domar, Solow) sont publiés en français dans :

ABRAHAM-FROIS G. (1974), *Problématiques de la croissance*, vol. 1, Economica.

Voir également :

BARRO R. (1990), « *Goverment Spending in a Simple Model of Economic Growth* », Journal of Political Economy, Octobre.

SOLOW R. (1970), *Théorie de la croissance économique*, Armand Colin.

*Dans la même collection*

Chimie moléculaire des éléments de transition - F. Mathey et A. Sevin
300 pages - ISBN 2-7302-0714-7

Les orbitales moléculaires dans les complexes - avec Exercices et Corrigés - Y. Jean
350 pages - ISBN 2-7302-1024-5

Cours d'analyse - J.-M. Bony
272 pages - ISBN 2-7302-0775-1

Calcul différentiel et intégral - F. Laudenbach
220 pages - ISBN 2-7302-0724-4

Méthodes mathématiques pour les sciences physiques - J.-M. Bony
217 pages - ISBN 2-7302-0723-6

Une exploration des signaux en ondelettes - S. Mallat
654 pages - ISBN 2-7302-0733-3

Dynamique de l'atmosphère et de l'océan - P. Bougeault et R. Sadourny
312 pages - ISBN 2-7302-0825-9

Introduction aux écoulements compressibles et aux fluides hétérogènes - A. Sellier
175 pages - ISBN 2-7302-0764-5

Mécanique des milieux continus - J. Salençon
Tome 1 - Concepts généraux - 362 pages - ISBN 2-7302-0960-3
Tome 2 - Thermoélasticité - 320 pages - ISBN 2-7302-0961-1
Tome 3 - Milieux curvilignes - 154 pages - ISBN 2-7302-0962-X

de l'Élasto-plasticité au Calcul à la rupture - J. Salençon
(accompagné d'un CD-Rom réalisé par J. Salençon)
266 pages - ISBN 2-7302-0915-8

Fluides et Solides - E. de Langre
130 pages - ISBN 2-7302-0833-X

Ondes acoustiques - A. Chaigne
224 pages - ISBN 2-7302-0840-2

Stabilité des matériaux et des structures - C. Stolz
206 pages - ISBN 2-7302-1076-8

Instabilités, Chaos et Turbulence - P. Manneville
360 pages - ISBN 2-7302-0913-1

Énergie nucléaire - J.-L. Basdevant, J. Rich et M. Spiro
340 pages - ISBN 2-7302-0901-8

Mécanique quantique - J.-L. Basdevant et J. Dalibard
(accompagné d'un CD-Rom de M. Joffre)
520 pages - ISBN 2-7302-0914-X

Problèmes quantiques - J.-L. Basdevant et J. Dalibard
214 pages - ISBN 2-7302-1117-9

Principes de la cosmologie - J. Rich, adaptation française J.-L. Basdevant
400 pages - ISBN 2-7302-0925-5

Introduction à la relativité - A. Rougé
188 pages - ISBN 2-7302-0940-9

Introduction à la physique subatomique - A. Rougé
Tome 1 - 190 pages - ISBN 2-7302-0719-8
Tome 2 - 190 pages - ISBN 2-7302-0720-1

Physique statistique et illustrations en physique du solide. - C. Hermann
292 pages - ISBN 2-7302-1022-9

Introduction à la microéconomie - N. Curien
110 pages - ISBN 2-7302-0722-8

Groupes finis - N. Berline et C. Sabbah (Comité éditorial)
104 pages - ISBN 2-7302-0751-5

Pavages - N. Berline et C. Sabbah (Comité éditorial)
112 pages - ISBN 2-7302-0855-0

La fonction zêta - N. Berline et C. Sabbah (Comité éditorial)
206 pages - ISBN 2-7302-1011-3

Distributions - dans le sillage de Laurent Schwartz - N. Berline et C. Sabbah (Comité éditorial)
106 pages - ISBN 2-7302-1095-4

Séminaires, équations aux dérivées partielles - Années 1971 à 1992
Séminaires, équations aux dérivées partielles - Années 1993 à 2001
Séminaires, équations aux dérivées partielles - Année 2000-2001
400 pages - ISBN 2-7302-0834-8
Séminaires, équations aux dérivées partielles - Année 2001-2002
364 pages - ISBN 2-7302-0930-1
Séminaires, équations aux dérivées partielles - Année 2002-2003
390 pages - ISBN 2-7302-1041-5

Bioinformatique. Génomique et post-génomique - F. Dardel et F. Képès
250 pages - ISBN 2-7302-0927-1

BIBLIOTHEQUE UNIVERSTAIRE - LA ROCHELLE
17042 LA ROCHELLE CEDEX 1
05-46-45-39-69

HORAIRES D'OUVERTURE :
LUNDI au VENDREDI : 8h30-20h
SAMEDI : 9h-13h

MODALITES DE PRET :
- Prolongation possible de 7 jours.
- Tout retard entraîne une suspension de prêt d'une durée équivalente.
- Tout livre non rendu ou rendu inutilisable doit être remplacé par son emprunteur.

DATE DE RETOUR :

27 MAI 2005
19 MAI 2006
2 JUIN.
13/11/06
28 OCT. 2008
26 SEP. 2009
24 FEV. 2010
04 OCT. 2010

BIBLIOTHEQUE
UNIVERSITAIRE
LA ROCHELLE

Achevé d'imprimer en juin 2004 - Dépôt légal : 2e trimestre 2004
N° ISBN 2 – 7302 – 1140 – 3. *Imprimé en France*